Georg Walter
Evangelikale und die Mystik

Georg Walter

Evangelikale und die Mystik

Die unterschätzte Gefahr
Ein Leitfaden zur Orientierung

betanien

Über den Autor
Georg Walter, Jahrgang 1959, von Beruf Krankenpfleger, ist verheiratet, hat zwei Söhne und lebt im Schwarzwald. Bis zum 17. Lebensjahr war er überzeugter Atheist, bis er auf die Sinnfrage des Lebens stieß. Bis zum 24. Lebensjahr suchte er Gott in den östlichen Religionen und in esoterischen Lehren der New-Age-Bewegung. Durch einen Pfingstchristen wurde er 1984 zu Jesus Christus geführt. Als gemäßigter Pfingstler stand er vielen charismatischen Praktiken und Lehren schon damals kritisch gegenüber. Über mehrere Jahre studierte er intensiv die Geschichte der pfingstlich-charismatischen Bewegung sowie des Evangelikalismus und setzte sich besonders mit den neueren geistlichen Strömungen auseinander. Dabei erlebte er zunehmend eine innere Distanzierung von der Pfingstbewegung, welcher er 2006 den Rücken kehrte. Heute besucht er eine evangelikale Freikirche. Er betreibt den Blog *Distomos* (distomos.blogspot.de), wo er zahlreiche apologetische und zeitkritische Artikel zu aktuellen Entwicklungen unter Christen veröffentlicht. Er ist Autor der Bücher *Der Angriff auf die Wahrheit. Wie Postmoderne, Charismatik, Neoevangelikalismus, Gnostizismus und Psychologie das Evangelium verändern* und *Gott zum Anfassen? – »Die Hütte« und die »Neue Spiritualität«*.

1. Auflage 2013

© Georg Walter 2013
Herausgeber: Betanien Verlag
Postfach 14 57 · 33807 Oerlinghausen
www.betanien.de · info@betanien.de
Redaktion: Hans-Werner Deppe
Covergestaltung: 18prozent.de
Coverbild: Oxa / fotolia.de
Satz: Betanien Verlag
Herstellung: Scandinavianbook, Århus

ISBN 978-3-935558-42-6

Inhalt

Vorwort   7

Teil I

Die unterschätzte Gefahr der Mystik   9

Teil II

Lexikalischer Leitfaden zur Orientierung   31

Teil III

Exegetische Aspekte 213

Anhang

Liste kontemplativ geprägter Autoren 231
Bibliographie und Quellen 237

Vorwort

Die vorliegende Arbeit entstand nach eingehender Beobachtung der gegenwärtigen Entwicklungen, die darauf schließen lassen, dass unter Evangelikalen ein Interesse an der Mystik im weitesten Sinne geradezu um sich greift, und aus Sorge um gesunde Lehre und gesunde Gemeinden. Angesichts der Umstände ist ein Schweigen zu den gegenwärtigen Strömungen aus Sicht des Autors nicht nur unangebracht, sondern geradezu unverantwortlich. Dass diese Analyse von manchen als störend und querulatorisch empfunden werden könnte, erwartet der Autor der vorliegenden Schrift; er zieht es aber vor, lieber Gott als den Menschen zu gefallen.

Georg Walter, Januar 2013

TEIL I

Die unterschätzte Gefahr der Mystik

Ich bin das Licht der Welt.
Jesus Christus

Ex oriente lux – Das Licht kommt aus dem Osten.
Arthur Schopenhauer

1851 machte der deutsche Philosoph Arthur Schopenhauer eine geradezu prophetische Aussage:

> Gegenwärtig mögen wir in den Schriften der Gelehrten nur schwach das Wesen des Pantheismus Indiens erkennen; dieser ist dazu bestimmt, früher oder später zum Glauben aller Menschen zu werden. *Ex oriente lux* [das Licht kommt aus dem Osten] ... die indische Weisheit wird nach Europa zurückfließen und einen gründlichen Wandel unserer Erkenntnis und unseres Denkens freisetzen.[1]

In unseren Tagen, über 160 Jahre nachdem Schopenhauer von einem gründlichen Wandel unseres Denkens durch die fernöstliche Philosophie und Religion sprach, mag kaum einer mehr der Tatsache widersprechen, dass der deutsche Philosoph Recht behielt. In der westlichen Kultur ist indes nicht nur ein steigendes Interesse

---

1 Alan Morrison, *Spirit of Babel – The New Spirituality in Redemptive History*, S. 24. Das Zitat Schopenhauers ist aus dem Englischen übersetzt und dem folgenden Werk entnommen worden: F. Max Müller (Trans. & Ed.), *The Sacred Books of the East: Vol. XV* (OUP, 1900), ›The Upanishads‹, Vol. I, S. lxi-lxii, lxiv.

an fernöstlicher Weisheit zu verzeichnen, sondern auch eine neue Begeisterung für die Mystik der christlichen Tradition. Rudi Holzhauer schrieb bereits in den 1980er Jahren treffend über den wachsenden Hang zur Mystik:

> Das religiöse Erscheinungsbild der Gegenwart wird zunehmend von einem neuen Hang zur Mystik bestimmt … Die Flucht nach innen, in die eigene Seelenwelt, ist aber nicht gleichzeitig der Weg nach oben, zu Gott, wie man erhofft und irrtümlich annimmt – mögen uns das die Altmeister der Mystik der Religionen auch noch so ›glaubhaft‹ bezeugen! In der Mystik wird das transzendentale Erlebnis, die Begegnung mit dem angeblich ›Göttlichen‹, über das Zeugnis der Heiligen Schrift gestellt![2]

Der Studentenpfarrer Stefan Kunz schreibt in einem Buch im Jahre 1997, dass die »Wiederentdeckung der mystischen Entdeckung des Christentums nicht nur lebenswichtig, sondern geradezu überlebenswichtig für die Zukunft der Kirche sein könnte.«[3] Volker Leppin, Professor für Kirchengeschichte, bescheinigt in seinem Buch über die Mystik im Jahre 2007 weiterhin ein »steigendes Interesse an Mystik«, die dazu geführt hat, dass die »Texte christlicher Mystiker neue Beachtung gefunden haben.«[4] Friedrich Wilhelm Graf, Professor für Systematische Theologie, erläutert in Bezug auf die evangelische Kirche, dass die protestantische Frömmigkeit »das Schwergewicht vom Wort zum Mystisch-Sakralen verlagert« hat.[5] Graf fährt fort: »Das erste Gebot dieses neuen Kults von Einfühlsamkeit und Herzenswärme lautet: Fühle dich endlich wohl! Gott will das so. So wird das Christentum zu einer Wellness-Religion gemacht …«[6]

Im Oktober 2012 sagte Dr. Rowan Williams, damals amtieren-

---

2 Rudi Holzhauer, *Verführungsprinzipien*, Verlag Johannis, Lahr, 1998, S. 21.

3 Stefan Kunz, *»Ihr seid meine Freunde!« Von der Freundschaft mit Gott*, Brunnen Verlag, Gießen, 1997, S. 14.

4 Volker Leppin, *Die christliche Mystik*, C.H. Beck, München, 2007, S. 7.

5 Friedrich Wilhelm Graf, *Kirchendämmerung – Wie die Kirchen unser Vertrauen verspielen*, C. H. Beck, München, 2011, S. 36.

6 Ebd., S. 38.

der Erzbischof von Canterbury und damit Oberhaupt der Anglikanischen Kirche, anlässlich seiner Teilnahme an der katholischen
Bischofssynode in Rom, dass neben dem gemeinsamen Gebet von
Protestanten und Katholiken die Kontemplation der Schlüssel für
die Evangelisierung der Welt sei. Er betonte die Wichtigkeit, die
Gemeinschaft von Taizé sowie vergleichbare ökumenische Organisationen zu unterstützen, welche die Menschheit in der Kontemplation unterweisen.[7]

Im letzten Jahrzehnt hat sich geradezu ein mystischer Boom
entwickelt, dessen Höhepunkt bei Weitem noch nicht erreicht
ist. Die Mystik-Welle nahm in den 1970er Jahren zunächst in den
USA ihren Anfang und eroberte nach und nach den europäischen
Kontinent. Es waren die drei US-amerikanischen Trappistenmönche Thomas Keating, Basil Pennington und Morton Kelsey der
St.-Joseph-Abtei in Spencer, Massachusetts, die als Gründer der
kontemplativen Bewegung in den USA gelten. Sie waren es, die
kontemplative Gebetsmethoden, die von den Mönchen der katholischen Orden hinter den Mauern der Klöster praktiziert wurden,
nicht nur den katholischen, sondern auch den protestantischen
Laien zugänglich machten. Alleine diese drei Autoren haben über
100 Bücher verfasst und dazu beigetragen, das mystisch-kontemplative Gedankengut über die USA hinaus weltweit zu verbreiten.
Der fromme Zeitgeist, charakterisiert von einer Abkehr von biblischer Lehre und der Suche nach Erfahrungen, ist ein willkomme-
ner Nährboden für mystisches Gedankengut und führt dazu, dass
längst nicht nur katholische Frömmigkeit auf neues Interesse unter
Protestanten und Evangelikalen stößt, sondern dass christliche und
fernöstliche Spiritualität heillos miteinander vermischt werden.

Während in den 1960er Jahren die Mystik in den beiden Volks-
kirchen im deutschsprachigen Raum eher eine Randerscheinung
darstellte, stößt mystisches Gedankengut seit den 1970er Jahren

---

7 Cindy Wooden, *Dr Rowan Williams: joint prayer and contemplation are key
to evangelizing the world*. 11. Oktober 2012. URL: http://www.catholiche-
rald.co.uk/news/2012/10/11/dr-rowan-williams-joint-prayer-and-contem-
plation-are-key-to-evangelising-the-world/.

auf ein immer größeres Interesse unter Christen. Ein nicht geringer Teil von Protestanten und Katholiken hat seit Langem im Zuge des ökumenischen und interreligiösen Dialogs Methoden und Philosophien in ihr Glaubensgut übernommen, die den Religionen des Ostens sowie anderer Philosophien entliehen wurden. Die beiden großen volkskirchlichen Konfessionen bieten ihren Angehörigen mittlerweile alles an, was die Bibel eben nicht zu bieten hat und was man mit Fug und Recht als unbiblisch bezeichnen muss. Von Zen-Buddhismus über Meditationspraktiken verschiedener Religionen bis hin zum Sufismus und New Age wird auf dem frommen Markt alles angeboten, was das »christliche« Herz begehrt.

Die Zunahme mystischer Strömungen unter Evangelikalen – eine erstaunliche wie erschütternde Entwicklung zugleich – muss allerdings mit großer Sorge betrachtet werden. Evangelikale, auch diejenigen im protestantischen Hauptstrom, galten lange als Verfechter rechtgläubiger bibeltreuer Lehre. Dass unter Evangelikalen ein neues Interesse an der Mystik der Wüstenväter und der katholischen Mystiker der mittelalterlichen Kirche erwacht ist und dass ferner viele Evangelikale mystische Praktiken als neue Wege der Erbauung beschreiten, ist schon bedenklich genug. Noch besorgniserregender ist allerdings, wie man in evangelikalen Kreisen beobachten kann, dass es längst zu einem Dammbruch gekommen ist und mittlerweile mystische Methoden um sich greifen, die noch vor Jahrzehnten als nicht schriftgemäß verworfen wurden und als unvereinbar mit dem Begriff »evangelikal« galten.

Mystik: katholisch, fernöstlich und charismatisch

Der Begriff »Mystik« hat im Laufe der letzten zwei Jahrzehnte ohnedies eine inhaltliche Erweiterung erfahren. Während man bis in die 1970er Jahre in christlichen Kreisen unter Mystik vor allem die katholische Mystik verstand, werden heute viele auf innerliche Erfahrungen abzielende Methoden dem Bereich der Mystik zugerechnet. Diese Begriffserweiterung erlaubt es, nicht nur an die katholischen Mystiker zu denken, sondern auch an die zahlreichen kontemplativen Gebetsarten (Stillegebet, Atemgebet, Jesus-Gebet, usw.) sowie meditativen Techniken, die sich kaum noch von den Praktiken der Religionen des Ostens unterscheiden. Und schließlich muss man an dieser Stelle noch die schwärmerischen Auswüchse der sogenannten »Neuen Mystiker« nennen, eine weitere Verirrung unter Extremcharismatikern.

Der US-amerikanische Charismatiker John Crowder, der bekannteste der Neuen Mystiker, erläutert in seinem Buch *Miracle Workers, Reformers, and the New Mystics*:

> Die Gesellschaft steht vor einer umfassenden Transformation, während sie gerade in das postmoderne Zeitalter eintritt. Die Kirche steht an der Schwelle einer spirituellen Renaissance und eines revolutionären Wandels … Die Mystiker, Asketiker und Wunderwirker der Vergangenheit führten ein Leben voller spiritueller Erfahrungen, göttlicher Heimsuchungen und übernatürlicher Begegnungen.[8]

Sie stellen für ihn das Vorbild christlicher Nachfolge dar. In seinem Buch *Mystical Union* legt Crowder dar, dass das Evangelium eine »mystische Botschaft« ist und plädiert dafür, dass jeder Christ die mystische Vereinigung (*unio mystica*) mit Christus anstreben und genießen solle.

Auf seiner Webseite *Sons of Thunder* (»Donnersöhne«, in Anlehnung an Mk 3,17) schreibt Crowder, dass er sich nach der Entstehung einer »kreativen Bewegung ekstatischer Gläubiger« sehnt. Durch Crowder geschehen angeblich Zeichen und Wunder und er feiert gerne mit Gleichgesinnten in der »Trunkenheit des Geistes« – die Gottesdienstteilnehmer lachen unkontrolliert, lallen, tanzen, fallen um, wälzen sich auf dem Boden herum und geben alle möglichen Laute von sich. Crowder, der vor seiner Bekehrung drogenabhängig war und es nun vorzieht, durch den »Heiligen Geist« von Gott »high« zu sein, ist nach seiner Selbstdarstellung ein theologischer Lehrer, der über viele Themen spricht, die von den Evangeli-

---

8 David Crowder, *Miracle Workers, Reformers, and the New Mystics*, Destiny Image, Shippensburg, 2006, S. 17, 21.

kalen vernachlässigt wurden; hierzu zählen die vielen »Mystiker der Katholischen und Orthodoxen Kirche.«[9] Christen müssen aus der Sicht der Neuen Mystiker Traditionen und Lehrfragen hinter sich lassen und sich nach »Gotteserfahrungen« ausstrecken.

Ein Phämomen der postmodernen Gesellschaft

Der Mensch von heute neigt in seiner Tendenz zur Individualisierung dazu, seine eigene Patchwork-Religion zu schaffen. Diese ist von spirituellen Bedürfnissen geprägt, die mittlerweile in großem Umfang von fernöstlicher Spiritualität gestillt wird. Ein Misstrauen gegenüber der Moderne, ein Skeptizismus in Bezug auf Wissenschaftsgläubigkeit sowie die Abkehr von den eigenen christlichen Traditionen haben ein Vakuum geschaffen. Diese innere Leere wird durch eine neue Innerlichkeit ausgefüllt, die sich zunehmend an den Religionen und Philosophien des Ostens orientiert, die Ruhe, Erfüllung, Frieden, Harmonie und vieles mehr versprechen.

Ex oriente lux – das Licht kommt aus dem Osten. Es scheint so, als ob Schopenhauers Prognose auf die westliche Gesellschaft zutrifft, die sich trotz fortschreitender Säkularisierung noch immer als »christlich« bezeichnet. Der Einfluss des Gedankenguts fernöstlicher Spiritualität lässt sich mittlerweile bis in die evangelikale Bewegung hinein nachweisen. Am Bekenntnis, dass Jesus das Licht der Welt ist – das wahre, ewige und einzige Gotteslicht –, gilt es für wahre Nachfolger Christi festzuhalten. Wenn niemand sich erhebt, um der gegenwärtigen Entwicklung Einhalt zu gebieten, wird sich fremdes Feuer auf dem Altar Gottes weiter ausbreiten. Wenngleich die Wächter und Propheten des Alten Bundes, die vor Religionsvermischung und Glaubensabfall warnten, von den »Frommen« immer verfolgt, abgelehnt und als Störenfriede und Querulanten verworfen wurden, braucht diese Zeit wie kaum eine Epoche zuvor mutige Männer und Frauen, die ihre Stimmen erheben.

---

9 Webseite *Sons of Thunder*: About us – John and Lily Crowder. ULR: http://www.thenewmystics.com/Groups/1000036238/Home_Page_of/About_Us/John_and_Lily/John_and_Lily.aspx.

In diesem Zusammenhang darf auf das Buch *Gefährliche Stille* verwiesen werden, das 2010 vom Maleachi-Kreis anlässlich der evangelikal-ökumenischen Initiative *Jahr der Stille 2010* herausgegeben wurde. Die Autoren Ulrich Skambraks, Alexander Seibel, Wolfgang Nestvogel, Roland Antholzer, Eberhard Platte, Martin Vedder, Lothar Schäfer und Johannes Pflaum, die an diesem Buch mitgewirkt haben, zeigen sehr deutlich auf, warum viele der Methoden, die im *Jahr der Stille* propagiert wurden, mit der Bibel unvereinbar sind. Es ist die Hoffnung des Autors, dass weitere Bücher folgen werden, die Aufklärung und Licht in diese so verführerische Zeiterscheinung bringen, die sich in immer neuen Varianten Bahn bricht.

Gibt es bibeltreue Mystik?

Der Leser mag vielleicht die Überzeugung vertreten, dass die Mystik der östlichen Religionen mit der Bibel unvereinbar und folglich abzulehnen sei; die christliche Mystik des Westens hingegen könne man nicht durchweg verwerfen, solange diese auf der Grundlage biblischer Prinzipien praktiziert werde. Alan Morrison erläutert, warum dies nicht möglich ist:

> Der sogenannte christliche Mystiker – unter dem Einfluss des spekulativen Neoplatonismus, welcher selbst wiederum eine synkretistische Mischung aus heidnischem Mystizismus und griechischer Philosophie war – übernimmt die mystischen Lehren des Ostens über den universellen göttlichen Funken im Menschen, so dass sie mit der orthodoxen christlichen Lehre scheinbar konform ist.[10]

Diese scheinbare Konformität mit der christlichen Lehre darf jedoch nicht darüber hinwegtäuschen, dass die »christliche« Mystik kein legitimer Weg für den wahren Jünger Jesu ist.

---

10 Alan Morrison, *The Evangelical Attraction to Mysticism.* URL: http://web.archive.org/web/20041010175742/http://www.diakrisis.org/evanmyst.htm.

Das Ebenbild Gottes im Menschen ist eben nicht identisch mit dem »universellen Gott, der in allem wohnt«, wie östliche Mystiker lehren (Pantheismus). Gleichermaßen stellt die göttliche Ebenbildlichkeit im Menschen nicht einen »göttlichen Funken« dar, einen Teil Gottes im Menschen, wie katholische Mystiker lehren. Die Ebenbildlichkeit Gottes oder die »Teilhaberschaft an der göttlichen Natur« (2Petr 1,4) ist nicht Identität mit Gott selbst oder eine Vereinigung mit Gott oder Gottes Wesen, sondern die Verwandlung des Menschen in das göttliche Ebenbild. Der Mensch wird bei dieser Verwandlung allerdings nicht vergöttlicht oder selbst zu Gott. Die Einzigartigkeit der Person Gottes in seiner ganzen Herrlichkeit wird für alle Ewigkeit weit über der Person eines jeden Erlösten stehen und ewiglich von der Person Gottes unterschieden sein.

Mystiker suchen Erfahrungen, die über das normale Christenleben hinausgehen. Regelmäßig wird von Vertretern der Mystik die Erfahrung des Paulus, der in den dritten Himmel entrückt wurde (2Kor 12), als Argument angeführt, dass Christen derartige Erfahrungen anstreben sollen. Allerdings muss in diesem Zusammenhang unbedingt beachtet werden, dass Paulus diese Erfahrung weder gesucht noch die Christen seiner Zeit dazu aufgerufen hat, solche Erfahrungen anzustreben. Überdies spricht der Apostel nur sehr zurückhaltend von seiner Entrückung in den dritten Himmel. Er erwähnte seine Erfahrung erst 14 Jahre später und schilderte die Vorgänge nur sehr reserviert.

Paulus spricht von sich selbst in der dritten Person, um nicht sich selbst zu rühmen oder seine Erfahrung in den Vordergrund zu stellen. Er fühlt sich nur deswegen dazu gedrängt, sein Erlebnis zu erwähnen, weil falsche Apostel sich aufgrund ihrer Erfahrungen geistlicher als andere darstellten. Paulus schreibt ferner, dass er »entrückt wurde«, beschreibt diese Erfahrung also als etwas, das an ihm geschah (im Aorist Partizip Passiv). Es handelte sich also um etwas, das sich einfach ereignete, ohne dass Paulus nach dieser Erfahrung gesucht hatte. Paulus wandte auch keine Methode oder Übung an (wie Meditation oder Kontemplation), um in den dritten Himmel entrückt zu werden. Gott war es, der die Initiative ergriff. Folglich handelt es sich bei der Erfahrung des Paulus weder um etwas nach Belieben Wiederholbares, noch um etwas, was er selbst angestrebt hatte.

Und letztlich musste der Apostel Paulus nach seiner Entrückungserfahrung in den dritten Himmel mit einem Engel Satans kämpfen, der ihm ein Dorn Satans war. Gottes Antwort auf das Flehen des Paulus lautete: »Lass dir an meiner Gnade genügen …« (2 Kor 12,9). Das alles führte Paulus tiefer in die Demut und verhinderte, dass er sich über andere erhob. Nicht das mystische Erleben des Paulus, sondern die Gnade zeichnet den wahren Gottesmenschen aus. Statt immer wiederkehrende mystische Erfahrungen, die Paulus einer mystischen Vereinigung mit Gott vermeintlich näher bringen sollten, musste er durch Schwachheit und Anfechtungen in Christus stark werden. Die Bibel lehrt unmissverständlich, dass der Erlöste nicht durch kontemplative Methoden oder fromme Werke in Gottes Gegenwart eintritt. Der wahre Nachfolger Jesu hat allein durch Glauben aus Gnade Zugang zu Gott, dem Vater (Röm 5,1-2; Hebr 4,16).

Mystik – der vermeintliche Weg zu Gott

Der Mystiker strebt mittels seiner kontemplativen Übungen nach dem höchsten Ziel, der *unio mystica*, der mystischen Vereinigung mit Gott. Man bezeichnet dies auch als *Gottesunmittelbarkeit* – im Gegensatz zum biblischen Konzept, dass der Mensch einen Mittler braucht, um in die Gegenwart Gottes zu kommen. Obgleich viele Mystiker betonen, dass dieses Einswerden mit Gott ein Geschenk der Gnade sei, sind ihre Ausführungen darüber, wie man dieses höchste Ziel erlangt, von vielen Geboten, Anweisungen und äußerlichen Werken begleitet. Askese, Bußübungen, Selbstgeißelung, Gebet, Studium und Fasten sind nur einige der frommen Werke auf dem Weg des Mystikers zur ersehnten Gottesvereinigung.

Der Reformator Martin Luther, der als Augustinermönch wohl vertraut war mit der mystischen Theologie und zunächst selbst danach strebte, Gott durch Werke zu gefallen, ehe er wahrhaft errettet wurde, erklärte in seinen Tischreden über das religiöse Tun ohne den Geist:

Und je heiliger und geistlicher sie scheinen, desto schädlicher und giftiger sind sie; denn sie führen die Menschen vom Glauben ab und machen, dass sie sich auf ihre eigenen Kräfte, Werk, Gerechtigkeit verlassen. Und aller Mönche Orden, Fasten, Beten, hären Hemde, die heiligsten Werke, Regel und ganzes Leben ... sind eitel fleischliches Werk.[11]

Luther, der wiederholt mit Mystikern und Schwärmern konfrontiert war, glaubte, dass Adam und Eva die ersten Schwärmer waren. Das erste Menschenpaar wollte sein wie Gott und strebte danach, mehr haben oder sein zu wollen, als Gott es in seinem Ratschluss beschlossen hatte. Adam und Eva waren mit ihrem Stand, den Gott ihnen zugewiesen hatte, nicht zufrieden. Sie überschritten Gottes Gebot, weil sie etwas zu empfangen hofften, was Gottes Gebot ihnen dem Anschein nach nicht zu geben vermochte. Die Suche nach mystischen und übernatürlichen Erfahrungen sind Symptome für eine Seele, die sich nicht unter die Schrift beugt und bereit ist, über Gottes Wort hinauszugehen.

»Mystische Rauschzustände« und eine »wortlose und wortfremde Unendlichkeitsmystik« sind »gerade kein Erlebnis mit Gott«, wie der Protestant Karl Heim es treffend ausdrückt, um unzweideutig darauf hinzuweisen, dass es nicht zwei, sondern nur einen Weg zu Gott gibt:

Alle klaren, geistigen Akte lassen sich im Wort aussprechen und entstehen durchs Wort. Wir finden also Gott nur durch das Wort und ein geistiges Vernehmen des Wortes. Jeder von uns steht vor diesem Entweder-oder und muss sich entweder für die eine oder für die andere Auffassung entscheiden. Davon hängt dann unsere Stellung zur katholischen und protestantischen Frömmigkeit, ja unsere ganze Weltanschauung ab.[12]

---

11 Martin Luther, *Tischreden*, Reclam, Stuttgart, 1981, S. 58-59.
12 Karl Heim, *Das Wesen des evangelischen Christentums*, Verlag Quelle & Meyer, Leipzig, 1925, S. 68-69.

So dachten Protestanten noch vor 100 Jahren und die Evangelikalen noch vor 30 Jahren.

Viele Christen fühlen sich von der mystischen Spiritualität angezogen, weil sie der Verlockung erliegen, sie könnten auf dem Weg der Mystik eine tiefere, innigere Gottesbeziehung erlangen. Unzählige Bücher und kontemplative Lehrer werben genau mit diesem Versprechen von mehr Gottesnähe, sofern man ihren Praktiken folgt. Mystische Erfahrungen können gleichwohl sehr leicht zu einer inneren Haltung führen, in welcher sich mancher Christ geistlicher als andere wähnt. Volker Leppin schreibt nicht zu Unrecht, dass die Mystik »eine Bewegung zwischen elitärem Bewusstsein und allgemeiner Christlichkeit« ist.[13]

Wer die christlichen Mystiker eingehend studiert, wird auf vieles stoßen, was bedenklich, wenn nicht gar unheilvoll ist. An dieser Stelle ist Pachomios (~287–347), Sohn eines ägyptischen Heiden, zu nennen. Ihm soll ein Engel im Gewande eines Mönchs erschienen sein, der zu ihm sagte: »In diesem Gewand wird jeder errettet.« Der Heide schlüpfte in eine Mönchskutte und pflegte von nun an die Askese. Die Botschaft ist klar: Errettung durch das mönchische Leben. Ob Pachomios sein Leben lang in jenem religiösen Eifer wie der Augustinermönch Luther vor seiner Bekehrung verharrte oder jemals zu einer wahren Gotteserkenntnis aus Gnade und Glauben allein gelangte, bleibt ebenso ungeklärt wie die Frage, ob es sich bei dem Engel im Mönchsgewand um einen Boten Gottes oder um eine satanische Erscheinung handelte. Luther jedenfalls, nachdem er zum wahren Gotteslicht durchgebrochen war, streifte die Mönchskutte ab und predigte das klare Wort des Evangeliums.

Mystik – ein Irrweg weg von der Bibel

Die Schrift warnt vor den listigen Anläufen des Satans, der die »Gestalt eines Engel des Lichts annehmen kann« (2Kor 11,14). Und nicht nur Paulus schrieb den Galatern: Selbst »wenn ein Engel aus dem Himmel euch etwas als Evangelium verkündigte, entgegen

---

13 Volker Leppin, *Die christliche Mystik*, C. H. Beck, München, 2007, S. 12.

dem, was wir euch als Evangelium verkündigt haben: er sei verflucht!« (Gal 1,8), sondern auch der Reformator Luther erläutert in seinen Tischreden, was von jenen zu halten ist, die besondere Offenbarungen und Traumgesichte anstreben:

> Denn sie lassen sich an seinem Wort nicht genügen. Ich erwarte in geistlichen Dingen nicht eine besondere Offenbarung noch Träume; ich habe das klare Wort. Deshalb mahnt Paulus, dass wir uns daran halten sollen, auch wenn ein Engel euch würde das Evangelium predigen anders.[14]

Letztlich ist seit langem die Tendenz unter Evangelikalen zu beobachten, dass biblische Lehre im geistlichen Leben und in der Nachfolge als minderwertig oder zweitrangig betrachtet wird. Bedauerlicherweise muss man einräumen, dass Lehrstreitigkeiten unter Christen leider zu häufig in einer fleischlichen Weise ausgetragen werden. Dennoch gilt es, das Kind nicht mit dem Bade auszuschütten. Gott wirkt durch sein Wort und seinen Geist. Gesunde Lehre, die Verkündigung der Wahrheit, Gottes Wort darf nicht aus dem Zentrum des geistlichen Lebens gerückt werden, sowohl des einzelnen Christen als auch der Gemeinde. Oder um nochmals Luther zu Wort kommen zu lassen: »Denn ohne das Wort ist alles nichts. Deswegen bindet uns Gott an sein Wort ... Das hat der Satan seit Schaffung der Welt angefochten und ausrotten wollen.«[15]

Wohin es führt, wenn Personen den Weg des Wortes verlassen, um den Weg der Mystik zu beschreiten, zeigt das Beispiel von Sue Monk Kidd. Die US-Amerikanerin wuchs in einer Gemeinde der *Südlichen Baptisten* auf und begann mit Anfang 30 die Bücher der katholischen Mönche Basil Pennington, Thomas Keating, Thomas Merton und Teilhard de Chardin zu lesen. Die Baptistin, bis dahin evangelikal und im baptistischen Glauben aufgewachsen, öffnet sich dem katholischen Gedankengut und beginnt binnen kurzer Zeit damit, kontemplative Methoden zu praktizieren. 1988 schreibt

---

14 Martin Luther, *Tischreden*, Reclam, Stuttgart, 1981, S. 9–10.
15 Ebd., S. 10.

sie im Alter von 40 Jahren ihr erstes Buch, worin sie ihre spirituelle Suche beschreibt. Es folgen fünf weitere Bücher, und in jedem ihrer Bücher wird offenkundig, dass sie sich immer weiter von ihren baptistischen Wurzeln und von schriftgemäßer Lehre entfernt. Unter ihren Büchern sind Bestseller, die in 34 Ländern 6 Millionen Mal verkauft wurden, fünf davon wurden ins Deutsche übersetzt. All das ist ein überdeutlicher Hinweis, was der fromme Leser auf dem christlichen Büchermarkt zu lesen wünscht (siehe 2Tim 4,3-4).

Heute gilt Sue Monk Kidd als feministische Theologin, die beherzt Empfehlungen für alle Autoren der kontemplativen Mystik ausspricht. Sie selbst betet nicht mehr den Gott ihrer Väter an, sondern die Göttin Sophia. Ihr Gottesbild steht dem Pantheismus und dem New Age näher als der gesunden biblischen Lehre. Sie ist überzeugt, dass der göttliche Geist die gesamte Schöpfung durchdringt und dass die Menschen dieser Erde in einem neuen Bewusstsein die Heiligkeit von Mutter Erde erkennen und anbeten müssen. Sie gilt neben Dan Brown (*Sakrileg – The Da Vinci Code*) als Autorin, die wesentlich zur Verbreitung der Anbetung einer universellen Mutter-Gottheit beitrug. Doch trotz all ihres unbiblischen Gedankenguts wird sie von bekannten Evangelikalen empfohlen, so dass ein falsches mystisches Gottesbild weiter um sich greifen kann.

Ihr Bestseller *Die Bienenhüterin* weist weiblich-mythische Anspielungen auf wie z. B. das Bild der schwarzen Madonna – die Verehrung Marias in schwarzer Hautfarbe. Die schwarze Madonna gilt in der schreibenden Zunft der kontemplativen Bewegung als besonderes Vorbild für den postmodernen Menschen, der eine zu große Betonung von Aktivität und Verstand hinter sich lassen muss. Diese maskuline Spiritualität, so das neue Paradigma, wird in der Postmoderne von femininen Eigenschaften wie kontemplativer und intuitiver Beschaulichkeit abgelöst werden. Diese Auffassung spielt dem allgemeinen frommen Zeitgeist in die Hände. Die *vita activa* – das aktive Leben – stand der *vita contemplativa* – dem kontemplativen Leben – schon immer als Gegensatz gegenüber. Aktivität, verstandesmäßiges Nachdenken, Lehrsätze des Glaubens, allein die Schrift (*sola scriptura*) contra Passivität, Intuition, Mystik, erfahrbare Gotteserlebnisse.

Gewiss, ein Übermaß an Rationalität, Aktivität, die aus dem Fleisch und nicht aus dem Geist geboren ist, tote Lehrsätze und Traditionen, die in der Praxis der Nachfolge ohne geistliches Leben erfüllt sind, stellen eine ebenso große Gefahr dar wie die Mystik. Tote Dogmatik und erstarrte Tradition können indes nicht durch die Mystik wiederbelebt werden, sondern alleine durch den lebendigen Geist Gottes. Ein Mensch, der soeben einen Herzstillstand erlitten hat, kann nicht durch kontemplative Beschaulichkeit wieder ins Leben zurückgeholt werden, sondern allein durch beherzte Maßnahmen einer Herzdruckmassage und künstlichen Beatmung. Die geistlichen Krankheiten einer *vita activa* können niemals durch die *vita contemplativa* geheilt werden. Die *vita activa* ist und bleibt der biblische Weg, den Gott dem wahren Nachfolger vorgezeichnet hat, und diesem Weg muss er folgen und darauf achten, dass er sich an Gottes Anweisungen hält. In der Schrift jedenfalls ist die *vita contemplativa* als mögliche Alternative nicht zu erkennen.

Und wie ist es mit den anderen modernen christlichen Mystikern zu halten? In Henri Nouwens Jahreslesebuch *Leben hier und jetzt* spricht er von der Realpräsenz Christi in der Eucharistiefeier und erläutert: »Es ist eine Leben spendende, uns umwandelnde Gegenwart. Indem wir den Leib Christi essen, werden wir der lebendige Christus …«[16] Der katholische Priester, Mystiker und Psychologe Nouwen (1932–1996) glaubte, dass der Mensch »zum lebendigen Christus wird« und übersah gänzlich, dass die Bibel eine solch mystische Vereinigung nicht einmal im neuen Himmel und der neuen Erde vorsieht. Zwischen Christus, dem Schöpfer, und den Erlösten, seinen Geschöpfen, wird in alle Ewigkeit eine Verschiedenartigkeit bleiben. Die Erlösten im Himmel werden nicht in einer mystischen Vereinigung mit ihrem Erlöser und Schöpfer aufgehen, sondern »sie fallen nieder vor dem, der auf dem Thron sitzt, und beten den an, der lebt, von Ewigkeit zu Ewigkeit« (Offb 4,10).

Doch offenbar traf Nouwen genau in das Herz des spirituellen Zeitgeistes, von dem Christen aus allen Lagern zusehends angezogen, ja nahezu fortgerissen, werden. Dies erinnert an die Worte

---

16 Henri J. M. Nouwen, *Leben hier und jetzt*, Herder, Freiburg, 2000, S. 218.

des Paulus in 1. Korinther 12, wo der Apostel die Korinther darauf aufmerksam machte, wie sie einst als heidnische Götzenanbeter in ihren ekstatischen Mysterienkulten von anderen Geistern geleitet und in Ekstase »angezogen« und »fortgerissen« wurden. Das allerdings, so der Apostel Paulus, lag nunmehr hinter ihnen. Von nun an wandelten die Korinther in der Neuheit des Lebens unter der Führung des Heiligen Geistes, der ein Geist der Liebe, der Kraft und der Besonnenheit ist.

Besonnenheit oder Nüchternheit ist das Gütesiegel wahrer christlicher Nachfolge. Ekstase, Verinnerlichung, Weltflucht, Eremitentum, visionäre Erfahrungen, all dies ist der Nüchternheit des Wortes jedoch entgegengesetzt. Der Mystiker Pseudo-Dionysios, der laut Volker Leppin den eigentlichen Anfang christlicher Mystik im 5. Jahrhundert n. Chr. markiert, und der wie viele der christlichen Mystiker bis ins Mittelalter vom Neuplatonismus beeinflusst war, zielt genau auf das ab, was dem nüchternen und klaren Wort entgegensteht. Leppin erläutert, wie der Mystiker alles Irdische, einschließlich der Vernunft, hinter sich lässt. Dieser Vorgang wird »von [Pseudo-]Dionysios – wiederum neuplatonische Vorläufer aufgreifend – als ›entrückend‹, *ekstatikos*, bezeichnet: ein … Geschehen, in dem der Mensch ekstatisch existiert und damit sich selbst gewissermaßen hinter sich lässt.«[17]

Martin Luther bezeichnet Pseudo-Dionysios in seinem Buch *Von der Babylonischen Gefangenschaft der Kirche* als »im höchsten Grade verderblich« und erläutert:

In der ›Theologia Mystica‹ … treibt er mehr den Platonismus als das Christentum. Christus lernst du dort so wenig kennen, dass du ihn, wenn du ihn bereits kennst, wieder verlierst. Ich rede aus Erfahrung. Paulus wollen wir lieber hören, auf dass wir Christus, und zwar als den Gekreuzigten kennenlernen.[18]

---

17 Volker Leppin, *Die christliche Mystik*, C. H. Beck, München, 2007, S. 33.
18 Martin Luther, *Von der Babylonischen Gefangenschaft der Kirche*, Weimarer Ausgabe 6, 562,8-14.

Und wieder stehen wir vor dem Entweder-oder, vor dem Weg der Mystik oder dem Weg des Wortes, vor dem Weg der Ekstase, die sich auch in mildem Gewande der Kontemplation zeigen kann, oder dem Weg der nüchternen Beharrlichkeit im Wort.

Mystik führt von Gottes Wort weg. Diese unbestreitbare Tatsache, wenngleich von manchem Mystiker vehement bestritten, wird in einem Zitat der Herausgeber der *Renovaré Bible* mehr als augenscheinlich. Zwei der Herausgeber der *Renovaré Bible*, Dallas Willard und Richard Foster, sind im deutschsprachigen Raum durch ihre Bücher bekannt geworden. Sie betrachten die Bibel nicht als einen Text, den man meistern soll, sondern als eine Geschichte und Anleitung für einen Lebensstil. Gemeint ist der mystisch-kontemplative Lebensstil, auch als »Geistliche Formung« (engl. »Spiritual Formation«) bezeichnet. Diesen Ausdrücken begegnet man mittlerweile immer häufiger.

Im Vorwort zur *Renovaré Bible*, die im genauen Wortlaut *Renovaré Spiritual Formation Bible* heißt und schon im Titel des Buches damit ausdrücklich die geistige Ausrichtung vorgibt, schreiben die Herausgeber, dass Gottes Gegenwart durch berufene Personen, unterschiedliche Liturgien, soziale Strukturen, umwälzende Ereignisse und andere Offenbarungen dem Menschen *direkt* vermittelt wird.[19] Dieser Aussage folgt die Erklärung:

> Diese direkte Vermittlung von Gottes Gegenwart durch den Heiligen Geist setzt sich bis heute fort. Daneben wirkt die *indirekte* Vermittlung durch die Schrift (das geschriebene Wort Gottes), durch die Predigt und das prophetische Reden (das gesprochene Wort Gottes) und durch die Sakramente (das sichtbar gemachte Wort Gottes.[20] (Hervorhebung durch den Autor).

Hier haben wir es mit dem Zeugnis von Vertretern der kontemplativen Bewegung selbst zu tun. Die Heilige Schrift und die

---

19 Richard Foster (Hrsg.), *The Renovaré Spiritual Formation Bible*, Harper, San Francisco, 2006, S. XXXVII.
20 Ebd., S. XXXVIII.

Predigt gelten ihnen nur als indirekte Vermittlung. So dürfte es auch wenig verwundern, dass die Herausgeber der *Renovaré Bible* nicht zur uneingeschränkten Irrtumslosigkeit und Unfehlbarkeit der Schrift stehen. Richard Foster kommt aus der Linie der Quäker, die schon immer die Führung durch das »innere Licht« über die Unterweisung durch das geschriebene Wort stellten.

Wir brauchen allein die Schrift!

Der Schweizer Theologe Adolf Schlatter weist in seiner Auslegung über den Timotheusbrief darauf hin, dass Paulus sich gegen »eine Mystik wendet, die den Anblick Gottes als die höchste Stufe der Einigung mit Gott begehrte.«[21] Gott als der »König der Zeitalter« (1Tim 1,17) »lässt nicht daran denken, dass die Äonen [Zeitalter] das göttliche Wesen seien«,[22] wie die Mystiker der Gnosis lehrten. Gnostiker vertraten die Auffassung, dass die Äonen aus Gott hervorgingen und die Seele in einem Aufstieg durch die Äonen wieder zur Erkenntnis (Gnosis) Gottes gelangen könnte. Der alleinige und unverwesliche Gott ist im Hier und Jetzt jedoch *unsichtbar* (1Tim 1,17) und völlig verschieden von der Welt. Ganz gleich ob es sich um den Gnostiker der ersten nachchristlichen Jahrhunderte, um die Mystiker der mittelalterlichen Kirche oder um die modernen Mystiker handelt, das Streben des Mystikers nach einer Gottesschau und Vereinigung mit Gott schon hier auf Erden widerspricht zutiefst dem apostolischen Denken. Paulus fördert nicht ein mystisches Schauen des Christus, sondern ruft dazu auf, den Glauben und die Botschaft des Evangeliums zu bewahren.

Gott, der König der Zeitalter, hat für jedes Äon einen Heilsweg für den Menschen bestimmt. Dem Zeitalter ohne Gesetz folgte das Zeitalter des mosaischen Gesetzes. Nun aber leben wir im Zeitalter der Gnade oder dem Zeitalter der Gemeinde Christi. Gottes Ratschluss für dieses Zeitalter ist, dass der Mensch aus Glauben allein,

---

21 Adolf Schlatter, *Die Kirche der Griechen im Urteil des Paulus: Eine Auslegung seiner Briefe an Timotheus und Titus, Calwer Verlag,* Stuttgart, 1983, S.63.
22 Ebd., S. 64.

durch Gnade allein, durch Christus allein, durch die Schrift allein selig werde. Nirgends in den neutestamentlichen Briefen trifft man auf Anweisungen für einen mystischen Aufstiegsweg der Seele zur reinen Gotteserkenntnis. Vielfältig indessen begegnet dem Leser der Schrift die Aufforderung, am unverfälschten Wort Gottes festzuhalten (1Petr 2,2; Tit 2,7), das anvertraute Glaubensgut zu bewahren (1Tim 6,20), sich durch Worte des Glaubens und der guten Lehre zu nähren (1Tim 4,6), dem Vorbild der überlieferten Lehre von Herzen gehorsam zu sein (Röm 6,17).

Dass es immer wieder Phasen in der Geschichte der Gemeinde Christi gab, in welchen das Wort Gottes in den Hintergrund gedrängt wurde, weiß auch der britische Pastor und Autor Martyn Lloyd-Jones. Er schrieb 1971 in einer Zeit, als die kontemplative Welle gerade erst ihren Anfang genommen hatte:

> Diese Vorschläge, dass wir weniger predigen sollten und verschiedene andere Dinge mehr tun sollten, sind natürlich überhaupt nicht neu. Die Leute denken, dass dies scheinbar ziemlich neu ist und dass es ein Zeichen der Moderne ist, die Verkündigung zu verwerfen oder geringzuschätzen und den Akzent auf andere Dinge zu legen. Die einfache Antwort ist, dass es sich hierbei um nichts Neues handelt.[23]

Lloyd-Jones hat hier nicht unbedingt an die kontemplativen Einflüsse auf die evangelikale Gemeinde gedacht, da diese damals noch kaum nachweisbar waren. Wie sich doch die Zeiten in wenigen Jahrzehnten ändern können! Vielmehr beäugte der britische Prediger kritisch, wie die Gemeinde dazu neigte, dem weltlichen Zeitgeist zu folgen. Für ihn und viele andere, die für den einmal überlieferten Glauben unermüdlich kämpften und noch kämpfen, muss Gottes Wort das Herzstück des geistlichen Lebens der Gemeinde bleiben. Vor allem aber am Ende der Zeit, bevor Christus wiedererscheinen wird, ist damit zu rechnen, dass der antichristli-

---

23 Martyn Lloyd-Jones, *Preaching and Preachers*, Hodder & Stoughton, London, 1971, S. 33.

che Geist sich ein letztes Mal mit all seiner Kraft – und all seiner List – gegen die Heilige Schrift aufbäumen wird. Diese Angriffe auf die Wahrheit werden um so gefährlicher sein, da sie im frommen Gewande daherkommen werden.

Das Ziel: Weltweite Einheit oder weltweiter Abfall?

Möglicherweise neigt sich dieses Zeitalter dem Ende entgegen. Philosophen bezeichnen unsere Tag als die Postmoderne, die von tiefer Skepsis in Bezug auf absolute Aussagen und einer Abkehr von Wissenschaftsgläubigkeit ebenso gekennzeichnet ist wie von einem Trend zur subjektiven Verinnerlichung. Wolfgang Riehle schreibt in seinem Vorwort zu der Übertragung des mystischen Werkes *Wolke des Nichtwissens*, das von einem unbekannten altenglischen Autor verfasst wurde: »Im Zuge der heutigen Neubesinnung auf Kräfte, die geeignet sind, ein wirksames Gegengewicht zum wissenschaftlichen Rationalismus unseres Computer-Zeitalters zu bilden, hat man sich schon seit einiger Zeit in verstärktem Maße an die Werke der Mystiker wieder erinnert.«[24] Riehle zeugt damit von der antirationalen Haltung, wie sie heute unter postmodernen Menschen oft anzutreffen ist, wenn er von einem »Gegengewicht zum wissenschaftlichen Rationalismus« spricht und auf die Renaissance der Werke der Mystiker verweist. Letztere gedeiht nämlich auf einer antirationalen und auf Emotionen und Erfahrungen abzielenden Grundhaltung, die heute bis in evangelikale Kreise vorgedrungen ist, besonders gut. Der postmoderne Zeitgeist erweist sich somit als Katalysator für die Mystik.

Das Streben nach unmittelbarer Gotteserfahrung, die Suche nach Harmonie und nach Gemeinschaft mit anderen, die nicht mehr ab- oder ausgrenzt werden, selbst wenn die gesunde Lehre dies gebietet, eine seligmachende Wellness-Botschaft, die sich im frommen Wortschwall über begierige Seelen ergießt, die das eigene Ich in den Mittelpunkt gerückt haben und nur noch den eigenen

---

24 Riehle, Wolfgang: *Die Wolke des Nichtwissens*, Johannes Verlag, Einsiedeln, Freiburg, 2011, S.13.

Trost und die eigene Erbauung suchen, gehen Hand in Hand mit einer Ablehnung von biblischer Lehre und Glaubenssätzen sowie einer an Vernunftskepsis grenzenden Haltung. Man könne Gott nicht mit dem Verstand erkennen, so das häufige Credo. Wohl ist in dieser Aussage ein gewisses Maß an Wahrheit. Wahr ist, dass man Gott nicht mit dem durch die Sünde verdorbenen Verstand erkennen kann. Der Verstand muss erleuchtet werden – und das dazu nötige Licht kommt nicht aus der fernöstlichen Mystik, sondern aus der Bibel, aus dem Evangelium von Jesus Christus. Man kann Gott nicht ohne einen durch Jesus Christus erleuchteten Verstand erkennen.

Doch was die Befürworter eines mystischen Weges mit ihrer Ablehnung einer verstandesmäßigen Herangehensweise eigentlich bezwecken, ist, dass Gottes Wort nicht mehr den zentralen Aspekt für sich beanspruchen darf, wie es das traditionelle protestantische und evangelikale Christentum über Jahrhunderte forderte.

Ein neuer Weg muss fortan beschritten werden, ein Weg, der fortwährend als ein Pfad angepriesen wird, der zu tieferer Gotteserkenntnis und intensiverer Gottesnähe führen soll – und endlich zu einer Einheit aller Christen. Dem Zitat des katholischen Theologen Karl Rahner: »Der Christ von morgen wird ein Mystiker sein, einer, der etwas erfahren hat, oder er wird nicht mehr sein«, begegnet man in der deutschen wie der englischen kontemplativen Literatur immer wieder; und man trifft bei den vielen Vertretern der kontemplativen Mystik nicht selten auf vergleichbare Aussagen. Die Mystik soll die goldene Brücke zur Einheit aller Christen schaffen.

Die neue Welle der Mystik vereint zunehmend all diejenigen, die nicht »spaltend« oder in christlichen Lehrfragen »zu dogmatisch« sein wollen und stattdessen in einem »toleranten« Geist eine auf Erfahrung beruhende, mystische Spiritualität anstreben. Und, wie im Teil II dieser Arbeit deutlich werden wird, bleibt es nicht bei dem Ruf nach der Einheit unter Christen, sondern es erschallt der Appell nach einer universellen Einheit aller Menschen und Religionen, nach einer globalen einheitsstiftenden Mystik.

Was hat das Wohlfühl-Evangelium in den letzten Jahrzehnten hervorgebracht? Welche Früchte hat eine Nachfolge gezeigt, die auf

Erfahrungen beruht? Kann es noch größere Verirrungen geben als unter den »Neuen Mystikern« der Extremcharismatiker? Haben wir es vielleicht mit einem letzten und listigsten Anlauf des Diabolos, des Durcheinanderwerfers, zu tun, der den mystischen Boden für sein antichristliches Reich vorbereitet? Irrlehre und Verführung kann man immer auf zwei Wegen begegnen: erstens, indem man Irrlehre erkennt und sie verwirft oder indem man Verführung durchschaut und sie abweist; zweitens, indem man in der Wahrheit gefestigt und im Gehorsam beharrlich ist. Während Ersteres vor allem ein Auftrag an die geistlichen Leiter der Herde Gottes darstellt, ist Letzteres ein Ruf, der allen Christen gilt.

Angesichts der Fülle der neuen Strömungen und Lehren unter Gottes Volk ist es kaum noch möglich, Schritt zu halten mit all den irreführenden Verlockungen, die heute der Gemeinde Jesu angeboten werden. Wer indes tief in der Wahrheit von Gottes Wort verwurzelt und mit seinem Herrn verbunden ist, wird selbst dann in seinem Geist spüren, dass etwas nicht in Ordnung ist, wenn er nicht über das detaillierte Wissen einer Irrströmung verfügt. Verführung ist nahezu immer eine Mischung aus Wahrheit und Lüge, und oftmals enthält sie viel Wahrheit, aber dennoch genug von dem Gift der Unwahrheit, dass der inwendige Mensch Schaden nimmt.

Charles Spurgeon sagte einmal, dass Unterscheidungsvermögen nicht darin besteht, das Wahre vom Falschen, sondern das Wahre vom fast Wahren unterscheiden zu können. In Teil II der vorliegenden Arbeit werden die wichtigsten Personen, Methoden und Praktiken in alphabetischer Reihenfolge aufgelistet und in einem kurzen Abriss beschrieben, damit der Leser bei den überreichen und mittlerweile fast undurchschaubaren frommen Angeboten eine Orientierung zur Hand hat, die es ihm ermöglicht, das Wahre vom Falschen, aber auch das Wahre vom fast Wahren zu unterscheiden.

TEIL II

Lexikalischer Leitfaden zur Orientierung

Wer nicht die Heilige Schrift hat,
muss seine eigenen Gedanken hegen.
Und wer nicht Zement hat, muss mit Dreck mauern.
Martin Luther

Die folgende lexikalische Auflistung der Begriffe wurde in erster Linie in Bezug auf den Evangelikalismus erstellt. Sie wurde mit großer Sorgfalt erarbeitet und ist die Frucht mehrjähriger Beobachtungen. Es handelt sich nicht um ein Lexikon der Mystik und erhebt daher nicht den Anspruch, eine vollständige Darstellung der Mystik zu sein. Die Auswahl der Begriffe orientiert sich vielmehr daran, welche Personen, Organisationen oder Methoden mittlerweile in der evangelikalen Bewegung und Literatur nachweisbar sind. Ziel dieser kleinen lexikalischen Übersicht ist es, die Grundgedanken von Personen oder Methoden möglichst knapp darzulegen. Es werden keine Personen angeführt, die ohne erkennbare innere Identifizierung mit der kontemplativen Bewegung und nur gelegentlich oder beiläufig auf Zitate dieser Bewegung zurückgreifen. Personen, die allerdings im Laufe der Jahre nicht nur verantwortlich für die Verbreitung kontemplativer Inhalte sind, sondern ganz offen kontemplative Autoren oder Praktiken empfehlen, werden auch dann angeführt, wenn diese selbst nicht als Mystiker zu gelten haben. Es ist nicht die Absicht des Verfassers, die Motive der genannten Personen zu bewerten, sondern deren Lehren oder Aussagen (1Thes 5,21).

Der Autor der vorliegenden Arbeit ist überzeugt, dass die Bibel als höchste Autorität für Glauben, Lehre und Handeln sowie als alleiniger Maßstab zu gelten hat. Entgegen der weit verbreiteten Ansicht, man dürfe andere nicht beurteilen, fühlt sich der Verfasser der vorliegenden Arbeit um der Liebe zur Wahrheit sowie um der Sorge um das Eindringen falscher Lehre willen gedrängt, über die zunehmende mystische Vernetzung mit all ihren verführerischen Vorstellungen sowie der damit verbundenen Tendenz zur Rekatholisierung des Protestantismus und Evangelikalismus aufzuklären.

Am Ende der Beiträge wird unter »Publikationen« auf Bücher der jeweiligen Autoren verwiesen. Dabei werden bei englischsprachigen Autoren bewusst ausschließlich Bücher in deutscher Übersetzung angeführt, um zu belegen, dass der Einfluss der englischsprachigen Literatur, welche kontemplativ-mystische Methoden fördert, auf den deutschen Sprachraum erheblich ist. Die Publikationslisten sind nicht vollständig. Es ist damit zu rechnen, dass weitere Bücher englischsprachiger Autoren, die die kontemplative Spiritualität verbreiten, ins Deutsche übersetzt werden.

* * *

Angelus Silesius (1624–1677), mit bürgerlichem Namen Johann Scheffler, war deutscher Arzt, Lyriker, Theologe und Mystiker mit → pantheistischer Prägung. Scheffler konvertierte im Jahre 1653 zum Katholizismus und nahm den Namen Angelus an. Er war von → Meister Eckhart, → Jakob Böhme und → Pseudo-Dionysios Aeropagita beeinflusst. Seine theosophische Mystik wurde von vielen Protestanten und Katholiken äußerst kritisch bewertet. Angelus Silesius, dessen Name *Schlesischer Engel* oder *Schlesischer Bote* bedeutet, vertrat eine *philosophia perennis*, d.h. die Ansicht, dass über alle Zeiten, Kulturen und Religionen hinweg gewisse Grundwahrheiten vorhanden sind. Sein Hauptwerk *Cherubischer Wandersmann* ist die poetische Niederschrift seiner göttlichen Inspirationen. 1666 begab er sich in das Stift St. Matthias zu Breslau, wo er in Abgeschiedenheit weitere Schriften verfasste. Ausgezehrt von seinem asketischen Leben starb er 1677.

- Publikationen: *Cherubinischer Wandersmann; Sinnliche Beschreibung der vier letzten Dinge; Heilige Seelenlust oder geistige*

Hirtenlieder; Geistiges Gold. Zweiundfünfzig Wochensprüche; Der Himmel ist in Dir. Von der Seelenlust mystischer Frömmigkeit.

Arsenius (354–450), auch als Heiliger Arsenius oder als Eremit Arsenios bekannt, gehört zu den → Wüstenvätern. Arsenius wurde in einer angesehenen römischen Familie geboren. Er verfügte über eine hohe Bildung und diente dem römischen Kaiser Theodosius elf Jahre als Hauslehrer für seinen Sohn Arcadius in Konstantinopel. Am Hofe des römischen Kaisers lebte Arsenius in großem Pomp. Dennoch wuchs in ihm der Wunsch, der Welt völlig zu entsagen. Er betete um Erleuchtung und göttliche Führung. Nachdem er eines Tages eine Stimme hörte, er solle die Gemeinschaft der Menschen verlassen, machte er sich im Alter von 34 Jahren auf und zog sich in ein Kloster der Sketischen Wüste Ägyptens zurück. Nachdem er dort erneut eine Stimme hörte, er solle die Menschen fliehen und die Stille suchen, ging er in die Abgeschiedenheit einer Einsiedelei. Immer wieder von Menschen aufgesucht, die seinen Rat einholen wollten, zog er sich mehrmals in verschiedene Einsiedeleien zurück, um engere Gemeinschaft mit Gott zu pflegen. Die Gemeinschaft mit Menschen durfte aus seiner Sicht nicht die Gemeinschaft mit Gott stören. Er verbrachte fünfzig Jahre seines Lebens unter streng asketischen Verhältnissen.

Askese, auch Aszese, ist vom Griechischen Verb *askein* bzw. *askesis* abgeleitet, was *üben* oder *Übung* bedeutet. Askese ist nicht nur in der Antike in philosophischen oder religiösen Strömungen anzutreffen, sondern auch in Naturreligionen und Hochkulturen der Frühgeschichte der Menschheit. Das Alte Testament kennt kein Wort für Askese oder Asketiker, erwähnt allerdings die Nasiräer, die als Gottgeweihte auf Wein oder Rauschtrank verzichten mussten. Das Neue Testament berichtet von der asketischen Gestalt Johannes des Täufers. Dem Fasten, der Buße, der Abstinenz von alkoholischen Getränken, einer zeitlich begrenzten Enthaltung von Sexualität sowie dem gänzlichen Eheverbot kommt in der Bibel bei weitem nicht die Bedeutung zu, wie es in der Geschichte der christlichen Mystik zu beobachten war. Während die milde Form einer oft zeitlich begrenzten Askese den Gläubigen in die persönliche Reinheit und Gottesnähe führen kann, wird die Askese unter christlichen Mystikern überhöht und zu einer Praxis gemacht, die Visionen, Erscheinungen oder die ersehnte → *unio mystica* ermöglichen soll. Askese in unterschiedlichem Grad wird dem Mystiker, dem Vorbild der → Wüstenväter folgend, zur Vorbedingung einer Gottesbegegnung auferlegt. Für → Bernhard von Clairvaux konnte Gottesnähe und Nachfolge Christi nur auf dem Weg der Askese erreicht werden. Er fastete derart häufig, dass seine Geschmacksnerven bald so stark geschädigt waren, dass er seinen Geschmackssinn verlor. Die Aufnahme fester Speisen wurde für ihn unmöglich. Aufgrund seines häufigen Erbrechens stellte er sich in seinem Chorstuhl ein Gefäß bereit, in welchem er das Erbrochene sammelte.

Der Mystiker Johannes von Alvernia (1259–1322) zog ein Kettenhemd als Bußgewand an. Er verließ den Augustinerorden seiner Zeit, um sich den Minoriten, einem Zweig des Franziskanerordens, anzuschließen, da diese eine härtere Askese erlaubten. Nur dürftig bekleidet und ohne Schuhwerk zog er sich im Sommer wie im Winter in die Wälder zurück. Seine vielen Schauungen und Visionen traten erst im Alter zurück, als er sich mildere Formen von Kasteiungen auferlegte.

Die Mystikerin Christina von Retters (1269–1292) praktizierte eine derartige strenge Askese, dass sie bereits sehr jung aus dem Leben schied. Um ihre sexuellen Begierden unter Kontrolle zu bekommen, stieß sie unter großen Schmerzen ein brennendes Holzstück in ihre Geschlechtsorgane. Doch als auch diese Prozedur nichts half, »füllte sie ihre Vagina mit Kalk und Essig, so dass sie acht schmerzensreiche Tage ohne Ausscheidung blieb, dann folgte drei Tage lang Blut« (*Christliche Mystik im Abendland*, 234). Christina übte weitere Formen der Selbstkasteiung aus wie Fasten bis zur Ohnmacht, Sitzen im Schnee, Zerbeißen der Zunge oder das Liegen auf Nesseln.

Die blindgeborene und missgestaltete Margareta von Città Castello (1287–1320) wurde zunächst in ein Dominikanerkloster aufgenommen, später aber aus dem Kloster hinausgeworfen, da sie ihren Mitnonnen zu fromm war. Von Margareta werden die üblichen harten Ekstaseleistungen berichtet, »häufige Ekstasen ließen sie über dem Boden schweben« (*Christliche Mystik im Abendland*, 254). Agnes von Montepulciano (~1270–1317), die der Frauengemeinschaft der Saccate (»Sackschwestern«), einem Zweig des Dominikanerordens, angehörte, hat sich über Jahre nur mit Brot und Wasser ernährt und soll eine Levitation (Schwebeerfahrung) erfahren haben, die sie zum Bild des Gekreuzigten erhob, »wo sie ihn küsste und umarmte« (ebd., 254–255; siehe auch → Brautmystik).

Martin Luther, der selbst als Mönch asketisch gelebt hatte, übt fundamentale Kritik an Askese und Selbstkasteiung und erläutert: »Alle, die sich durch ein anderes Mittel als durch Christus unterstehen und bemühen zu Gott zu kommen (wie falsche Heilige), wandeln in greulicher Finsternis und Irrtum. Und es hilft ihnen nicht, dass sie ein ehrbar, strenges Leben äußerlich führen, große Andacht vorgeben, viel tun und leiden … Denn weil sie Christus nicht hören, noch an ihn glauben wollen, ohne welchen niemand Gott kennt, niemand Vergebung der Sünden und Gnade erlangt, niemand zum Vater kommt, so bleiben sie für und für im Zweifel und Unglauben … und müssen endlich in ihren Sünden sterben und verderben« (*Tischreden*, 45).

Atemgebet → Herzensgebet

Atemübungen haben ihren Ursprung in fernöstlichen Religionen und Philosophien und werden dort vielfach mit Meditationsmethoden kombiniert. Auch heilkundliche Aspekte finden sich in den Überlieferungen der fernöstlichen Schriften. In der westlichen Welt spielen in den letzten Jahrzehnten Atemübungen in den alternativen Heilverfahren eine zunehmende Rolle im Sinne einer Selbsterfahrung oder Selbsthilfe.

Atemübungen sollen dazu beitragen, das Gleichgewicht zwischen Körper, Geist und Seele herzustellen. Die Atemübungen des → Yoga und → Qigong sind, wie alle fernöstlichen Atemübungen, immer von einer spirituellen Dimension überlagert. Obgleich manche Vertreter dieser Übungen den ausschließlich körperlichen und gesundheitlichen Aspekt betonen, darf nicht übersehen werden, dass der spirituelle Aspekt oftmals untrennbar mit spezifischen Atemübungen verbunden ist. Die Yoga-Stellungen beispielsweise stellen Körperpositionen dar, mit welchen indische Gottheiten angebetet werden.

AUFATMEN ist eine Zeitschrift, die seit 1996 vom Bundes-Verlag in Witten, dem Verlag des *Bundes Freier evangelischer Gemeinden* (FeG), herausgegeben wird. Unter der Leitung des Chefredakteurs → Ulrich Eggers, Pastor der FeG, werden hier Artikel von oder über Autoren aus dem breiten evangelikalen Spektrum veröffentlicht wie z. B. → Richard Foster (1/1996), → Heinrich Christian Rust (4/1999), → Brennan Manning (3/1998), → John Ortberg (4/2000), → Henri Nouwen (2/1996; 3/1997). Die Ausgabe 2/2000 enthielt außerdem einen Bericht über den katholischen Benediktinermönch → Anselm Grün (2/2000). Eggers machte mehr als einmal deutlich, dass die Zielsetzung der Zeitschrift unter anderem darin besteht, Spaltungen zwischen den Konfessionen zu überwinden und Einheit unter Christen herzustellen.

Die Zeitschrift *Aufatmen*, die durchaus Artikel enthält, die aus biblischer Sicht vertretbar sind, präsentiert sich leider als ein Magazin, das in seiner ökumenischen Weite katholisch-mystische, kontemplative, charismatische und psychologische Inhalte aufweist, die man nicht unkritisch stehen lassen kann. Wolfgang Nestvogel bezieht in Bezug auf den Artikel über Anselm Grün und dessen katholischen Kerngedanken deutlich Position:»Dem biblischen Evangelium stehen solche Überzeugungen jedoch feindlich gegenüber. Darum gibt es zwischen dem *Aufatmen*-Artikel über den Benediktinermönch und dem Anspruch des Evangeliums keinen Kompromiss, sondern nur ein kräftiges Entweder-oder.« Diese Mischung aus biblischer Klarheit und ökumenischer Weite, wie man sie in der Zeitschrift *Aufatmen* antrifft, birgt für den Leser, der die Inhalte dieser Zeitschrift nicht auf schriftgemäßer Grundlage zu unterscheiden vermag, viele Gefahren in sich.

• Publikationen: *Aufatmen* (Zeitschrift: Erscheinungsweise vierteljährlich); Aufatmen Kalender.

Barton, Ruth Haley, wurde zusammen mit → John Ortberg 1995 als Leiter für den Bereich → Spiritual Formation in Bill Hybels *Willow Creek Community Church* eingesetzt. Ruth Haley Barton ist Gründerin des *Transforming Center* in Wheaton, Illinois, ein Dienst, der christliche Gemeinden und Organisationen zu Gemeinschaften »authentischer spiritueller Transformation« umgestalten will. Barton, die an → Tilden Edwards → *Shalem Institute* ausgebildet wurde, will vor allem die christlichen Leiter als Multiplikatoren für das kontemplative Gebet erreichen. Das Curriculum für die angebotenen Kurse basiert auf ihrem Buch *Sacred Rhythms: Arranging Our Lives for Spiritual Transformation* (IVP, 2006). Darin wird unter anderem die → Lectio Divina, das → Atemgebet, → Atemübungen, → Imagination, → Spiritual Formation ebenso empfohlen wie die Schriften der katholischen Mystiker → Benedikt von Nursia, → Teresa von Avila oder → Meister Eckhart. Die Übungen, die aus Bartons Sicht »dem Reichtum und der Vielfalt des christlichen Erbes« entspringen, sollen den Menschen in »eine tiefere Ebene spiritueller Transformation« führen.

- Publikationen: *Abenteuer Alltag: Ein ganz normaler Tag mit Jesus* (mit Co-Autor John Ortberg).
- Webseite: www.transformingcenter.org.

Basileios der Große (~330–379), auch Basilius der Große oder Basilius von Cäsarea genannt, verband das mönchische Leben in Askese, Gebet und Arbeit mit intensivem Bibelstudium. Während seines fünfjährigen Aufenthaltes im Kloster erarbeitete er eine Mönchsordnung, die in der Orthodoxen Kirche bis heute Gültigkeit hat und auch → Benedikt von Nursia beeinflusste, als er das Regelwerk für den Benediktinerorden verfasste. Basileios Werk *Philokalia* macht deutlich, dass er ein Verehrer von → Origenes war. Der Vegetarier Basileios lebte in Armut und verzichtete auf den Luxus des Badens.

- Publikationen: *Bibliothek der Kirchenväter. Ausgewählte Schriften 1. Band: Ausgewählte Schriften; Ausgewählte Schriften 2. Band: Ausgewählte Homilien und Predigten.*

Bell, Rob: Der US-Amerikaner Rob Bell, Gründer der *Mars Hill Bible Church* in Grandville, Michigan, und populärer Vertreter der → Emerging Church, bezeichnete Gott als Kraft oder Elektrizität: »Es gibt eine Energie in der Welt, einen Funken, eine Elektrizität, an die wir alle angeschlossen sind. Die Griechen nannten es *zoe*, die Mystiker nannten es ›Geist‹, und Obi-Wan nannte es ›die Kraft‹« (*Love Wins*, E-Book Loc. 1749–1762). Der Bestseller *Love Wins* ist auf Deutsch im Brunnen Verlag unter dem Titel *Das letzte Wort hat die Liebe* erschienen. Recherchen von Matt Vande Bunte, Reporter der Michigan News, im November 2012 ergaben, dass Rob Bell nach der Veröffentlichung seines Bestsellers seine Position als Pastor der *Mars Hill Bible Church* offenbar aufgeben musste. Sein Bestseller hatte eine Welle von Kontroversen ausgelöst, da Bell in seinem Buch die Lehre der Hölle offenkundig negiert und demzufolge die Lehre des Universalismus bejaht.

In seinem Buch *Velvet Elvis: Repainting the Christian Faith* empfiehlt Bell, man solle drei Monate lang → Ken Wilber lesen, um sich eine »überwältigende (*mind-blowing*) Einführung in die Emergenz Theorie« anzueignen (192). Ken Wilber wuchs in einer konservativen Gemeinde auf, wandte sich jedoch vom christlichen Glauben ab und propagiert heute einen buddhistischen Mystizismus.

Wolfgang Bühne schreibt in seiner Rezension: »Bell formt ein Gottesbild, eine Weltsicht und eine Eschatologie, die nicht der Offenbarung Gottes in der Bibel entspricht. Und diese einseitige, falsche Gottesvorstellung nach humanistischem, postmodernem Muster formt folgerichtig sein Menschenbild und seine Vorstellungen von Himmel und Hölle, von Sünde und Vergebung.« (*Wer hat das letzte Wort?* Fest und treu 2/2011, 13-16)

- Publikationen: *Sex. Gott: Worum es eigentlich geht; Velvet Elvis: Ein neues Bild des Glaubens malen; Jesus will die Christen retten: Anstöße für eine Kirche, die ihre Vision verloren hat; Das letzte Wort hat die Liebe.*
- Persönliche Webseite: www.robbell.com.

Benedikt von Nursia (~480–547), Begründer des Benediktinerordens und Vater des abendländischen Mönchtums, war Abt des von ihm gegründeten Klosters Monte Cassino zwischen Rom und Neapel, das sich zum Stammhaus der Benediktiner entwickelte. Der Mönch Benedikt verband Gebet mit Arbeit (*ora et labora*), die Kontemplation mit praktischen Verrichtungen. Neben liturgischem Gebet und Stille legte Benedikt großen Wert darauf, dass die Gemeinschaft gepflegt wurde. Benedikt hat die geistliche Schriftlesung, auch als benediktinische Schriftlesung bekannt, eingeführt, die in den drei Schritten Beten – Lesen – Meditieren (*lectio – meditatio – oratio*) praktiziert wird. Die benediktinische Gebetsweise soll helfen, aus dem verstandesmäßigen Gebet ein Gebet des Herzens zu machen. In der Stille erlebte Benedikt immer wieder Erscheinungen und sah u. a. die Seele seiner Schwester Scholastica als Taube zum Himmel fliegen.

• Publikationen: *Die Regeln des Heiligen Benedikt.*

Bernhard von Clairvaux (~1090–1153) war mittelalterlicher Abt und Mystiker sowie einer der bedeutendsten Vertreter des Zisterzienserordens. Statt wie sein Vater Ritter für den Herzog von Burgund zu werden, träumte Bernhard schon sehr früh davon, sich als Mönch in die klösterliche Stille zurückzuziehen. 1113 trat er in das Reformkloster in Citeaux in Burgund ein. 1115 gründetet Bernhard mit zwölf anderen Mönchen das Kloster von Clairvaux, dem 68 weitere Klostergründungen folgen sollten. Bernhard von Clairvaux wirkte auf Geheiß von Papst Eugen III. darauf hin, Menschen für den zweiten Kreuzzug (1147–1149) zu begeistern, indem er als Prediger durch das Land zog. Der Mönch, der»im milden Licht redet und handelt, wenn es um die Liebe zu Gott und zum Nächsten geht, steht in gewaltigem und gewalttätigem Feuer, wenn ihn der verleugnete Hass auf die Heiden und Ketzer ergreift« (Störmer-Caysa, 12). Bernhard gilt als der Begründer der mittelalterlichen Christusmystik, da er sich besonders mit Christus und seinem Kreuzesleiden beschäftigte. Im Mittelpunkt seiner Mystik steht Jesus als der Gekreuzigte, als Leidensmann. Bernhard gilt überdies als großer Marienverehrer und wurde *Doctor marianus* genannt. Das Hohelied spielte für ihn eine besondere Rolle aufgrund der Dialoge zwischen Braut und Bräutigam, die er in Zusammenhang mit seinem mystischen Erleben immer wieder aufgreift. Er veranschaulicht die Führung der Seele anhand des Hohelieds. Gott zieht den Gläubigen zu sich, der seine Vereinigung mit Christus, die → *unio mystica*, durch den Kuss des Mundes (Hohelied 1,2) erfährt. Daher kann man bei Bernhard von einer Liebes- und Brautmystik sprechen. Bernhard von Clairvaux übte einen so großen Einfluss auf das 12. Jahrhundert aus, dass es auch als »Bernhardinisches Zeitalter« bezeichnet wurde (Denzler/Andresen, 124).

- Publikationen zum Thema: *Rückkehr zu Gott: Die mystischen Schriften* (Bernardin Schellenberger, Hrsg.); *Das Herz weit machen. Kontemplation und Weltverantwortung; Der Weg der Liebe; Bernhard von Clairvaux. Sämtliche Werke 10 Bände* (Herausgeber Gerhard B. Winkler).

Bibel-TV wurde 2001 auf Initiative des Verlegers Norman Rentrop gegründet und ist eine gemeinnützige GmbH mit Sitz in Hamburg. Der von 16 Gesellschaftern aus evangelischem, katholischem und freikirchlichem Hintergrund getragene Sender finanziert sich größtenteils aus Spenden. Bibel-TV ist überkonfessionell und bietet ein breites Spektrum an Sendungen aus allen kirchlichen und freikirchlichen Richtungen. Dies erklärt, dass kontemplative Gebetsformen wie das → Ruhegebet durch den katholischen Priester → Peter Dyckhoff in einer Serie vorgestellt werden. Durch die katholische Sendereihe »Spirit – Leben mit Stil« wird christliche Lebenshilfe vermittelt, u. a. auch durch Beiträge über kontemplative Übungen. Im Bibel-TV-Shop trifft man neben der bekannten charismatischen Wohlstandspredigerin Joyce Meyer u. a. auf → Peter Dyckhoffs Buch *Ruhegebet*.

- Sendezeit: rund um die Uhr.

Bibliodrama: Das Bibliodrama geht auf den jüdischen Arzt → Jakob Levy Moreno (1890–1974) und dessen Psychodrama, eine Form der Gruppenpsychotherapie, zurück. Im Bibliodrama, das seit den 1970er Jahren immer populärer wurde, spielen die Teilnehmer einen Text der Bibel nach. Im Zuge des Bibliodramas entstehen gruppendynamische Prozesse, die die Freisetzung von Emotionen auslösen. Ein Bibliodrama-Kursleiter soll die Gefühle lenken und die Teilnehmer in eine Selbsterfahrung führen, die sie von negativem Fehlverhalten befreit.

»Das Bibliodrama ist kein einfaches Nachspielen von biblischen Szenen, sondern ein psychologisches Konzept zur Umgestaltung des Menschen. Die Bibel wird dabei u. a. als Sammelband menschlicher Erfahrungen verstanden und nicht als Gottes direkte Mitteilungen an den Menschen. Aussagen der Bibel für gläubige Christen zeigen, wie das Selbsterlösungskonzept des Bibliodramas zu bewerten ist: ›Ich bin mit Christus gekreuzigt; und nicht mehr lebe ich, sondern Christus lebt in mir‹ (Gal 2,20).« (*Gefährliche Stille*, 34) Die Bibel lehrt also keine Selbsterlösung, sondern die Verurteilung des eigenen Ich, damit Christi Gerechtigkeit an uns sichtbar wird.

Bickle, Mike (geb. 1955) ist Gründer des *International House of Prayer* (IHOP), Autor verschiedener Bücher und Konferenzsprecher. Er ist der Extremcharismatik zuzurechnen. Vor der Gründung von IHOP im Jahre 1999 leitete Bickle die *Kansas City Fellowship* (heute: *Metro Christian Fellowship*), eine freie charismatische Gemeinde in Kansas City. Bickles Gemeinde war die geistliche Heimat der sogenannten »Kansas City-Propheten« (Paul Cain, Bob Jones, John Paul Jackson u. a.), die mehrfach durch Skandale, falsche Prophetien und Irrlehre in die Kritik gerieten. Nach eigenen Aussagen Bickles besitzt er über 100 Kommentare zum Hohelied Salomos und hat in diesem alttestamentlichen Buch neue Wege ergründet, Leidenschaft für Jesus zu erwecken. Bickle bezeichnet diese »Offenbarung«, die er für die christliche Nachfolge in der Endzeit als unbedingt notwendig erachtet, als »Bridal Paradigm« (Braut-Paradigma). Darunter versteht Bickle die unbedingte Notwendigkeit der Erkenntnis, dass Endzeitchristen die Wichtigkeit einer leidenschaftlichen Beziehung zu ihrem Bräutigam Jesus Christus verstehen. Diese tiefe Beziehung zu Jesus als ihrem Bräutigam gipfelt in einer Anbetung, die sich Jesus innig hingibt. IHOP hat unter Leitung von Bickle zu diesem Zweck »am 19. September 1999 … eine Anbetungs- und Fürbitteversammlung, die bis zum heutigen Tag anhält«, eingeführt (*Wonach wir uns sehnen*, 171), bekannt als 24/7-Gebet. Der Gebetsdienst

»basiert auf der Tatsache, dass Anbetung, Musik und Fürbitte im Himmel am Thron Gottes zusammenfließen« (ebd.). Dies soll der »Wiederherstellung der Hütte Davids« kurz vor der Wiederkunft Christi dienen und die »Gebetsseite des großen Missionsbefehls Jesu« widerspiegeln (ebd.). Ferner soll »die Gemeinde für die Endzeit zur siegreichen Braut« vorbereitet und zum Dienst der Heilung und Prophetie zugerüstet werden (ebd.).

Abgesehen von der Fehlinterpretation der Wiederherstellung der Hütte Davids, was die Einverleibung der Heiden in das neue Heilsvolk der Gemeinde Christi darstellt (Apg 15,15-18), ist das »Braut-Paradigma« Bickles in vieler Hinsicht nicht nur unbiblisch, sondern auch höchst irreführend. Der ehemalige Charismatiker K. Jentoft kommt zu dem Schluss: »Der Jesus, den Mike Bickle in seinen ›geistlichen Interpretationen‹ bei IHOP bekennt, ist nicht der Jesus, der ›im Fleisch gekommen ist.‹ Der Jesus des ›Braut-Paradigmas‹ von Mike Bickle ist nicht der Jesus der Apostel, sondern ein Jesus seiner eigenen Vorstellung« (Jentoft). Und der ehemalige Pfingstler Bob DeWaay erläutert in seiner ausgezeichneten Analyse von Mike Bickle und IHOP: »Die Lehre von IHOP bezüglich der Gemeinde Jesu als Brautgemeinde des Bräutigams Jesu beruht auf der allegorischen Auslegung des Hoheliedes von Salomo, welche die sinnliche Beziehung zwischen Mann und Frau als Vorbild für die ›Intimität mit Jesus‹ interpretiert. Aber diese problematische Vorgehensweise der allegorischen Schriftauslegung, welche neben der Förderung einer romantischen Liebesbeziehung zu Jesus verborgene und geheime Bedeutungen einführt, richtet viel Schaden an« (DeWaay, *Mike Bickle and International House of Prayer*).

Bickle suggeriert mit dem »Braut-Paradigma«, dass nur diejenigen Christen, die ihren Bräutigam Jesus leidenschaftlich anbeten, in der rechten Nachfolge stehen, Zugang zu ihrem Erlöser haben und über geistliche Vollmacht verfügen können. Solche Vorstellungen leisten einem elitären Christsein Vorschub. Ferner können persönliche mystische Eindrücke irrtümlich für »prophetische« Aussprüche Gottes gehalten werden.

- Publikationen: *Leidenschaft für Jesus; Den meine Seele liebt: Ein Bibelstudium zum Hohelied; Verliebt in dich: Die romantischen*

Krieger der Endzeit; Der Auftrag der 97 Prozent: Das Reich Gottes außerhalb der Gemeinde bauen.
- Persönliche Webseite: www.mikebickle.org.
- Weitere Webseiten: www.ihop.com (*International House of Prayer*, USA); www.ihop-karlsruhe.de.

Bittner, Wolfgang J. (geb. 1947), evangelischer Theologe, Publizist, Autor, Referent und ausgebildeter Leiter für christliche Meditationskurse, arbeitet freiberuflich in Deutschland und der Schweiz. Er ist als Studienleiter zu 30% an der *Fritz Blanke Gesellschaft* für den Themenbereich »Theologie und Gesellschaft« angestellt. Ziel der Gesellschaft ist es, Anliegen und Ergebnisse von Theologie und Gesellschaft zu verbinden. Im Rahmen dieser Tätigkeit ist er seit 2003 Beauftragter für Spiritualität der Evangelischen Kirche Berlin-Brandenburg-schlesische Oberlausitz (EKBO). Seit 2006 ist er zusätzlich Lehrbeauftragter für »Christliche Spiritualität« an der Freien Universität Berlin und seit 2008 übt er diesen Lehrauftrag an der Theologischen Fakultät der Humboldt-Universität aus. Anfang 2011 wurde er zum Beauftragten für Spiritualität des Kirchenkreises Berlin Stadtmitte berufen. Er ist Mitinitiator der Initiative *Geistliche Begleitung, Berliner meditative Abendfeiern* und *Berliner geistige Übungstage*. Wolfgang Bittner gab am 29. Oktober 2011 den Impuls zur Gründung des spirituellen Netzwerkes → *Netzwerk christliche Spiritualität* (NCS). Bittner gehört der evangelischen *Geschwisterschaft Koinonia* an, die auch über eine Kommunität verfügt.
- Persönliche Webseite: www.wolfgang-bittner.net.
  Weitere Webseite: www.koinonia-online.de.
- Publikationen: *Hören in der Stille. Praxis meditativer Gottesdienste; Heilung. Zeichen der Herrschaft Gottes; Bist du es Gott?: Liebe, Leid, Ungerechtigkeit – Biblische Steine auf dem Weg durch unsere Zeit; Ich suche mich in deinen Spuren. Meine Lebensplanung und Gottes Geschichte.*

Blanchard, Ken (geb. 1939) ist US-amerikanischer Unternehmer und Autor von Managementbüchern. Blanchard gründete mit seinem Freund Phil Hodges die Organisation *Lead Like Jesus*, um Menschen zu »dienenden Leitern« (*servant leaders*) zu machen. Blanchard sieht sich selbst als Christ, hat jedoch Vorworte oder Buchempfehlungen für verschiedene Autoren geschrieben, die dem → New Age oder der Interspiritualität zuzuordnen sind wie z. B. Frank Metcalf (*What Would Buddha Do at Work*), Deepak Chopra (*The Seven Spiritual Laws of Success; Die sieben geistige Gesetze des Erfolgs*), Gay Hendricks (*The Corporate Mystic*), Robert Scheinfeld (*The 11th Element*), Margot Anand (*Tantra: oder die Kunst der sexuellen Ekstase*) sowie Sonia Choquette (Spiritistin), Jack Canfield (Meditation, Visualisation, Yoga, Tai Chi) oder Joan Borysenko (Spirituelle Lehrerin/Mind-Body-Psychologie). Blanchard ist außerdem Unterstützer von → Rick Warrens PEACE-Plan. Auch der bekannte → Bill Hybels (→ *Willow Creek*) sprach auf der *Lead Like Jesus*-Konferenz 2004 an der Seite von Blanchard.

»Es ist kein Geheimnis, dass die → New-Age-Bewegung die christliche Gemeinde beeinflussen will, indem sie ihre Methoden in den Leib Christi einführt. Die Geschäftswelt war ständig New-Age-Auffassungen ausgesetzt, um Kooperation und Produktivität in der Arbeitswelt zu fördern. Auf der anderen Seite sehen wir, wie Geschäftsmethoden Akzeptanz im Leib Christi finden. In dieser besonderen Zeit ist die New-Age-Bewegung in der christlichen Gemeinde auf offene Türen gestoßen; ich würde gerne sehen, dass die Türe hierfür geschlossen wird.« (Oppenheimer, *Ken Blanchard.*)

• Publikationen: *Das Jesus-Prinzip. Führen mit biblischer Weisheit; Die neue Management-Ethik; Der Minuten Manager; Das Geheimnis großer Leader: Wie erfolgreiche Leader denken und handeln.*

• Persönliche Webseite: www.kenblanchard.com.

Boa, Kenneth ist US-amerikanischer Autor und Konferenzredner. Neben Evangelisation und Jüngerschaft lehrt Boa auch über kontemplative Gebetsmethoden wie die → Lectio Divina. Boa verweist in seinen Büchern auf → Ignatius von Loyola, → Juliana von Norwich, → Thomas Merton, → Thomas Keating und → Richard Foster. Er hat u. a. ein Buch mit → Philip Yancey geschrieben. In seinem Buch *Conformed to His Image* bringt Boa seine Dankbarkeit gegenüber Merton und Keating zum Ausdruck, die aus seiner Sicht einen wesentlichen Beitrag geleistet haben, dass die Lectio Divina unter Protestanten und Katholiken gleichermaßen wieder Verbreitung gefunden hat. Im Anhang seines Buches beklagt Boa, dass die meisten Protestanten die Zeit zwischen dem 2. und 16. Jahrhundert als bedeutungslos abtun. Weiter schreibt er: »Die meisten Gläubigen sind durch eine beschränkte Perspektive verarmt und nicht in der Lage, von dem reichen Erbe, das uns gegeben wurde, zu profitieren ...« (481). Für Boa stellt die katholische Mystik das »reiche Erbe« dar; die Schriften der Mystiker bewertet er als »bemerkenswert« (483) und ihrer Spiritualität bescheinigt er eine »beeindruckende Vielfalt« (481). Gläubige, die »nach größerer Tiefe und Verwurzelung in wahrer Spiritualität« trachten (482), müssen aus seiner Sicht auf die mystische Spiritualität zurückgreifen. Auf Seite 485 verweist Boa auf die allegorische Schriftauslegung von Origenes ohne Hinweis auf die ausufernde Subjektivität, die eine solche Herangehensweise an die Schrift mit sich brachte. Die Reformatoren haben diese Form der Schriftauslegung zu recht verworfen und die wörtliche Auslegung (Literalsinn) zum Maßstab einer schriftgemäßen Auslegung erhoben. Boa weist zwar darauf hin, dass der »auf Erfahrung ausgerichtete Mystizismus durch die biblischen Einsichten der Theologie der Reformation ausbalanciert werden muss« (508) und plädiert für eine ausgewogene Kombination von aktivem und kontemplativem Leben (511), verkennt jedoch, dass katholische Mystik und protestantische Theologie nicht kompatibel sind. Eine Vermischung zweier so unterschiedlicher Elemente kann nur zu einem unbiblischen Hybrid von Kompromissen verkommen.

• Publikationen: *Mythos und Wahrheit: Engel und Dämonen; Mythos oder Wahrheit: Himmel und Hölle; Ausatmen bei Gott.*
• Persönliche Webseite: www.kenboa.org.

Böhme, Jakob (1575–1624) war erster großer protestantischer Mystiker, Philosoph und christlicher Theosoph. Böhme wurde als Sohn eines Freibauern in Alt-Seidenberg in der Nähe von Görlitz geboren. Er erlernte aufgrund seiner schwachen körperlichen Konstitution den Beruf des Schusters und ließ sich nach seinen Wanderjahren in Görlitz nieder. Dort wurde er in die Schuhmacherzunft aufgenommen, nachdem er die Meisterrechte erwarb. 1599 bekam er das Bürgerrecht zugesprochen und heiratete die Görlitzer Bürgertochter Katharina Kuntzschmann, mit der er drei Söhne, Jakob, Michael und Tobias, hatte. Böhme hatte in dieser Zeit immer wieder mystische Erfahrungen, z. B. seine »Zentralschau«. 1612 begann er diese in seinem ersten Werk zu verarbeiten, dem er den Titel *Morgenrot* gab – später wurde dieses Werk unter dem lateinischen Namen *Aurora* bekannt. Im Jahre 1613 verkaufte Böhme sein Schuhmachergeschäft, um sich seiner schriftstellerischen Tätigkeit widmen zu können. Den Unterhalt bestritten die Eheleute Böhme von nun an durch den Handel mit Garnen. Außerdem wurden sie von wohlhabenden Freunden finanziell unterstützt.

Böhmes Freunde kopierten und verbreiteten seine Handschrift. Pastor Gregor Richter von der Peter- und Paulskirche in Görlitz, zu deren Gemeinde Jakob Böhme gehörte, bezichtigte ihn bald der Häresie aufgrund Böhmes Zweifel an der kirchlichen Schöpfungslehre sowie seiner visionären Erkenntnisse über das Böse in der Welt (Aufhebung des Gegensatzes zwischen Gut und Böse). Richter erreichte 1613 ein richterliches Schweige- und Publikationsverbot. Jakob Böhme musste sich der Selbstverpflichtung stellen, seine Erkenntnisse nicht weiter zu verbreiten. Nach einigen Jahren des Schweigens, die er dem Studium der Schriften von Paracelsus, Kaspar von Schwenckfeld, der Bibel und der Philosophie des → Neuplatonismus widmete, brach Böhme 1618 diese Verpflichtung und begann abermals zu schreiben. 1619 erschien sein Werk *Die Beschreibung der drei Prinzipien göttlichen Wesens*, 1624 folgten *Weg zu Christo* und einige weitere Schriften. Böhme hatte durch brieflichen Gedankenaustausch einen ausgedehnten Schüler- und Freundeskreis, der seine Werke verbreitete. Erneut veranlasste der Görlitzer Pfarrer Richter Anklage. Böhme musste auf Beschluss des Magistrats hin im Mai 1624 die Stadt verlassen und ging nach Dresden, wo er unter Theologen auf verständnisvolle Zuhörer für seine Thesen traf. Dies ermutigte ihn im November 1624 nach Görlitz zurückzukehren, allerdings durch Krankheit geschwächt. In

Görlitz kam es zur erneuten Anklage, aber nicht mehr zu einem Gerichtsverfahren, da Jakob Böhme seiner Krankheit erlag. Auf Anordnung des Magistrats erhielt er trotz kirchlicher Proteste eine christliche Beerdigung.

Jakob Böhme war im 17. Jahrhundert einer der führenden protestantischen Mystiker, dessen Werke schnell über die Grenzen Deutschlands Verbreitung fanden. In England entstand eine »Böhme-Bewegung«, zu der so bekannte Denker wie Henry More, William Law und Isaac Newton zählten. Böhmes Schriften sind → pantheistisch geprägt, enthalten esoterische Vorstellungen, richten sich gegen die Riten und Dogmen eines erstarrten Protestantismus und vermitteln ein auf Visionen und Erkenntnis basierendes Bibelverständnis. Ferner findet sich in seinen Schriften Gedankengut des mystisch-theosophischen Pastors Valentin Weigel (1533–1588) sowie Erkenntnisse der Rosenkreuzer. Böhme pflegte den Schriftverkehr mit dem Lübecker Gelehrten und Rosenkreuzer Joachim Morsius (1593–1644). Böhmes Denkweise wurde auch geprägt durch Autoren wie Sebastian Franck (1499–1542) und Kaspar Schwenckfeld (1489–1561). Letztere vertraten einen protestantischen Spiritualismus, der von einer Ablehnung von Äußerlichkeiten (Sakramente, Dogmen usw.) charakterisiert war und die persönliche Gottesnähe durch den Heiligen Geist betonte. Für den Reformator Martin Luther stellten diese Personen Schwärmer dar.

Jakob Böhmes Einfluss ist herausragend. Er inspirierte Dichter des deutschen Barock wie → Angelus Silesius, die religiösen Abweichler (*dissenters*) im England des 17. Jahrhunderts sowie die Pietisten im Deutschland des 17. und 18. Jahrhunderts. Dichter wie Ludwig Tieck, Novalis und Johann Wolfgang von Goethe wurden von ihm genauso beeinflusst wie die deutschen Philosophen Friedrich Wilhelm Joseph Schelling, Georg Wilhelm Hegel und Arthur Schopenhauer. Die Rosenkreuzer und selbst die Quäker Englands wurden durch seine Lehren inspiriert und durch William Penn (1644–1718) fanden sie den Weg nach Nordamerika. Jakob Lorber (1800–1864), der »Schreibknecht Gottes«, las Bücher von Jakob Böhme und ließ Gedanken Böhmes in seine Neuoffenbarungen einfließen. Bis in die Neuzeit hinein lässt sich sein Einfluss verfolgen (Karl Marx, Ernst Bloch, Martin Heidegger, Rudolf Steiner, Hermann Hesse, → Carl Gustav Jung). Georg Cantor (1845–1918), der Begründer der Mengenlehre, ist ebenfalls als Böhme-Anhänger zu nennen. Im Jahre 2001 wurde in Böhmes Heimatstadt Görlitz das *Internationale Jacob-Böhme-Institut* gegründet, um Werk und Wirken Böhmes wissenschaftlich zu untersuchen.

- Publikationen: *Aurora oder Morgenröte im Aufgang; Von der Gnadenwahl; Theosophische Sendbriefe; Der Weg zu Christo; Christosophia. Ein christlicher Einweihungsweg; Vom dreifachen Leben eines Menschen.*
- Webseite: www.jacob-boehme.org.

Borg, Marcus (geb. 1942) ist US-amerikanischer Theologe und Autor. Er gilt als einflussreiche Stimme des progressiven Christentums, das die konservative Inspirationslehre der Bibel als unfehlbares und irrtumsloses Wort Gottes ablehnt und sehr stark das soziale Evangelium betont. Borg lehrte u. a. am liberalen *Jesus Seminar.* In seinem Buch *The God We Never Knew* beschreibt sich Borg als ein »Christ, der die Bibel nicht wörtlich auslegt und nicht exklusivistisch ist« (VIII), mit anderen Worten, Borg glaubt nicht, dass Jesus der einzige Weg zu Gott ist. Über → Mantras schreibt Borg: »Ich lernte über die Verwendung von Mantras, dass sie eine Methode darstellen, dem Verstand etwas darzureichen, worauf er sich stets neu konzentrieren kann, während er in die Stille eingeht« (125).

In seinem Buch *Reading the Bible Again for the First Time* erklärt Borg: »Zu Beginn des 21. Jahrhunderts brauchen wir eine neue Brille, durch die wir die Bibel lesen … Die erste Gruppe, die sich als bibelgläubige Christen bezeichnet, betrachtet die Bibel als irrtumsloses und unfehlbares Wort Gottes. Die zweite Gruppe von Christen sind weniger eindeutig in Bezug auf die Art und Weise, wie sie die Bibel sehen … Sie sind der starken Überzeugung, dass man viele Teile der Bibel nicht wörtlich nehmen kann … Ihre Zahl nimmt zu … Sie tendieren stark zu einer mehr historischen und metaphorischen Art und Weise, die Bibel zu lesen … Die Bibel nicht länger wörtlich zu nehmenm, ist eine Entwicklung, die große Ausmaße angenommen hat« (3-5).

Borg lehnt die Gottheit Jesu ab und stellt ihn auf die gleiche Stufe wie Buddha oder Mohammed. Die anderen Religionen stellen aus seiner Sicht legitime Wege zu Gott dar. → Brian McLaren war nach eigenen Angaben stark von Marcus Borg beeinflusst. Borg gehört dem *Living Spiritual Teachers Project* (www.spirituality-andpractice.com) an, einer interreligiösen Webseite, die Beiträge von mehr als 120 spirituellen Lehrern anbietet.

- Publikationen: *Jesus und Buddha; Heute Christ sein: Den Glauben wiederentdecken; Jesus. Der neue Mensch; Jesus wieder begegnen – zum ersten Mal.*
- Persönliche Webseite: www.marcusjborg.com.

Bourgeault, Cynthia ist ordinierte Priesterin der Episkopalkirche der USA (*Protestant Episcopal Church in the United States of America*) und Autorin mehrerer Bücher über kontemplative Spiritualität wie *The Wisdom Jesus, Centering Prayer and Inner Awakening* und *Mystical Hope.* Sie hat eng mit → Marcus Borg sowie → Thomas Keating zusammengearbeitet und gehört zu den spirituellen Lehrern des *Living Spiritual Teachers Project.* Bourgeault ist außerdem Lehrerin des → Sufismus.

- Webseite: www.spiritualityandpractice.com.

Brautmystik ist eine Sonderform der christlichen Mystik, die vor allem von → Origenes, → Gregor von Nyssa, → Bernhard von Clairvaux, → Teresa von Avila und → Johannes vom Kreuz vertreten wurde. Die Grundlage dieser besonderen Form der Mystik ist das alttestamentliche Bild der Beziehung Gottes als Bräutigam zu seinem Volk als Braut, wie es insbesondere im Hohelied Salomos beschrieben wird. Das Hohelied beschreibt die Sehnsucht der Braut nach dem Bräutigam teilweise in erotischer Form. »Viele Mystikerinnen berichten von visionärer Vermählung mit Christus … Katharina von Siena verlobt sich Jesus feierlich … Katharina von Racconigi und Veronika Giuliana erleben sogar mehrfach mystische Vermählungen … Bei häretischen Mystikerinnen kommt es zur Vorstellung, von Christus schwanger zu sein, den Hl. Geist zu gebären« (*Wörterbuch der Mystik*, 71-72). Der Zisterziensernonne

Luitgard von Tongeren (1182–1246) erschien vor ihrer Bekehrung der leidende Christus und forderte sie auf, seine Wundmale zu betrachten und fortan zu lieben. Luitgard trat ins Kloster ein, wo ihr der »Blutbräutigam« noch häufig begegnete. Die fromme Nonne wusste um die Innewohnung ihres Erlösers in ihrem Herzen und trank »aus der Wunde seines Herzens, so dass der Speichel ihres Mundes danach süßer als jede Honigsüße schmeckte«, eine häufige Erscheinung unter spätmittelalterlichen Mystikern (*Christliche Mystik im Abendland*, 218). Nach ihren Trancen, die auch mit Auditionen (einer hörbaren Stimme) verbunden sein konnten, hatte Luitgard oft das Empfinden, am ganzen Körper blutrot zu sein. Christus soll sich der Zisterziensernonne, der auch Heilige und andere Tote erschienen, ferner als das Lamm Gottes, das sie auf den Mund küsste, geoffenbart haben. In diesem Zusammenhang spricht die Mystikforschung auch von Eucharistiedevotion. Während der Eucharistiefeier, in der nach katholischer Lehre Christus tatsächlich in Brot und Wein gegenwärtig ist (Realpräsenz), kommt es vor allem bei spätmittelalterlichen Mystikern zu ekstatischen Visionen oder Erscheinungen.

Die Hohelied-Kommentare des Origenes und des Bernhard von Clairvaux waren prägend in der Geschichte der Brautmystik. Die Werke → Heinrich Seuses und → Jakob Böhmes waren von der Brautmystik beeinflusst. Der wohl bekannteste Vertreter einer modernen Form der Brautmystik ist der bekannte US-amerikanische Charismatiker → Mike Bickle.

Bright, Bill (1921–2003) ist US-amerikanischer Evangelist. Er gründete zusammen mit seiner Frau Vonette 1951 das Missionswerk *Campus Crusade for Christ International* (CCCI; seit 2011 mit neuem Namen: *Cru*), dem Bill Bright bis 2001 als internationaler Präsident vorstand. Diese missionarische Bewegung richtete sich anfänglich an Studenten. Später entwickelten sich im Laufe der Zeit weitere Arbeitszweige (Schüler, Strafgefangene, Geschäftsleute u.v.m.). Alle Dienstzweige sind überkonfessionell ausgerichtet und weltweit tätig. Der deutsche Zweig von *CCCI*, *Campus für Christus e.V.*, wurde 1967 gegründet, mit der Zentrale in Gießen. Der

Schwerpunkt lag auf der missionarischen Studentenarbeit. Dieses Werk ist mittlerweile der *Arbeitsgemeinschaft Evangelikaler Missionen* (AEM), der *Arbeitsgemeinschaft Missionarischer Dienste* der Evangelischen Kirche Deutschlands (EKD) und dem *Ring Missionarischer Jugendbewegungen* (RMJ) angeschlossen.

Bekannt wurde Bill Bright, den man zu den Neo-Evangelikalen zählt, unter anderem durch das *Jesusprojekt* und dem dazugehörigen *Jesusfilm*, durch die EXPLO-Konferenzen in aller Welt und durch seine zahlreichen Bücher und Kleinschriften wie z.B. »Die vier geistlichen Gesetze«. Die erste EXPLO-Konferenz im deutschsprachigen Raum fand 1985 in Basel statt und öffnete die Tür für weitere Konferenzen, die ökumenisch und charismatisch geprägt waren. Für seine Verdienste erhielt Bill Bright 1996 den Templeton-Preis, gestiftet von der *Templeton Foundation* (der Templeton-Preis wird an Vertreter aller Religionen für herausragende Beiträge zur Förderung von Spiritualität vergeben). Wolfgang Bühne schreibt zu Bill Bright: »Spätestens seit der *2. Lausanner Konferenz* in Manila 1989 wurde deutlich, dass Bill Bright nicht nur eng mit der Charismatischen Bewegung zusammenarbeitet, sondern auch aktiv die Lehren und Praktiken der Geistlichen Kampfführung und der Prophetenbewegung vertritt und die Zusammenarbeit mit Katholiken suchte und praktizierte. Er war Mitinitiator und Unterschreiber des *Dokumentes Evangelikale und Katholiken gemeinsam: Die christliche Mission im 3. Jahrtausend*, worin Evangelikale und Katholiken als ›Brüder und Schwestern in Christus‹ bezeichnet werden, weil sie alle ›Jesus Christus als Herrn und Retter anerkennen.‹ In diesem Dokument, das von vielen prominenten Katholiken und Evangelikalen unterschrieben wurde, entschuldigt man sich für das Abwerben von Kirchenmitgliedern in der Vergangenheit und verpflichtet sich, ›keine Proselyten‹ zu machen.« (Bühne, *Die wichtigsten Verführungen*).

Bill Bright widmet in seinem Buch *Überraschungen mit Gott* (1983, Hänssler-Verlag) drei Kapitel dem »Geistlichen Atmen« (53–83), einer Art Vorstufe zum → Atemgebet. Bill Bright versteht darunter: »Ich atme geistlich, indem ich meine Sünde ausatme und Gottes Vergebung und die Fülle des Heiligen Geistes durch den

Glauben einatme.« (8) Auf diese »geistlichen Übungen« als Grundlage für das christliche Leben trifft man auch in in anderen Büchern von Bright.

- Publikationen: Reihe *Mitteilbare Konzepte* (neun Bücher mit Titeln wie: *Wirksames Gebet; Leben im Heiligen Geist* etc.); *Überraschungen mit Gott; Natürlich weitersagen – wie man andere zum Glauben einladen kann; Gottes handeln erwarten – geistliche Erneuerung durch Fasten und Beten; Ich hab's: Schlüsselerlebnisse mit Gott; Erste Liebe – Gott leidenschaftlich lieben lernen; Die kommende Erweckung. Ein Aufruf zu ernsthaftem Gebet und Fasten.*
- Webseite: www.cru.org (USA); www.campus-d.de (Deutschland).

Bruder Lorenz (1611–1691), auch Bruder Laurentius, mit bürgerlichem Namen Nicolas Herman, trat in Paris in den Karmeliterorden ein, wo er den Namen »Bruder Lorenz von der Auferstehung« erhielt. Als Laienbruder ohne höhere Bildung diente er seinen Mitbrüdern dreißig Jahre lang als Koch. Um beständig in der Gegenwart Gottes zu bleiben, empfahl Bruder Lorenz das → Herzensgebet. Worte wie »Mein Gott, ich bin ganz dein eigen« oder »O Gott der Liebe, ich liebe dich von ganzem Herzen« dienten dazu, die Nähe Gottes zu suchen oder nach ihr zu streben. Nach seinem Tod wurden seine Briefe gesammelt sowie Schriften über ihn verfasst. → Gerhard Tersteegen hat in seinen Schriften Hinweise auf → Madame Guyon gefunden. → Rick Warren empfiehlt das Herzensgebet und verweist in seinem Bestseller *Leben mit Vision* auf → Bruder Lorenz (Bruder Laurentius) und sein Werk *Die Gegenwart Gottes* (86).

- Publikationen: *Allzeit in Gottes Gegenwart. Briefe, Gespräche und Schriften.*

Brudereck, Christina (geb. 1969) ist Theologin und Autorin. Die in Essen lebende Mitbegründerin des CVJM-Gemeindeprojektes *e/motion* und der Fraueninitiative *Sisterhood* engagierte sich bei *Jesus-House*, *Spring*, *Christival* und der *Expo 2000*. 2003 erhielt sie den Auftrag des *Arbeitskreises Missionarische Kirche* (AMK) der Evangelischen Kirche im Rheinland, das »Format für Spirituell Suchende« zu leiten und war dort u. a. Referentin für Evangelisation. In dieser

Zeit entsteht »Zeit des Meisters«, ein auf die Bedürfnisse spirituell Suchender ausgerichtetes Angebot an Kirchen für ein »Kloster auf Zeit«. Als vertiefende Literatur für das »Kloster auf Zeit« werden → Anselm Grün, → Willigis Jäger und → Teresa von Avila angeboten. Lesungen aus den Schriften der → Sufis (islamischer Mystiker) und buddhistischer Mönche (→ Buddhismus), Klangschalen, → Atemübungen, Räucherstäbchen und »Perlen des Glaubens«, eine Art evangelischer Rosenkranz (→ Rosenkranz, evangelischer) sind in dem interspirituellen Angebot anzutreffen.

Christina Brudereck praktiziert das Atemgebet. Im »Gebet des Meisters« sollen laut ihrer Anweisung im Atemrhythmus folgende Worte gesprochen werden: Beim Einatmen: »Gott, Du«, beim Ausatmen: »Ich bin hier«; das Schlussgebet lautet beim Einatmen: »Jesus bleib«, und beim Ausatmen: »bei mir«. Seit 2006 ist Brudereck verstärkt schriftstellerisch tätig und veranstaltet Lesungen zu ihrem Schwerpunktthema »Spiritualität und Menschenrechtsfragen«. Gemeinsam mit dem Pianisten Benjamin Seipel, ihrem jetzigen Ehemann, bildet sie das Duo *2Flügel*. Sie ist außerdem Myanmar-Sonderbotschafterin des Kinderhilfswerks *World Vision* Deutschland.

• Publikationen: *Aufmachen: Wie wir heute Kirche von morgen werden; Durchatmen: In der Stille vor Gott.*
• Persönliche Webseite: www.christinabrudereck.de.

Brueggemann, Walter (geb. 1933) ist US-amerikanischer Theologe, ordinierter Pfarrer der *United Church of Christ* und emeritierter Professor des *Columbia Theological Seminary*. Brueggemann war in der → Emerging Church prägend und gilt vielen zudem als Wegbereiter dieser Bewegung. Er arbeitete intensiv an der → Renovaré-Bibel von → Richard Foster mit. Brueggemann empfiehlt das Buch von → Alan Jones *Reimagining Christianity*, in welchem Jones die Lehre des stellvertretenden Sühnetodes Christi als »abscheuliche Lehre« (»*vile doctrine*«, 168) bezeichnete. Brueggemann ist Autor von über 70 Büchern und vertritt eine liberal-progressive Theologie.

• Publikationen: *Polyphonie und Einbildungskraft: Aufsätze zur Theologie des Alten Testaments.*

Buddhismus geht auf den Namen Buddha, den »Erleuchteten«, zurück. Die viertgrößte Religion der Welt, die ihren Ursprung in Indien hat, kennt weder eine Gottheit noch das Gebet. Ihr Gründer Siddharta Gautama (~560–480 v. Chr.) erlangte die Erleuchtung und lehrte von nun an die *Vier Edlen Wahrheiten*, die Grundlage des Buddhismus. Der *Edle Achtfache Pfad* ist die vierte der *Vier Edlen Wahrheiten* und das zentrale Element buddhistischer Frömmigkeit, das Erlösung (*Nirwana*) verspricht. Er besteht aus: rechte Einsicht, rechte Gesinnung, rechte Rede, rechtes Handeln, rechter Lebenserwerb, rechtes Streben/Üben, rechte Achtsamkeit und rechte Sammlung (Meditation). Bei Buddha tritt an die Stelle des Brahman (→ Hinduismus) das Nirwana, die vollkommene Befreiung von allem Leid und das Ende des Kreislaufs der Reinkarnationen. Die Erlösung des Menschen besteht darin, der Vergänglichkeit und dem Wandel dieser Welt zu entfliehen. Wer die höchste Stufe der Erleuchtung erlangt, wird zum »Bodhisattva«. Der Bodhisattva entscheidet sich dafür, nicht ins Nirwana einzugehen, sondern inkarniert sich in einen neuen Leib, um den Menschen zu dienen und ihnen das Heil zu bringen. Der Buddhismus zielt wie der Hinduismus auf Selbsterlösung ab.

Die »personale Verkörperung findet die Buddhismus-Faszination im Dalai Lama«, der »über den buddhistischen Kontext hinaus zu einer religiösen Identifikationsfigur geworden ist« (Eberlein, 109) und für eine »dogmenfreie Religiosität, mystischen Tiefe und Fähigkeit zum unbelasteten Dialog mit der Wissenschaft« steht (ebd., 110). Der Dalai Lama gilt als Inkarnation des Bodhisattva Avalokiteshvara.

Calhoun, Adele Ahlberg ist Autorin des Buches *Spiritual Disciplines Handbook: Practices That Transform Us*. Calhoun empfiehlt → Mantra-Meditation, → Labyrinthe, → Atemgebet und kontemplative Methoden sowie → New-Age-Methoden der Meditation. → Rick Warrens *Saddleback Spiritual Growth Center* hat ebenso eine Empfehlung für Calhouns Buch ausgesprochen wie → Ann Voskamp. Calhoun bezeichnet → Basil Pennington als ihren → »spirituellen Mentor«.

• Webseite: www.spiritualityandpractice.com.

Campolo, Tony (geb. 1935) ist US-amerikanischer Theologe, Soziologe, Autor und beliebter Konferenzsprecher. Der ordinierte Baptistenpastor ist eine linksliberale progressive Stimme unter den Evangelikalen. In einem Interview mit → Shane Claiborne zum Thema »Evangelikale und interreligiöse Zusammenarbeit« beschrieb er, wie Buddhisten und Franziskaner ihre Differenzen überwanden. Statt über Theologie zu debattieren, sollten sie einfach miteinander beten und meditieren: »Menschen begegnen sich dort, wo sie in einer mystischen Beziehung zu Gott stehen; dann lassen sie die Theologie hinter sich, und in dieser Spiritualität finden sie Gemeinsamkeiten« (*On Evangelicals and Interfaith Cooperation*).

In seinem kontroversen Buch *A Reasonable Faith: Responding to Secularism* aus dem Jahre 1983 schrieb Campolo: »Wir wollen die gesamte menschliche Rasse davon überzeugen, dass es einen Gott gibt, der den unschätzbaren Wert jeder Person begründet und der in einer geheimnisvollen Weise in jedem menschlichen Wesen innewohnt ... Ich meine nicht, dass andere für uns Jesus *repräsentieren*. Ich bin der Ansicht, dass Jesus *tatsächlich* in jeder anderen Person *präsent* ist.« (59, 192; Hervorhebung im Original). Campolo widmet → Teilhard de Chardin in seinem Buch über drei Seiten und scheint trotz einiger Bedenken an der Orthodoxie des katholischen Jesuiten dessen Auffassung zu teilen, dass »eine neue harmonische Menschheit [entsteht], in der die Menschen sich in gegenseitiger Unterordnung dienen« (65). Und schließlich findet er lobende Worte für Teilhard de Chardin, da er »Theologie und Evolution in einem wechselseitigen System vereint, welches Christus in der evolutionären Entwicklung wesentlich integriert« (ebd.). In einem Interview mit Charlie Rose im Jahre 1997 bekräftigt Campolo erneut seine universalistische Heilslehre: »Ich bin nicht überzeugt, dass Jesus nur in Christen lebt« (Oppenheimer, *Tony Campolo*).

Campolo findet anerkennende Worte für die katholische Nonne → Mutter Teresa und wünscht sich, dass alle Christen zu »Mutter Teresas« werden. Ferner schwärmt er von → M. Scott Peck und bezeichnete dessen Buch *The Road Less Traveled* als »absolut brillant«.

Campolo ist Befürworter der Evolutionslehre und meint, dass Darwins Lehre mit der Heiligen Schrift vereinbar sei. Aus seiner

Sicht berichtet die Bibel lediglich die Tatsache, aber nicht die Methode der Schöpfung. In seinen Werken nimmt er Gedanken von Karl Marx, Paul Tillich, Martin Buber und Teilhard de Chardin auf. Er ist ein Befürworter der Befreiungstheologie und der Frauenordination. Seine Lehre, dass Christus in allen Menschen wohnt, kommt der mystischen Auffassung eines »göttlichen Funkens« in allen Menschen oder der → pantheistischen New-Age-Philosophie gleich, dass Gott in allem wohnt. Er glaubt ferner, dass der Mystizismus Anlass zur Hoffnung für eine gemeinsame Grundlage zwischen Christentum und dem Islam ist und stellt die Frage, ob die islamischen → Sufis dem gleichen Gott begegnen wie die christlichen Mystiker (*Speaking My Mind*, 149-150).

- Publikationen: *Gutes für die Seele – 117 geistliche Muntermacher für jeden Tag.*
- Persönliche Webseite: www.tonycampolo.org.

Cassian (~360–435), auch Johannes Cassian, Johannes Cassianus oder Johannes von Massilia (Marseille), war Priester, Mönch, Autor und wird den → Wüstenvätern zugerechnet. Als junger Mann reiste er nach Bethlehem, wo er in einem Kloster lebte. Von dort zog er in die Wüste Ägyptens und lebte zehn Jahre unter den dortigen Mönchen. Nachdem er in Konstantinopel und Rom gelebt hatte, gründete er um 415 in der Nähe des französischen Marseille zwei Klöster. Durch Cassian fand das → Ruhegebet der Wüstenväter vor allem durch den Benediktinerorden in der Westkirche Verbreitung. Askese und Buße sollten das Herz reinigen und zur Gotteserkenntnis führen. Die höchste Form der Gotteserkenntnis war die Gottesschau. Cassian unterschied vier Formen des Gebets: »Gebet um Verzeihung, Gebet für Hingabe, flehentliches Gebet für andere und Dankgebet. Auf der höchsten Stufe, dem Glutgebet, eingegeben vom Heiligen Geist, durchläuft die Seele in einem Augenblick die vier Formen wie eine Flamme: Der Betende weiß nicht mehr, dass er betet. Danach folgt die einfache und reine Gottesschau« (*Wörterbuch der Mystik*, 82).

- Publikationen: *Einübung ins Ruhegebet; Gespräche mit Abba Isaak über das Gebet; Unterredungen mit den Vätern.*

Chanting bezeichnet das Singen oder den Sprechgesang von →
Mantras. Es handelt sich um das melodische Sprechen oder Singen
von Texten, meist aus heiligen Schriften, oder von Worten, um sich
auf eine transzendente Realität zu konzentrieren und den Verstand
zur Ruhe zu bringen. Chanting hat das Ziel, eine mystische Erfahrung zu ermöglichen. Diese religiöse Praxis findet man im →
Buddhismus, → Hinduismus und → Sufismus. Gelegentlich ist
Chanting mit meditativem Tanz verbunden.

Chardin, Pierre Teilhard de (1881–1955) war französischer Theologe, Philosoph, Jesuit, Anthropologe, und Geologe, der in seinen Werken eine Synthese zwischen Religion und Wissenschaft
erstrebte. 1899 trat er in die Ordensgemeinschaft *Gesellschaft Jesu*
(Jesuiten) ein. In den Jahren 1906 – 1908 lehrte er als Professor für
Theologie an der Universität von Kairo und widmete sich anschließend geologischen Studien in England. 1911 wurde er zum Priester
geweiht. In Paris lehrte er am *Institut Catholique* als Professor für
Geologie. Er nahm u. a. an geologischen Exkursionen in China teil,
wo er ein ganzes Jahr verbrachte. Bei Ausbruch des 1. Weltkrieges
hielt sich Teilhard de Chardin in England auf, wo er eigentlich
seine theologischen Studien fortsetzen wollte. Doch er wurde in
den Sanitätsdienst abberufen, diente an der Front und wurde aufgrund seines Mutes, den er an der Front unter Beweis stellte, zum
Ritter der Ehrenlegion ernannt. Dennoch fand Teilhard in dieser
Zeit genügend Freiraum, um Schriften zu verfassen. 1919 nahm er
seine Studien wieder auf. Er unternahm weitere Reisen nach China, Abessinien, Somalia, Indien, USA und Südafrika. Unermüdlich hielt er Vorträge, widmete sich weiterer Studien und verfasste
naturwissenschaftliche und philosophische Bücher.

Teilhard wird aufgrund seiner Studien zu einem Verfechter des
Evolutionismus. Er tritt für die Synthese westlicher und fernöstlicher Spiritualität und der Evolutionslehre ein, die er auf eine kosmische Dimension erweitert. Teilhards Gedankengut wurde von
der Amtskirche misstrauisch beäugt. Vor allem in den letzten Jahren seines Lebens kommt es zu steigenden Spannungen mit der
römischen Kurie und seinem eigenen Orden.

Teilhard de Chardin bezeichnet den → Kosmischen Christus des → New Age als die »dritte Natur« des Christus. Der Begriff »Christus«, wie er von den Konzilen des vierten nachchristlichen Jahrhunderts definiert wurde, musste aus seiner Sicht aufgegeben werden, um auf eine höhere, dritte Ebene vorzudringen, die »weder menschlich noch göttlich, sondern kosmisch« ist. Teilhard vertritt eine → pantheistische Weltsicht. Teilhards Ziel war, es die Kluft zwischen dem Pantheismus und dem Christentum zu überwinden, um »die christliche Seele des Pantheismus oder den pantheistischen Aspekt des Christentums« ans Licht zu bringen (*Christianity and Evolution*, 56). Die Seelen aller Menschen stellen die »Seele der Welt« dar, die dem höchsten Ziel der Vereinigung mit Christus, dem Punkt Omega, entgegenstrebt. Dieser Punkt Omega ist Mittelpunkt der Schöpfung und steuert die geistige Evolution des Universums. Aus seiner Sicht wird eine spirituelle Transformation dazu führen, dass die Welt heil wird. Der Mystizismus war für ihn die wahre Religion, welche die Einheit des Menschen mit dem Universum beinhaltet und zum globalen Frieden führt. Teilhard de Chardins Thesen zur Erbsünde, dem stellvertretenden Sühnetod Christi und der leiblichen Auferstehung werden bis heute kontrovers diskutiert. Manche betrachten Teilhard als Vordenker des New Age. → Leonard Sweet sagt über Teilhard de Chardin, dass er eine der bedeutendsten Stimmen des 20. Jahrhunderts darstellt. → Richard Foster zitiert Teilhard de Chardin mehrfach in seinen Büchern. → Henri Nouwens Denken wurde ebenfalls von Teilhard de Chardin beeinflusst.

- Publikationen: *Der Mensch im Kosmos; Die Entstehung des Menschen; Die lebendige Macht der Evolution; Hymne an das Ewig Weibliche; Das Tor in die Zukunft; Aufstieg zur Einheit – Die Zukunft der menschlichen Evolution; Lobgesang des Alls: Die Messe über die Welt – Christus in der Materie – Die geistige Potenz der Materie.*
- Webseite: www.teilharddechardin.org.

Christus-Bewusstsein ist ein Begriff, den sowohl Vertreter der → New-Age-Bewegung, Anthroposophen, christliche Theologen als auch Vertreter fernöstlicher Philosophien verwenden. Für New Ager ist Christus-Bewusstsein die nächste Stufe auf der spirituellen Evolution des Menschen, eine bedingungslose Liebe zu und Verbundenheit mit allem, was existiert. Es ist mit dem Bewusstsein identisch, das Jesus schon vor 2000 Jahren erreicht hatte. → Atemübungen sowie → Meditationsübungen sollen helfen, zu dieser höheren Bewusstseinsebene des Christus-Bewusstseins zu gelangen – dem höchsten Bewusstsein, das der Mensch auf Erden erreichen kann. Durch das Christus-Bewusstsein wird die Illusion der Trennung überwunden. Im → pantheistischen Sinne erlebt der Mensch, der diese Bewusstseinsstufe erreicht hat, Einheit mit Gott, dem Menschen und dem gesamten Universum. Christus steht in der New-Age-Bewegung für das Einssein mit Gott.

Laut anthroposophischer Lehre erlangen die Menschen des 20. Jahrhunderts allmählich hellseherische Fähigkeiten, den »ätherischen Christus« als Tür für die Seele in die geistige Welt wahrzunehmen. Die Menschen würden wie Paulus bei seinem Damaskuserlebnis den »Christus« im ätherischen Umkreis der Erde wahrnehmen können.

Vertreter fernöstlicher Philosophien glauben, dass Religionsstifter wie Krishna oder Buddha die göttliche Liebe verkörperten und die Stufe des Christus-Bewusstseins bereits erlangt hatten. Weitere Bezeichnungen für das Christus-Bewusstsein sind »kosmische Christusenergie«, das »göttliche Selbst«, das »Christusselbst« oder »Energie der Neuen Welt«.

Claiborne, Shane (geb. 1975) ist US-amerikanischer Autor, politischer Aktivist und Vertreter der → Emerging Church. Der studierte Soziologe, der gerne ein T-Shirt mit der Aufschrift »Jesus war obdachlos« trägt, wird u. a. dem Neuen Mönchtum (*New Monasticism*) zugerechnet, das seit den 1990er Jahren das Interesse christlicher Medien geweckt hat. Manche Religionssoziologen sehen die Wurzeln dieser Bewegung, die sich auf mönchische Tugenden beruft, bereits in den 1970er Jahren. Claiborne, der 10 Wochen bei Mutter Teresa in Kalkutta mitarbeitete, setzt sich für Arme und Obdachlose sowie Gewaltlosigkeit ein. Er ist neben sechs anderen

Studenten Mitgründer von *The Simple Way* (*Der Einfache Weg*), einer Kommunität in Philadelphia. *The Simple Way* hat sich 12 Regeln gesetzt, die als die 12 Merkmale des Neuen Mönchtums bezeichnet werden; dazu zählen u. a. Pflege der Gemeinschaft in der Kommunität, Gastfreundschaft, Hilfe für Bedürftige, Ökologie sowie Hingabe an ein diszipliniertes Leben der → Kontemplation. Das Zölibat wird ebenso akzeptiert wie die Ehe. Die »neuen Klosterbrüder« (*new friars*) üben besonders große Anziehungskraft auf junge Menschen zwischen 20 und 30 Jahren aus. Neue und alte Kommunitäten vernetzen sich derzeit untereinander. Shane Claiborne empfiehlt → Leonard Sweet, den er als einen »theologischen Poeten« bezeichnet (Buchempfehlung auf der Vorderseite von Leonard Sweets Buch *I Am a Follower*).

• Publikationen: *Komm mit mir in die Freiheit; Ich muss verrückt sein so zu leben: Kompromisslose Experimente in Sachen Nächstenliebe.*
• Webseite: www.thesimpleway.org.

Cox, Harvey (geb. 1929) ist US-amerikanischer Theologe und Professor an der Harvard University. Cox, der auch Pastor einer Baptistengemeinde war, vertritt eine liberale und ökumenische Ausrichtung. Er lehrte über die Befreiungstheologie sowie die Rolle des Christentums in Lateinamerika.

2010 veröffentlichte er das Buch *The Future of Faith*, in welchem er seine Sicht der Kirchengeschichte darlegt. Cox glaubt, dass das Zeitalter des Geistes (*Age of the Spirit*) das Zeitalter des Glaubens (*Age of Belief*), das von Bekenntnissen und Dogmen charakterisiert war, vor 50 Jahren abgelöst hat. Das Zeitalter des Geistes erschüttert die institutionelle Kirche. Lehren und Dogmen treten seiner Auffassung nach in den Hintergrund, während Basisbewegungen (engl. *gras-roots movements*) zunehmen, die Gemeinschaft, soziale Gerechtigkeit und spirituelle Erfahrungen betonen. Cox, der sich als Christ sieht, ist mit einer praktizierenden Jüdin verheiratet und ließ seinen Sohn im jüdischen Glauben erziehen. Er steht der Ökumene und dem interreligiösen Dialog äußerst positiv gegenüber und gehört dem *Living Spiritual Teachers*

Project an, einer interreligiösen Webseite, die Beiträge von mehr als 120 spirituellen Lehrern anbietet.

- Publikationen: *Die Zukunft des Glaubens: Wie Religion wieder zu den Menschen kommt; Licht aus Asien; Verführung des Geistes; Abschied vom bürgerlichen Leben. Versuche mit einem neuen Lebensstil; Göttliche Spiele. Meine Erfahrungen mit den Religionen; Stirb nicht im Warteraum der Zukunft. Aufforderung zur Weltverantwortung.*
- Webseite: www.spiritualityandpractice.com.

Crabb, Larry (geb. 1944) ist Psychologe, Autor und Bibellehrer. Der populäre christliche Seelsorger machte in seinem im Jahre 2006 veröffentlichten Buch *The Papa Prayer* deutlich, dass er eine Abkehr von der christlichen Psychologie vollzogen hat und von nun an das → kontemplative Gebet oder → Herzensgebet empfiehlt, das aus seiner Sicht der psychologischen Seelsorge überlegen ist. Er bezeichnete → Brennan Manning als seinen Freund, der ihm vorausging und dem er folgt, um die »Liebe Abbas tiefer zu genießen.« In einem Interview mit Agnieszka Tennant in *Christianity Today* im Jahre 2003 erwähnt Crabb folgende Vorbilder für seine neue spirituelle Ausrichtung: → Thomas Merton, → Henri Nouwen, → Johannes vom Kreuz und → Peter Kreeft. Crabb ist Direktor der *American Association of Christian Counselors*, in deren ethischen Grundlagen angemerkt wird, dass sie sich »auch (gemäß den Leitlinien von → Richard Foster) an sozialer Gerechtigkeit, pfingstlich-charismatischen, pietistischen, liturgischen und kontemplativen Traditionen der christlichen Theologie und Kirchengeschichte orientieren« (*Code of Ethics*, 3). Der ehemalige Franziskanerpater → Brennan Manning war in den 1990er Jahren spiritueller Mentor Crabbs. Wahrscheinlich geht seine Hinwendung zur kontemplativen Bewegung u. a. auf Mannings Einfluss zurück. Crabb hat eine Buchempfehlung zu Mannings Buch *All is Grace* geschrieben.

- Publikationen: *Ort der Geborgenheit und Heilung; Von innen nach außen; Connecting, das Heilungspotential der Gemeinde; Verstehe, wer du bist: Was unsere Beziehungen über uns aus-*

sagen; Christsein ohne Krampf: Wie Gott falschen Druck von uns nimmt.

• Persönliche Webseite: www.newwayministries.org.

Crowder, John ist US-amerikanischer Extremcharismatiker, Autor und gefragter Sprecher in über 30 Ländern. Er ist der Überzeugung, dass die Gesellschaft »vor einer umfassenden Transformation steht, während sie gerade in das postmoderne Zeitalter eintritt. Die Kirche steht an der Schwelle einer spirituellen Renaissance und eines revolutionären Wandels ... Die Mystiker, Asketiker und Wunderwirker der Vergangenheit führten ein Leben voller spiritueller Erfahrungen, göttlicher Heimsuchungen und übernatürlicher Begegnungen« (*Miracle Workers, Reformers, and the New Mystics*, 17, 21). Sie stellen für ihn Richtschnur und Inbegriff christlicher Nachfolge dar. In seinem Buch *Mystical Union* führt Crowder aus, dass das Evangelium eine »mystische Botschaft« ist und plädiert dafür, dass jeder Christ die mystische Vereinigung (→ *unio mystica*) mit Christus anstreben und genießen solle.

Auf seiner Webseite *Sons of Thunder* (»Donnersöhne« in Anlehnung an Mk 3,17) schreibt Crowder, er sehne sich nach der Entstehung einer »kreativen Bewegung ekstatischer Gläubiger«. Crowder, durch den angeblich Zeichen und Wunder geschehen, feiert gerne mit Gleichgesinnten in der »Trunkenheit des Geistes« – die Gottesdienstteilnehmer lachen unkontrolliert, lallen, tanzen, fallen um, wälzen sich auf dem Boden herum und geben alle möglichen Laute von sich. Crowder war vor seiner Bekehrung drogenabhängig und zieht es nun vor, durch den »Heiligen Geist« von Gott »high« zu sein. Heute nennt er seine Veranstaltungen *Glory Drunken Tour*, die in Anlehnung an Apostelgeschichte 2,13 (»Andere aber spotteten und sprachen: Sie sind voll süßen Weines«) die mystischen Erfahrungen des Pfingstereignisses der Urgemeinde wiederbeleben will. Offenkundig hat Crowder übersehen, dass es die ungläubigen Spötter waren, die über die geisterfüllten Jünger irrtümlicherweise urteilten, sie seien betrunken. Wie nicht wenige Charismatiker zieht auch Crowder den falschen Schluss aus diesem Vers, geisterfüllte Christen müssten sich wie Trunkene verhalten.

Crowder ist nach seiner Selbstdarstellung ein theologischer Lehrer, der auch über die Themen spricht, die von den Evangelikalen vernachlässigt werden; hierzu zählen die vielen »Mystiker der katholischen und orthodoxen Kirche.« Christen müssen aus der Sicht der Neuen Mystiker den Verstand, Traditionen und Lehrsätze hinter sich lassen und sich nach mystischen »Gotteserfahrungen« ausstrecken.

In der Buchbeschreibung zu Crowders deutscher Publikation *Mystische Einheit (Mystical Union)* heißt es: »Sei bereit für das Evangelium, die Wohlkunde, wie Du sie noch nie gehört hast. Mit klarer offenbarter Wahrheit über die absolut neue Schöpfung und den skandalösen Freuden des Werkes Christi. *Mystische Einheit* verspricht eines von John Crowders revolutionärsten, lebensverändernden Werken zu sein. In seiner frohen Botschaft über die Gnade geht es um die kontinuierliche Einheit mit dem Göttlichen. Dieses Buch droht den Kernglauben neu zu formatieren. Es verspricht, die Selbstanstrengungs-Theologien zu vernichten und muntert Dich mit unleugbaren göttlichen Wahrheiten hinsichtlich des kostenlosen Geschenks der Vollkommenheit auf.« Und weiter heißt es, dass Crowder zur Spitze einer »frischen Erneuerungsbewegung gehört, die sich durch ekstatische Freude, Wunder … kennzeichnet. Diese Bewegung ist ausschließlich motiviert durch die bedingungslose Liebe zu allen Menschen! Sie ist gerade dabei, die Welt nachhaltig zu verändern!«

Im September 2012 war Crowder in Euskirchen bei Köln, wo er einen Drei-Tage-Intensivkurs *Übernatürliches Christentum – Mystische Schule Deutschland* veranstaltete. Crowders Intensivkurse versprechen übernatürliches Christsein, Trancen, Verzückungen, Erfahrungen ekstatischen Gebets bis hin zu außergewöhnlichen körperlichen Phänomenen des Mystizismus. Angeblich werden die Gabe der Prophetie aktiviert und Geistreisen ermöglicht, um in der Ebene der Herrlichkeit schon jetzt neue Erkenntnisse und Offenbarungen des Himmels zu empfangen.

- Webseite: www.thenewmystics.com; www.thenewmystics.com/ Germany.
- Publikationen: *Mystische Einheit. Es wurde zusammengeführt, was ewig zusammengehört.*

de Mello, Anthony (1931–1987) ist katholischer Priester und Autor des Buches *Sadhana: A Way to God* (dt. Titel: *Meditieren mit Leib und Seele: Neue Wege der Gotteserfahrung*). Der indische Jesuit und Exerzitienmeister beschreibt, wie Gott durch alles, selbst durch tote Gegenstände, zum Menschen redet:»Suche dir ein Objekt aus, das du regelmäßig verwendest: einen Füller, eine Tasse … Dann lege das Objekt sanft vor dir nieder und sprich es an. Beginne damit, es über sich selbst zu fragen, über sein Leben, seinen Ursprung, seine Zukunft. Und lausche, während es dir die Geheimnisse seines Seins und seiner Bestimmung offenbart. Dein Objekt verfügt über eine verborgene Weisheit, die dir etwas über dich selbst offenbaren kann. Frage nach und höre, was es zu sagen hat« (*Sadhana*, 55).

Die Imaginationsübungen der → Teresa von Avila, wonach eine Person sich Jesus vorstellen und seinen Blick erspüren soll, beschreibt de Mello mit diesen Worten:»Sieh, dass er dich liebevoll und demütig ansieht. Gib acht, dass du beide Gefühlsregungen in Christi Blick spürst« (Kunz, 44).

• Publikationen: *Perlen der Weisheit; Sadhana – ein Weg zur Achtsamkeit: Meditationen für jeden Tag; Der springende Punkt; Weisheit kommt aus dem Herzen; Eine Minute Weisheit; Meditieren mit Leib und Seele: Neue Wege der Gotteserfahrung; Die Fesseln lösen; Gib deiner Seele Zeit; Warum der Schäfer jedes Wetter liebt.*

• Webseiten: www.elsajoy.com/spiritus.html, awareness.tk, www.demellospirituality.com.

Dionysios der Aeropagit → Pseudo-Dionysios.

Dominikus (~1170–1221) war Gründer des Predigerordens der Dominikaner. Dominikus studierte in Valencia Theologie und Philosophie. Um 1196 wurde er zum Stiftsherrn der Augustiner nach El Burgo de Osma berufen und setzte sich bald für innerkirchliche Reformen ein. Dominikaner wie Franziskaner kannten »keine doppelte Moral, wandten sich gegen Prunk und Ämterkauf, sie redeten verständlich über die unverständlichen Geheimnisse« (Störmer-Caysa, 35). 1215 gründete Dominikus den Dominikanerorden, der Askese, Geißelung, Gebet und die Predigttätigkeit ebenso betonte wie die → Kontemplation und das Studium der Heiligen Schrift. Die Selbstgeißelung im Dominikanerorden nahm zum Teil extreme Formen an. Die Dominikanerin Christine Ebner (1277–1356) schlief im Winter auf dem Boden, presste sich eine Igelhaut auf ihre Brüste und ritzte sich ein Kreuz in ihre Haut. Im Alter von 14 Jahren hatte sie ihre ersten Visionen. Christus erschien ihr als Dominikaner mit einer Hostie unter der Zunge. Sie träumte, wie sie vom Heiligen Geist schwanger wird und Jesus zur Welt bringt. »Dem Schmerzensmann saugt sie das Blut aus der Seitenwunde, wie so viele andere Mystikerinnen« (*Christliche Mystik im Abendland*, 323). Zu den Selbstgeißelungen unter Dominikanern gehörte u. a. das Nagelkreuz, mit dem Mönche und Nonnen sich selbst Wunden zufügten, bis das Blut an ihnen herabfloss. Christine Ebner »möchte diese unerträglichen Martern abbrechen, aber jedes Mal fordern sie Gottvater, Christus, der Heilige Geist, Maria, Johannes zum Ausharren auf. Denn auch der Vater empfand ob der blutenden Wunde des Sohnes unendliche ›Herzenslust‹« (*Christliche Mystik im Abendland*, 324); die Nonne suchte in ihren Schmerzen Ruhe und Zuflucht bei Gott und war überzeugt, auf diese Weise dem Weg des Kreuzes zu folgen. Die dominikanische Mystik beeinflusste auch Italien und Spanien.

• Publikationen zum Thema: Paul Hellmeier, *Dominikus begegnen*; William Hinnebusch, *Kleine Geschichte des Dominikanerordens*.

Dyckhoff, Peter (geb. 1937) war zunächst Psychologe und begann im Alter von 40 Jahren mit dem Studium der katholischen Theologie. 1981 erfolgte seine katholische Priesterweihe. 1982 wurde er Wallfahrts- und Krankenhausseelsorger am Marienwallfahrtsort Kevelaer in Nordrhein-Westfalen. Seit 1999 lebt er in Senden in seiner Heimatdiözese Münster, wo er sich pastoralen Aufgaben widmet. Seine Einsichten als Exerzitienleiter veröffentlichte er in einer Reihe von Publikationen zur christlichen Gebets-, Meditations- und Exerzitienpraxis. Er ist u. a. Autor von Büchern über das Ruhegebet (→ Herzensgebet) sowie über die Mystiker → Teresa von Avila, → Miguel de Molinos und → Thomas von Kempen. Er verfasste eine Dissertation über das »Gebet als Quelle des Lebens. Systematisch-theologische Untersuchung des Ruhegebetes, ausgehend von → Cassian.« Bekannt wurde Dyckhoff durch seine Serie über das Ruhegebet nach Cassian bei → Bibel-TV.

* Publikationen: *Mit Leib und Seele beten: Die neun Gebetsweisen des Dominikus; Das Ruhegebet einüben; Auf dem Weg in die Nachfolge Christi: Geistlich leben nach Thomas von Kempen; Ruhegebet; Atme auf: 77 Übungen zur Leib- und Seelsorge; Aus der Quelle schöpfen – Das innerliche Gebet nach Teresa von Avila; Finde den Weg: Geistliche Weisung nach Miguel de Molinos; Bete ruhig: Betrachtung und Ruhegebet.*
* Persönliche Webseite: www.peterdyckhoff.de.

Ebert, Andreas (geb. 1952) ist deutscher evangelischer Theologe, Buchautor und Liedtexter (nicht zu verwechseln mit Andreas Ebert, Jahrgang 1955, Leiter der Bibelschule Burgstädt). Er wurde erstmals durch das »Kindermutmachlied« bekannt, das 1979 auf dem *Deutschen Evangelischen Kirchentag* den »Meistersingerwettbewerb« gewann. Sein Buch über das → *Enneagramm* und viele Veröffentlichungen über das → Herzensgebet sowie über andere spirituelle Themen, u. a. als Co-Autor mit → Richard Rohr, machten ihn international bekannt. In den 1980er Jahren rief er eine alternative missionarische Arbeit in Nürnberg (Gründung des »Lorenzer Ladens«) ins Leben. 1996 trat er seinen Dienst in der Gemeinde *St. Lukas* in München an, wo er das Projekt *Spirituelles Zentrum St. Martin* gründete. Er führte alternative Gottesdienstformen (»Thomasmesse«) ein, baute den sozialdiakonischen Dienst »Obdachlosenarbeit im Kirchenkeller« auf und initiierte den »Schwulen Bibelkreis Lukas« (SchwuBiLu). Seit 2011 ist er landeskirchlicher Beauftragter für *Geistliche Übung und Meditation* in Südbayern. Er übersetzte Bücher von Richard Rohr (*Pure Präsenz. Sehen lernen wie die Mystiker; Von der Freiheit loszulassen; Der wilde Mann. Geistliche Reden zur Männerbefreiung*), das Buch *Die Lügner. Eine Psychologie des Bösen und die Hoffnung auf Heilung* von → M. Scott Peck sowie das Buch *Bekehrung zum Leben.*

Nachfolge im Atomzeitalter von Jim Wallis, einem linksliberalen christlich-sozialen Aktivisten in den USA.
- Webseite: www.st-martin-muenchen.de.
- Publikationen: *Auf Schatzsuche. 12 Expeditionen ins Innere des Christentums; Die Spiritualität des Enneagramms; Die Perlen der Seele. Meditieren mit dem Enneagramm* (Co-Autor Marion Küstenmacher); *Das Enneagramm* (Co-Autor Richard Rohr); *Hesychia: Das Geheimnis des Herzensgebets* (Co-Autor Carol Lupu).

Edwards, Tilden war Priester der Episkopalkirche der USA und Gründer des *Shalem Institute – Institute for Spiritual Formation* eine christlich-ökumenische Organisation, die sich die Verbreitung der kontemplativen Spiritualität zum Ziel gesetzt hat. Edwards war von 1979 – 2000 Direktor des *Shalem Institute*. Er betrachtet das kontemplative Gebet als Brücke zur fernöstlichen Spiritualität. → Richard Foster empfiehlt wärmstens Tilden Edwards Buch *Spiritual Friend*, in dem Edwards einen neuen Ökumenismus beschwört, der nicht nur Christen mit Christen verbindet, sondern Christen mit anderen tief intuitiven religiösen Traditionen (*Spiritual Friend*, 172).
- Webseite: www.shalem.org.

Eggers, Ulrich ist Pastor der FeG und seit März 2006 Verlagsleiter der *Stiftung Christliche Medien* (SCM). Er rief das Magazin *family* ins Leben und ist Chefredakteur der Zeitschrift → *Aufatmen*. Überdies leitet er die christliche Lebensgemeinschaft WegGemeinschaft e. V. Ferner ist er seit 2003 ehrenamtlicher 1. Vorsitzender von → *Willow Creek* Deutschland/Schweiz. Er ist Herausgeber von zwei Büchern von → Gary L. Thomas. Er schrieb das Vorwort zu dem Buch *Stille: Dem begegnen, der alle Sehnsucht stillt. Stille entdecken* von Elke Werner und Klaus-Günther Pache und wirkte am → *Jahr der Stille* 2010 wesentlich mit. Wolfgang Nestvogel schrieb im Jahre 2000 in einem Artikel mit dem Titel *Evangelikale Zeitschrift »Aufatmen« wirbt für katholischen Mystiker* ebenso mahnende wie deutliche Worte: »Schon lange wirbt *Aufatmen* für den Abbau von Grenzen zwischen Evangelikalen, Charismatischer Bewegung und katholischer Kirche. Mit Aufsätzen wie dem über Pater Grün [→ Anselm Grün] erweckt man den Eindruck, als ob sich die katholische Doktrin mindestens mit der gleichen Berechtigung auf das biblische Fundament berufen könnte, wie der evangelische Glaube. Grüns Bücher, die sich geschmeidig in den Trend der New-Age-Mystik einpassen, werden als Weg zu geistlichem Wachstum und Förderung des biblischen Glaubens empfohlen. Ob Redaktion und Autor wissen, was sie da tun? In jedem Fall dient ihre Publikation der Unterwanderung biblischen Denkens und somit der Verwirrung und Verführung der Leser.«

• Publikationen: *Kirche neu verstehen. Erfahrungen mit Willow Creek; Überrascht von Gott: Auf dem Weg zu einem heilenden Vertrauen; Leben an der Quelle: 365 Mal aufatmen* (Hrsg.); *Stille Zeit im Auto: Fünf mal Fünf – Impulse für unterwegs* (Hrsg.); *Gemeinschaft heißt zuhause sein* (Hrsg.); *Stille Zeit im Auto 01–07: Geistliche Impulse für unterwegs* (Hrsg.); *Orte des Glaubens: Begegnungen mit Kommunitäten, geistlichen Werken und spirituellen Oasen* (Hrsg.).

Einkehrtage, auch als Retraiten oder Rüsttage bezeichnet, ist ein Begriff für Tage der Besinnung, der Stille und des Gebets. Das Angebot während der Einkehrtage ist weitreichend und hängt vom jeweiligen Veranstalter ab. Von den kontemplativen Methoden der → Wüstenväter oder der mittelalterlichen Mystiker über fernöstlichen → Zen-Buddhismus bis hin zu modernen Formen körper- und erfahrungsbetonter Spiritualität wird so gut wie alles unter »christlichem« Deckmantel angeboten.

emergent: die → Emerging Church betreffend.

Emerging Church ist eine in den 1990er Jahren in den USA entstandene Bewegung, die als postmoderne Kirche bewusst und gezielt den postmodernen Menschen erreichen will. Der Begriff *Emerging Church* kommt aus dem Englischen und setzt sich aus den beiden Worten »Emerging« – *im Entstehen sein, sich herausbil-*

den, hervortreten – und »Church« – *Kirche* oder *Gemeinde* – zusammen. Die *Emerging Church* in ihrem Selbstbild sieht sich allerdings nicht als eine neue Bewegung. Sie will keine neue Kirche oder neue Denomination schaffen, sondern im Dialog (*emergent conversation*) mit allen Christen stehen. Sie ist im Fluss und meidet theologische Festlegungen. Ihre Vertreter suchen nach neuen Wegen, wie man dem postmodernen Menschen das Evangelium nahebringen kann. Während der Begriff *Emerging Church* im Deutschen in der Regel übernommen wurde, trifft man vielfach auch auf das eingedeutschte Adjektiv »emergent«, um Dinge und Eigenschaften zu beschreiben, die der *Emerging Church* zuzuordnen sind.

Heute gibt es emergente Katholiken, emergente Pfingstler, emergente Baptisten, emergente Methodisten, emergente Anabaptisten, emergente Mennoniten, emergente Presbyterianer, emergente Lutheraner, usw. Die *Emerging Church*-Bewegung, die sich eher als Netzwerk des Dialogs versteht, ist äußerst vielschichtig, komplex, differenziert, oftmals nicht scharf abgrenzbar. Das Spektrum dieser Bewegung ist so breit, dass es einen moderaten Flügel bis hin zu einem radikalen Flügel umspannt. Die moderate Strömung mag nach außen hin wie eine traditionelle evangelikale Gemeinde erscheinen; dennoch übernimmt sie mehr oder minder stark das emergente Gedankengut. Der radikale Flügel hingegen stellt traditionelle Gemeindekonzepte offen in Frage, hinterfragt althergebrachte Gottesdienstformen, lehnt absolute Wahrheiten ab und betont Erfahrungen und Gefühle, was das große Interesse von Teilen der Emerging Church an traditionellen Praktiken christlicher Mystiker erklärt.

• Webseiten: www.emergentvillage.org (USA); www.emergent-deutschland.de (Deutschland).

Enneagramm, aus den beiden griechischen Worten *ennea*, neun, und *gramma*, Buchstabe, ist ein Symbol eines Neunecks in einem Kreis, das als Persönlichkeitsmodell dient. Dieses Modell soll bis auf Mystiker des → Sufismus zurückgehen. Das Enneagramm wurde in der evangelischen und katholischen Bildungsarbeit aufgegriffen, um Wege zu einer tieferen Beziehung zu Gott aufzuzeigen.

Der bekannte Franziskanerpater → Richard Rohr hat zusammen mit dem lutherischen Pfarrer → Andreas Ebert das Buch *Das Enneagramm: Die 9 Gesichter der Seele* herausgebracht, das 2010 die 46. Auflage erfuhr. Durch die Zusammenarbeit von Andreas Ebert mit → Marion und Werner Küstenmacher, die beide im *Ökumenischen Arbeitskreis Enneagramm* engagiert sind und eine Reihe von Büchern zu dieser Thematik geschrieben haben, wurden Richard Rohr und das Enneagramm in Deutschland populär. In der Esoterik kommen Enneagramme zur Selbsterkenntnis und Persönlichkeitsentwicklung zum Einsatz.

Die EZW (*Evangelische Zentralstelle für Weltanschauungsfragen*) urteilt verhalten:»Neben aller positiver Wertschätzung gibt es vereinzelt auch anders lautende Stimmen: Kürzlich hat sich eine Journalistin im Selbstversuch von mehreren Karrierecoachs beraten lassen und sich dabei auch zwei Persönlichkeitstests, dem Myers-Briggs- und dem Enneagramm-Test, unterzogen. Ihre Erfahrungen fasst die Überschrift des Zeitungsartikels prägnant zusammen: ›Warum Psychotests so sinnlos sind‹« (Utsch, *Deutungsvielfalt*).

• Webseiten: www.enneagramm.de; www.enneagramm.eu (ökumenischer Arbeitskreis).

EPIC ist ein Akronym (Kurzwort aus den Anfangsbuchstaben mehrerer Wörter), welches für das Erfahrungsmäßige (E für *Experiential*), die Beteiligung (P für *Participatory*), die Bildorientierung (I für *Image-driven*) und die Gemeinschaftsförderung (C für *Connected*) in der postmodernen Kirche steht. Es war → Leonard Sweet, der diesen Begriff prägte und in einem ganzen Buch mit dem Titel *Postmodern Pilgrims* darlegte. Sweet erläutert:»Eine der größten Unterschiede zwischen den Kirchen der Alten Welt (*Old World Churches*) und den Kirchen der Neuen Welt (*New World Churches*) ist die Anwendung der E-P-I-C-Methode … Der postmoderne Pilger sucht keine neuen Wahrheiten, sondern er sucht die ewigen Wahrheiten mit neuen Augen« (142). Der postmoderne Christ ist aus Sicht Sweets nicht so sehr an objektiven Wahrheiten oder rationalen Glaubensaussagen interessiert; vielmehr soll der Glaube des Christen von heute »erfahrbar« sein. Letzteres erklärt das neue Interesse an christlicher → Mystik. Im Zuge des neuen Mystizismus kommen Kerzen und Weihrauch zum Einsatz. In abgedunkelten Räumen mit Blaulicht angestrahlten weißen Vorhängen wird eine Atmosphäre geschaffen, die angeblich eine Gotteserfahrung intensiver macht. → Rick Warren hat EPIC auf seiner Ministry Toolbox empfohlen. In Deutschland gibt es eine Gemeinde, die nach dem EPIC-Prinzip organisiert ist, die EPIC-Church in Münster, Westfalen (gegründet von Stefan Lingott).

Ephräm der Syrer (~306–373) war Autor, Kirchenlehrer und bedeutender Theologe der syrischen Kirche. Ephräm lebte laut Überlieferung trotz seines Ansehens, das er als Gelehrter genoss, als Eremit in einer Einsiedelei. »In den *Hymnen über den Glauben* entfaltet Ephräm in symbolisch-mystischer Form seine Trinitätslehre ... *Die Hymnen zur Weihnacht* stellen in poetisch-mystischer Form seine Christologie dar« (*Wörterbuch der Mystik*, 156). In seinen *Hymnen über die Jungfräulichkeit* beschreibt er das Mysterium göttlichen Handelns, das sich in der Jungfrau Maria offenbart. Er trug den Ehrentitel »Harfe des Heiligen Geistes«.
• Publikationen: *Reden über den Glauben; Des Heiligen Ephräms des Syrers Ausgewählte Schriften*.

Erleuchtung ist eine mystisch-spirituelle Erfahrung, die den »Erleuchteten« in eine höhere Bewusstseinsebene versetzt, welche häufig als Eins-Sein mit Gott und der gesamten Schöpfung empfunden wird. Die Erleuchtung kann durch spirituelle Übungen eintreten oder eine spontan vermittelte Gnadenwirkung sein. Die angestrebte Erleuchtungserfahrung wird jeweils auf der Grundlage der religiösen oder philosophischen Vorstellungen des Erleuchteten interpretiert.

Im → Buddhismus wird die Erleuchtung als »Erwachen« (*Bodhi*) und der »Erwachte« als *Buddha* oder *Bodhisattva* bezeichnet. Der Erleuchtete hat die Ursache allen Leidens erkannt, wird aus dem Kreislauf der Reinkarnation befreit und hat den Zustand inneren Friedens, das *Nirvana*, erreicht. Der Zen-Buddhismus bezeichnet dieses spirituelle Erlebnis als *Satori*.

Im → Hinduismus spricht man von einem höheren Wissen (*Jnana*), das die individuelle Seele (*Atman*) mit der Weltseele oder dem universellen Bewusstsein (*Brahman*) verschmilzt und sie aus dem Kreislauf der Reinkarnation befreit. → Yoga ist ein Mittel, um das universelle Selbst oder das göttliche Selbst zu erkennen und von allen egoistischen Bestrebungen freizumachen.

Im Islam ist es der → Sufismus, der danach strebt, die Einswerdung des Liebenden, des *Sufis*, mit dem Geliebten, mit Gott, zu suchen. Die höchste Stufe der reinen Seele in der Nähe des liebenden Gottes erlangen allerdings ausschließlich die Propheten.

Die christliche → Mystik ist vielschichtig. Sie kennt, ähnlich dem → Sufismus, eine → Brautmystik, wie sie von → Origenes, → Gregor von Nyssa und → Bernhard von Clairvaux vertreten wurde. Die Brautmystik beschreibt die → *unio mystica*, eine spirituelle Vereinigung von Gott und Mensch in der Metapher von Braut und Bräutigam. Im Mittelalter wird eine eher affektive (auf Emotionen beruhende) Form der Mystik von einer intellektuellen Form unterschieden. Die affektive Form, die das »Spüren« Gottes in den Mittelpunkt stellt, findet sich bei → Hildegard von Bingen oder → Juliana von Norwich, während man die intellektuelle Prägung bei → Meister Eckhart antrifft.

In einer angestrebten Erleuchtungserfahrung, wie sie insbesondere in dem neuen Hang zur Mystik seit den letzten zwei Jahrzehnten auch unter Evangelikalen zu beobachten ist, wird das »transzendentale Erlebnis, die Begegnung mit dem angeblich ›Göttlichen‹, über das Zeugnis der Schrift gestellt! Nicht mehr der gottgeschenkte Glaube ist das Höchste, sondern die durch Selbstversenkung erlangte religiöse Erfahrung. Dabei wird kritiklos als selbstverständlich vorausgesetzt, dass solches ›Erleben‹ eine besondere Gnadenerweisung Gottes sei« (*Verführungsprinzipien*, 19).

Neben außerbiblischen Methoden muss ausdrücklich vor spirituellen Methoden gewarnt werden, deren Wurzeln in nichtchristlichen Religionen oder fernöstlichen Philosophien liegen und deren Praktiken in einer scheinbar »christlichen« Ausprägung Eingang in die evangelikale Frömmigkeit gefunden haben. An dieser Stelle ist u. a. → Richard Foster, der Gründer der → Renovaré-Bewegung, zu nennen. Fosters Beschreibung des → immerwährenden Gebets als eine »Vier-Stufen-Versenkungstechnik«, die als höchste Stufe die Versenkung in die göttliche Gegenwart erreicht, ist »fast identisch mit der Technik, die sie [gläubig gewordene Buddhisten] früher verwendeten, um eine buddhistisch-dämonische Erleuchtung zu erlangen ... Buddhisten streben nach dem Zustand der Leerheit, alles Wollen aufzugeben und ein leeres Gefäß zu werden, im Zustand der Erleuchtung aufzugehen. Gott [der Gott der Bibel] dagegen möchte unser bewusstes Wollen nach ihm und kein leeres passives Geschöpf« (*Gefährliche Stille*, 66, 77).

Feldenkrais, Moshé (1904–1984) war jüdischer Physiker und Begründer der Feldenkrais-Methode, ein bewegungspädagogisches Modell, das der Erweiterung des Körperbewusstseins und letztlich einer Bewusstseinserweiterung dienen soll. Die Feldenkrais-Methode wird in dem Buch *Der Weg zum reifen Selbst* von Moshé Feldenkrais auf dem Buchdeckel mit folgenden Worten empfohlen: »Durch diese Methode können wir lernen, unsere Lebensbedingungen zu verbessern, und das nicht nur physisch, sondern auch emotional, intellektuell und spirituell.« Die Feldenkrais-Methode ist der ganzheitlichen Medizin zuzuordnen und hat im Zuge der »christlichen Psychologie« an Popularität gewonnen.

»Moshé Feldenkrais wollte eine Methode kreieren, die eine neue Freiheit für Körper, Geist und Seele ermöglicht. Das bedeutet eine Befreiung des Selbst aus eigenen Kräften und ist nichts anderes als eine Art Selbsterlösung. Feldenkrais bezeichnete das nicht so, sondern nannte den Vorgang »Selbsterziehung«. Feldenkrais ist ein Beispiel unter vielen, mit denen man versucht, über eine Körperarbeit Einfluss auf Geist und Seele zu nehmen – das Innere des Menschen aufzuschließen. Dazu gehören auch symbolhafte Handlungen wie das Gehen durch ein → Labyrinth« (*Gefährliche Stille*, 31).

- Publikationen: *Das starke Selbst; Die Feldenkraismethode in Aktion; Der Weg zum reifen Selbst; Bewusstheit durch Bewegung.*
- Webseite: www.feldenkrais.de.

Fell, Margaret (1614–1702) wird als »Mutter des Quäkertums« bezeichnet. Sie war von → George Fox fasziniert und heiratete ihn, zehn Jahre nachdem dessen Frau gestorben war. Manche Historiker betrachten die zweite Frau von George Fox, die das Evangelium predigte und zur Ausbreitung des Quäkertums beitrug, als erste Feministin. In einem Traktat begründete sie die gesellschaftliche Gleichstellung von Mann und Frau mit der spirituellen Gleichheit von Mann und Frau. Da Gott der Schöpfer aller Menschen ist, schlussfolgerte Fell, dass sowohl der Mann als auch die Frau in der Lage seien, sich vom »inneren Licht« führen zu lassen und prophetisch zu reden.

Foster, Richard J. ist US-amerikanischer christlicher Theologe der → Quäker-Tradition. Er erhielt einen Bachelor der Theologie an der *George Fox University*. Am *Fuller Theological Seminary* schloss er seine Studien mit einem Doktortitel in Pastoraltheologie ab. Sein wohl bekanntestes Buch *Celebration of Discipline: The Path to Spiritual Growth* erschien 1978 und wurde seitdem vielfach neu aufgelegt und in viele weitere Sprachen übersetzt. Das Buch, das Meditation, Stille und kontemplative Gebetsmethoden ebenso anpreist wie Visualisation, mystische Praktiken des Katholizismus und charismatische Erfahrungen, wurde in den USA mehr als 1 Million Mal verkauft. Das christliche Magazin *Christianity Today* zählt es zu den 10 einflussreichsten Büchern des 20. Jahrhunderts. Die deutschsprachige Ausgabe *Nachfolge feiern – Geistliche Übungen neu entdeckt* übt bis heute großen Einfluss sowohl auf den Protestantismus als auch auf den Evangelikalismus aus. Foster ist Gründer von → Renovaré, einer im Jahre 1988 gegründeten ökumenisch ausgerichteten Organisation, welche die kontemplative Gebetsbewegung international zu verbreiten sucht. Unter anderem war es Fosters Anliegen, den kontemplativen Methoden mehr Gehör im Evangelikalismus zu verschaffen.

Foster war von → Morton Kelsey beeinflusst und schrieb in seinem Klassiker *Nachfolge feiern*: » … Jesus ist, weil er im ewigen Heute lebt und nicht an Zeit und Raum gebunden ist, auch jetzt gegenwärtig in diesem Geschehen, das sich vor zweitausend Jahren abgespielt hat. Sie können also dem lebendigen Christus tatsächlich in diesem Ereignis begegnen, von seiner Stimme angesprochen und von seinen heilenden Kräften berührt werden. Das kann weit über eine Übung unserer Vorstellungskraft [engl. *imagination*] hinausgehen, kann eine echte Begegnung sein. Jesus Christus kehrt dann tatsächlich bei ihnen ein« (33). Kelsey lehrte meditative → Imaginationsübungen und → Visualisierung (Foster nennt dies »Übungen unserer Vorstellungskraft«), die den Kontakt zur jenseitigen Welt ermöglichen und sogar zu einer Begegnung mit »Christus« verhelfen sollen.

Fosters Buch, das mitunter aus den Quellen des Psychologen → Carl Gustav Jung schöpft, der von seinem okkulten → Geistführer Philemon geleitet wurde, enthält eine Sammlung unbiblischer Methoden, die den Leser in einen Mystizismus einführt, der von Christus wegführt und das reformatorische Prinzip *sola scriptura* (allein die Schrift) aufgibt. In seinem Buch *Nachfolge feiern* empfiehlt Foster Autoren wie → Evelyn Underhill, → Morton Kelsey, → Meister Eckhart, → Tilden Edwards und → Thomas Merton.

- Publikationen: *Nachfolge feiern; Der Weg zu Gott führt nach innen: Ein Einstieg ins meditative Gebet; Gottes Herz steht allen offen. Eine Einladung zum Gebet; Leben mit Gott: Wie die Kraft der Bibel uns verändert.*
- Persönliche Webseite: www.richardfoster.com.

Fox, George (1624–1691) war einer der Gründerväter der »Religiösen Gesellschaft der Freunde«, auch als Quäker bekannt. In einem streng puritanischen Glauben erzogen, hatte er bereits im Alter von 19 Jahren mystische Offenbarungen. Quäker wird von dem Englischen *quaker*, Zitterer, abgeleitet. Die These, dass es sich hierbei um eine ursprünglich spöttische Bezeichnung der Gegner für die Anhänger von Fox handelte, da es in ihren Versammlungen zu Konvulsionen (Schüttelkrämpfen) gekommen sei, wird von manchen angezweifelt. Möglicherweise erhielten die Quäker ihren Namen, weil sie das endzeitliche Gericht verkündeten und ihre Zuhörer dazu aufriefen, vor dem nahenden Gericht Gottes zu zittern. Die Quäker betonten die Führung durch das → »innere Licht« sowie durch persönliche Offenbarungen. Die Gottesdienste der Quäker unterschieden sich von traditionellen Gottesdiensten darin, dass sie spontane, »vom Geist geführte« Redebeiträge zuließen und Zeiten der Stille in ihren Versammlungen pflegten. → Richard Foster und → Leonard Sweet stammen aus einem Quäkerhintergrund.

• Publikationen: *Tagebuch von George Fox.*

• Webseite mit Texten von George Fox: www.hallvworthington. com.

Fox, Matthew (geb. 1940) ist ehemaliger Dominikanermönch, Theologe und Vertreter der Naturspiritualität. Er wurde im Jahre 1989 nach 34 Jahren aus seinem Orden ausgeschlossen, nachdem ihm der damalige Kardinal Joseph Ratzinger (Benedikt XVI.) Redeverbot erteilt hatte. Er gründete die *University of Creation Spirituality* und ist Autor von 30 Büchern, die in 48 Sprachen übersetzt wurden. U. a. verfasste er das Buch *The Coming of the Cosmic Christ* (Das Kommen des kosmischen Christus), in dem er darlegt, dass Gott und Christus in allen Dingen seien (→ Pantheismus).

Auf seiner persönlichen Webseite (www.matthewfox.org) heißt es über ihn: »Matthew Fox hat die alte Tradition der Schöpfungsmystik (*Creation Spirituality*) neu belebt ... Diese Tradition ist feministisch, bejaht die Künste und Künstler, rückt Weisheit in das Zentrum, sie ist prophetisch und setzt sich für ökologische Gerechtigkeit und Geschlechtergerechtigkeit ein.« In seinen Werken bezieht er sich auf → Hildegard von Bingen, → Meister Eckhart und Thomas von Aquin. Er hat in der »Techno-Cosmic Mass« (Techno-Kosmische Messe) alte und moderne Traditionen zu einer neuen Form von Gottesdienst zusammengeführt. Jugendliche aus anglikanischen Kirchen in den USA feiern diese »postmoderne Messe«, indem sie liturgische Elemente mit Techno-, Rap- und Rave-Musik und Tanz verbinden.

Als Kardinal Ratzinger im Jahre 2005 zum Papst gewählt wurde, begab sich Fox nach Wittenberg und schlug seine »95 Thesen« (*95 contemporary theses*) an jene Türe der evangelischen Kirche, an welche schon Luther seine 95 Thesen angenagelt hatte und bezeichnete seine eigenen Thesen als die »Neue Reformation«.

In seinen 95 Thesen verwirft Fox das biblische Gottesbild und schreibt, dass Gott Vater und Mutter (These 1) und in unserer Zeit mehr Mutter als Vater ist (These 2). Fox verwirft die Vorstellung eines strafenden Gottes (These 3) und lehrt ausdrücklich, dass »alle Dinge in Gott sind, und Gott in allen Dingen ist (→ Panentheismus)« (These 6). These 11 besagt, dass Religion nicht notwendig ist, wohl aber Spiritualität. Für Fox ist Christus das Licht in allen Dingen, so wie die Buddha-Natur in allen Dingen ist (These 88). Homosexualität ist eine natürliche Sache, eine Gabe Gottes (These 72), der Kosmos ein heiliger Tempel (These 58). In seinen 95 Thesen werden neben Chakras, Meditation, Kontemplation und der → Kabbala auch der Dalai Lama erwähnt.

Fox ist Verfechter der »Tiefen-Ökumene« (*deep ecumenism*). In einem Artikel im *Yoga Journal* schreibt er: »Wir leben heute in einer Zeit, die ich als ›Tiefen-Ökumene‹ bezeichne: religiöser Pluralismus und das gegenseitige Entdecken der spirituellen Traditionen und Praktiken. Diese Entwicklung ist besonders willkommen in Anbetracht der Unwissenheit oder gar Arroganz, die fundamentalistische Vertreter ihres Glaubens an den Tag legen ...« (Fox, *One Truth, Many Paths*).

Matthew Fox empfiehlt → Teilhard de Chardin, den er als → Panentheisten betrachtet.

• Publikationen: *Vision vom Kosmischen Christus. Aufbruch ins dritte Jahrtausend; Schöpfungsspiritualität; Engel – die kosmische Intelligenz; Die Seele ist ein Feld. Der Dialog zwischen Wissenschaft und Spiritualität; Revolution der Arbeit. Damit alle sinnvoll leben und arbeiten.*

• Persönliche Webseite: www.matthewfox.org; www.matthewfox.org/about-matthew-fox/a-new-reformation/95 – theses/ (»Die 95 Thesen« in deutscher Fassung).

Franz von Assisi (~1181–1226), auch Heiliger Franziskus, wurde im Hause eines reichen italienischen Tuchhändlers geboren und zum Kaufmann ausgebildet. Als es zu einer kriegerischen Auseinandersetzung zwischen Assisi und Perugia kam, wurde er ein Jahr in Perugia gefangen gehalten und litt an einer schweren Krankheit.

Ob er in dieser Zeit um 1203 oder in der nachfolgenden Pilgerreise nach Rom, wo er sich um Aussätzige kümmerte, seine Bekehrung erlebte, ist ungeklärt. Franz von Assisi verkaufte das elterliche Erbe, um verfallene Kirchen wiederherzustellen. 1207–1209 lebte er als Einsiedler in der Nähe von Assisi. 1208 soll er im Kloster von Damiano eine Stimme gehört haben, die ihn zu einem Leben in Armut nach Matthäus 10,5-15 berief. Um 1210 pilgert er nach Rom und erhält von Papst Innozenz III. die Erlaubnis, als Bußprediger im Dienst der Kirche zu stehen. Von 1212 bis 1215 pilgerte er als Wanderprediger bis nach Spanien und Frankreich und erreichte 1219 sogar Ägypten und 1220 das Heilige Land. 1223 wurde aus der Bruderschaft des Franziskus ein anerkannter Orden mit einer Ordensregel, die von Papst Honorius III. bestätigt wurde. 1224 zog sich Franz von Assisi auf den Berg La Verna zurück, wo er 40 Tage lang fastete. Er empfing eine Vision des Gekreuzigten in Engelsgestalt, die an Jesaja 6,2 erinnerte. Der Gekreuzigte soll sich ihm zugeneigt haben. Seit dieser Vision trug er als erster Heiliger die Zeichen der Stigmatisation (Wundmale) an Händen, Füssen und an seiner Seite. Der fromme Mönch versuchte allerdings, die Wundmale vor anderen zu verbergen. Erst nach seinem Tode wurden sie für alle sichtbar. Fast blind und gezeichnet von schwerer Krankheit, die sich durch seine extreme Askese verschlimmerte, verfasste er den *Sonnengesang*, in welchem er seinen inneren Einklang mit der gesamten Schöpfung zum Ausdruck brachte. Im Todesjahr des Franz von Assisi umfasste sein Orden bereits über 6000 Brüder. Seine Frömmigkeit ist charakterisiert von der »Umkehrung der natürlichen Empfindungsqualitäten: Ekel, Kälte, Schmerz und Erniedrigung« in »eine Beglückung, die zu begeisterndem Erleben führt« (*Wörterbuch der Mystik*, 165).

Seit Franz von Assisi kam es in der katholischen Kirchengeschichte immer wieder zu Berichten von Stigmatisationen. 1228 sprach Papst Gregor IX. Franz von Assisi bereits zwei Jahre nach seinem Tod heilig. 1235 berichtet Papst Gregor IX. in Assisi von einer Vision, wonach der »süße Jesus mit seinen Händen seine Seitenwunde öffnete, und in seiner Brust erschien der heilige Franziskus ganz deutlich« (*Christliche Mystik im Abendland*, 167). Franz von

Assisi hat zur Verbreitung der Mystik des späten Mittelalters im Klerus wie unter Laien beigetragen und besonders Armut, Buße, Askese und → Kontemplation betont.

• Publikationen zum Thema: Erich Joos & Renate Seelig, *Franz von Assisi und die Sprache der Tiere*; Angela Reinders, *Bruder Sonne, Schwester Mond: Der Sonnengesang des Franz von Assisi*; Walter Nigg, *Franz von Assisi – Denken mit dem Herzen*; Lothar Hardick & Engelbert Grau (Hrsg.), *Die Schriften des Heiligen Franziskus von Assisi*.

Franz von Sales (1567–1622), auch François de Sales, war Bischof von Genf, Ordensgründer, Theologe und Mystiker. In seinem Werk *Einführung in das Frömmigkeitsleben* aus dem Jahre 1608 macht Franz von Sales die »neue, stark individualistische und privatisierte Frömmigkeit des ›geistigen Gebets‹ … auch den in der Welt lebenden Laien zugänglich« (*Wörterbuch der Mystik*, 166). Das »geistige Gebet« hatte meditative Methoden zur Grundlage und war eine »aktive Vorstufe zu mystischen (passiven) Formen des Gebets und der Kontemplation« (ebd.). Schon Franz von Sales hatte in seiner Zeit erkannt, dass die verschiedenen Formen des mystischen Gebets zu einer »Modeerscheinung« geworden waren, die »zu vielerlei Illusionen und Selbsttäuschung« führen konnten. Er betonte die Wichtigkeit eines »geistlichen Führers« für Fortgeschrittene sowie die Teilnahme an den Sakramenten (ebd.).

• Publikationen: *Philothea: Anleitung zum religiösen Leben; Du bist der Gott meines Herzens; Auf heiligen Bergen; Worte des Vertrauens; Die wunderbare Welt; Deutsche Ausgabe der Werke des heiligen Franz von Sales.*

Fuller Theological Seminary ist ein einflussreiches US-amerikanisches theologisches Seminar, das neoevangelikal ausgerichtet ist. Auf dem Campus des im Jahre 1947 gegründeten Seminars werden über 4000 Studenten aus über 60 Ländern und über 100 christlichen Denominationen unterrichtet. Das *Fuller Theological Seminary* verfügt über drei Fakultäten: (1) die theologische Fakultät (*School of Theology*), (2) die psychologische Fakultät (*School of Psy-*

chology) und (3) die Fakultät für Interkulturelle Studien (*School of Intercultural Studies*).

Im Curriculum des Seminars trifft man auf → Geistliche Formung (*Spiritual Formation*). Das Seminar verfügt über einen Prayer Garden (Gebetsgarten), einen stillen Ort, der für Gebet und → Kontemplation geeignet ist. → Richard Foster ist ehemaliger Student des Seminars, an dem er seinen Doktortitel in Pastoraltheologie absolvierte. Das Seminar beschäftigt u. a. Dozenten, die die kontemplative Spiritualität vertreten wie z. B. Susan Phillips, Professorin für Soziologie und Christentum. Phillips war von 2008– 2011 Gastdozentin für *Spiritual Disciplines* und ist Mitglied von *Spiritual Directors International* (www.sdiworld.org), einer interspirituellen Organisation, die es sich zum Ziel gesetzt hat, sowohl die kontemplative Bewegung als auch Friede und Gerechtigkeit global zu fördern.

2011 war → Tony Jones neben Phyllis Tickle und Lauren Winner zu einem informellen Dialog zu Gast im *Fuller* Seminar, um neue Formen der Spiritualität (Emerging Church, kontemplative Bewegung) zu diskutieren. Die drei genannten Personen gehören der Emerging Church an und sind Befürworter kontemplativer Methoden. Tony Jones ist Honorarprofessor am *Fuller* Seminar und doziert seit Juni 2011 über *Christliche Spiritualität*. Jones' empfohlene Lektüre für diesen Kurs schließt Autoren ein wie den katholischen Theologen → Henri Nouwen, den Trapistenmönch → M. Basil Pennington, den Unternehmer Bob Buford, den Friedensaktivisten Jim Forest, einen langjährigen Freund des Trappistenmönchs → Thomas Merton, sowie Dan Kimball, einen Vertreter der → Emerging Church.

Das *Fuller Theological Seminary*, das den fundamentalistischen Evangelikalismus reformieren wollte, konnte sich seit seiner Gründung nicht gegen liberale und ökumenische Tendenzen abgrenzen. Derzeit stoßen im *Fuller* Seminar emergente und kontemplative Philosophien, die nicht selten Hand in Hand gehen, auf offene Ohren.

Der von 1993–2013 amtierende Rektor des Seminars Richard J. Mouw legte 2013 sein Amt nieder; Nachfolger ist Mark Labberton. Mouw wurde unter Evangelikalen kontrovers diskutiert, als er den Dialog mit Mormonen begrüßte und sich in einer Rede im Mormonentempel in Salt Lake City am 14. November 2004 dafür entschuldigte, dass Evangelikale die Mormonen als Sekte bezeichneten (Mouw, *We have sinned*). Dies macht nur zu offenkundig, in welche geistige Richtung sich das Seminar bewegt.

• Webseite: www.fuller.edu.

Gebet der Sammlung (*centering prayer*), auch Stillegebet, zentrierendes Gebet oder kontemplatives Gebet, wurde in den 1970er Jahren von den Trappistenmönchen → Thomas Keating, → William Meninger und → Basil Pennington verbreitet. Beim Gebet der Sammlung handelt es sich um eine moderne Form des kontemplativen Gebets von Mystikern wie → Johannes vom Kreuz, → Teresa von Avila, → Cassian, → Ignatius von Loyola u.a. Thomas Keating gründete im Jahre 1984 das Netzwerk *Contemplative Outreach*, um kontemplative Gebetsmethoden zu fördern und zu verbreiten. Mittlerweile gibt es 120 *Outreach*-Zentren in 39 Ländern der Erde, Deutschland ausgenommen. Über die amerikanische Internetseite *Contemplative Outreach* kann ein deutsches Faltblatt von Thomas Keating über das kontemplative Gebet bezogen werden.

In diesem Faltblatt beschreibt Keating die traditionelle Weise, wie die »Freundschaft mit Christus« durch die → *Lectio Divina* gepflegt wird. Diese Art des »Ruhens in Gott« wird durch das kontemplative, zentrierende Gebet ergänzt. Das Gebet der Sammlung beruht auf der Bibelstelle Matthäus 6,6 und wird deshalb auch als Stillegebet bezeichnet, weil der Beter sich in die Stille seines Kämmerleins zurückzieht. Keating sieht im Stillegebet eine Gabe Gottes. »Es ist das Öffnen von Verstand und Herz – unseres ganzen Seins – für Gott ... Durch Gnade öffnen wir unser Bewusstsein für Gott, von dem wir auf Grund unseres Glaubens wissen, dass er in uns ist ...« Und weiter erklärt er: »Das zentrierende Gebet ist eine Methode, die die Entwicklung des kontemplativen Betens fördert, indem es unsere Fähigkeit für diese Gabe vorbereitet.«

Bei der Methode des zentrierenden Gebets im Gebet der Sammlung wird ein »heiliges Wort« verwendet, das in die Gegenwart Gottes führen soll. Dieses Wort wird lediglich als Symbol betrachtet, welches die Gegenwart Gottes darstellen soll. Das gewählte Wort dient nicht dem Nachsinnen, sondern soll verhindern, dass die Gedanken abschweifen. Dieses Gebet sollte 20 Minuten dauern und zweimal täglich praktiziert werden.

In Deutschland wurde das Gebet der Sammlung erst in jüngster Zeit populär, hauptsächlich durch das wachsende Interesse an der kontemplativen Mystik. Klösterliche Angebote, katholische Meditationszentren sowie das Buch von Jens Söring *Wiederhole schweigend ein Wort* trugen zur Verbreitung bei. Unter der Rubrik Gebet der Sammlung trifft man auf verschiedene weitere Gebetsformen, die sich zwar sehr ähnlich sind, jedoch unterschiedliche Schwerpunkte aufweisen. Hierzu zählen das → Herzensgebet, das Ruhegebet nach Cassian, das → hörende Gebet und → Kything.

• Webseite: www.contemplativeoutreach.org.

Gebetsgebärden umfassen das Ausbreiten und Erheben der Hände, das Formen der Hände zu einer offenen Schale, das kleine und große Kreuzzeichen, das Schlagen an die Brust als Zeichen der Reue, das Verbeugen, das zum Ausdruck bringen soll, dass der Mensch demütig vor Gott ist, Niederknien oder gar Hinwerfen sind nur einige Formen von Gebetsgebärden, die eine engere Verbindung mit Gott versprechen. Auch das meditative Gehen in einer Prozession gehört zu den Gebetsgebärden. → Anselm Grün hat zusammen mit Michael Reepen das Buch *Gebetsgebärden* geschrieben. Das Gebet als ein ganzheitlicher Akt von Geist, Seele und Leib soll »heilende Wirkung entfalten« und »Räume in unserem Leib und unserer Seele auftun, die sonst verschlossen bleiben« (12). Dies soll dazu führen, dass Personen »als Söhne und Töchter Gottes eine innere Weite und Freiheit atmen« (ebd.). Gebetsgebärden werden ferner im Zuge der → Meditation oder → Kontemplation eingesetzt, um das Bewusstsein auf ein Ziel auszurichten. Doug Pagitt, populärer Vertreter der → Emerging Church, bezeichnet das Beten mit dem ganzen Körper als »Body Prayer« und schrieb zu diesem Thema das Buch *Body Prayer: The Posture of Intimacy with God* (Körpergebet: Die Haltung der Intimität mit Gott), das eine Buchempfehlung von → Leonard Sweet enthält, der Meditation mit dem Körper (*embodied meditation*) als Schlüsselprozess gelebter und verkündigter Theologie bezeichnet. In 30 Kapiteln mit Illustrationen von Gebetsgebärden führt Pagitt seine Leser in die Welt »der neuen Wege des Gebets« (X) ein. Man findet hier prophetische Gebete für globale Transformation oder – um sich auf den Rhythmus Gottes einzustimmen – meditative Gebete, die mit besonderen Körperhaltungen Schönheit, Gemeinschaft mit Freunden oder das Wirken Gottes im Leben anderer Menschen fördern sollen, sowie auf Bittgebete um Mut, Vergebung, Heilung und vieles mehr. Die Gebete sind oft von Atemübungen begleitet. Das herkömmliche Gebet wertet Pagitt als Kopfgebet ab.

• Publikationen zum Thema: Doug Pagitt, *Körpergebet* (DVD, Kairos Medien); Willigis Jäger, *Der Himmel in Dir: Einübung ins Körpergebet*; Anselm Grün & Michael Reepen, *Gebetsgebärden*.

Geistführer sind Geistwesen aus dem Jenseits, die Informationen und Führung an medial veranlagte Personen übermitteln. Bei dieser Praxis handelt es sich um Spiritismus. Der Psychologe → Carl Gustav Jung wurde zeitweise von seinem Geistführer »Philemon« geleitet; die Esoterikerin Alice Bailey empfing Informationen ihres Geistführers »Djwhal Khul«; die Psychologin → Helen Schucman wurde von dem Geistführer namens »Jesus« geleitet, und der → New-Age-Autor Neale Donald Walsch war inspiriert von einem Geistführer, der sich »Gott« nannte. Die Bibel lehnt Spiritismus in jeglicher Form ab (5Mose 18,10 – 12).

Geistliche Exerzitien → Ignatius von Loyola

Geistliche Formung → Spiritual Formation

Geistliche Schriftlesung → Lectio Divina

Geistliche Übungen → Ignatius von Loyola

Gesellschaft der Freunde christlicher Mystik e.V. wurde 1987 durch den Mystikforscher Dr. Wolfgang Böhme und den Jesuiten

Dr. Josef Sudbrack mit derzeitigem Sitz in Karlsruhe gegründet. Über die Ziele der Gesellschaft klärt die Internetseite des Vereins auf: »Entsprechend dem Gründungsgedanken will sie dazu beitragen, die reichen Traditionen christlicher Spiritualität und Mystik einer breiteren Öffentlichkeit bekannt und somit für ein gegenwärtiges Christentum fruchtbar zu machen ... Zunehmend wichtig ist es uns geworden, über Wege der geistlichen Übung Auskunft zu geben und den Austausch unter Menschen zu fördern, die einen solchen Weg beschreiten (oder beschreiten wollen).« Vorsitzender der Gesellschaft ist seit 1999 Professor → Dr. Peter Zimmerling.

• Webseite: www.freunde-der-mystik.blogspot.de.

Gregor von Nyssa (~331–395), auch Gregorius oder Gregorios, war Bischof und Kirchenlehrer. Gelegentlich wird er als der »Vater der christlichen Mystik« bezeichnet. Gregor von Nyssa lehrte eine dreistufige Mystik. Nach der ersten Stufe der Reinigung folgt die → Erleuchtung und schließlich als dritte und höchste Stufe das Einswerden mit Gott. Diese drei Stufen des Aufstiegs der Seele ordnete er den Sakramenten Taufe, Firmung und Eucharistie zu. Unter der Vereinigung mit Gott stellte sich Gregor von Nyssa allerdings keine vollständige Einswerdung oder Verschmelzung der Seele mit Gott vor, sondern die Seele würde lediglich Gott »angeglichen«. Um diese höchste Stufe der Vereinigung oder Angleichung der Seele mit Gott und die beglückende Gemeinschaft mit dem Höchsten zu erlangen, müsse sich die Seele kontemplativer Übungen hingeben.

• Publikationen: *Des heiligen Bischofs Gregor von Nyssa Schriften.*

Gregor vom Sinai (~1255–1346), auch Gregor Sinaites, war byzantinischer Mönch. Er lebte in Syrien, Zypern, Israel und Griechenland. »Auf Kreta lernt er die asketischen Übungen durch Schau zu ergänzen; sie führt zur Erleuchtung durch Gebet, Ruhe und Wachsamkeit des Geistes« (*Wörterbuch der Mystik*, 206). Das → Herzensgebet führte Gregor vom Sinai in das Schauen des Taborlichts. Darunter wird jenes Licht verstanden, das Petrus, Jakobus und Johannes auf dem Berg der Verklärung sahen (Mt 17,1-8). Gemäß außerbiblischen Quellen soll es sich um den Berg Tabor am Ostrand der Jesreelebene in Nordisrael gehandelt haben. Nur in einem Zustand der vollkommenen → Passivität, in einer inneren wie äußeren Ruhe, war es dem Mystiker möglich, die Offenbarung des Taborlichts zu empfangen. Das Taborlicht, das als eine unmittelbare Gotteserfahrung betrachtet wurde, galt als Licht, das nicht der Schöpfung dieser Welt zuzurechnen war.

Griffin, Emilie ist US-amerikanische Autorin von 16 Büchern. Sie schrieb u. a. das Buch *Simple Ways to Pray: Spiritual Life in the Catholic Tradition (Einfache Wege des Gebets: Spirituelles Leben in der katholischen Tradition, 2005)*, in dem sie neben vielen anderen Themen → Kontemplation, → Schriftmeditation und → Rosenkranzgebet behandelt. Emilie Griffin war Mitarbeiterin an der → Renovaré-Bibel. Ferner hat sie gemeinsam mit → Richard Foster als Herausgeberin das Buch *Spiritual Classics: Selected Readings on the Twelve Spiritual Disciplines* (2000) veröffentlicht. In diesem Buch kommen die »hellsten Lichter der christlichen Tradition« zu Wort (*Spiritual Classics*, Rückseite). Hierzu zählen u. a. → Thomas Merton, → Teilhard de Chardin, → Hildegard von Bingen.
• Persönliche Webseite: www.emiliegriffin.com.

Grün, Anselm (geb. 1945), Benediktinerpater, wurde in einem Artikel als »der schüchterne Geistliche mit dem charakteristischen Spitzbart« beschrieben, der »zu einer Art Popstar der katholischen Kirche in Deutschland avanciert. Seine esoterisch-frommen Werke wie *Zur inneren Balance finden* und *Herzensruhe* sind Bestseller und wurden bisher in 28 Sprachen übersetzt. So zählt der Benediktinermönch weltweit zu den bedeutendsten zeitgenössischen Autoren spiritueller Literatur« (Lindner, *Anselm Grün*).
Anselm Grün ist Autor von über 30 Büchern und gern gesehener Gast in Talkshows. Grün greift auf die Tiefenpsychologie → C. G. Jungs zurück und legt die biblischen Texte als Bilder aus, über die es zu meditieren gilt. »Im Grunde werden die biblischen Texte so gedeutet wie Jung die Träume gedeutet hat« (Schmid, *Krumme Wurzeln*, 7). Grün glaubt, dass die Lehre des stellvertre-

tenden Sühnetods Christi neu interpretiert werden muss, da es sich um ein grausames Gottesbild und eine aggressive Erlösungsvorstellung handelt. Nur eine Neudeutung dieser biblischen Inhalte kann dem modernen Menschen zugemutet werden.

Anselm Grün schöpft aus den Quellen des → Zen-Buddhismus, der griechischen Philosophie und der Gnosis. Für Grün ist »Gott im göttlichen Kern des Menschen«, Christus ist »ein Symbol für das Selbst des Menschen. Das Selbst ist das ganzheitliche Zentrum im Menschen« (Schmid, *Krumme Wurzeln*, 15). Damit negiert Grün die biblische Lehre der Sündenvergebung durch den Tod Christi am Kreuz von Golgatha.

Wie sehr Grün dennoch im Katholizismus verhaftet bleibt, zeigen seine Aussagen in einem seiner Bücher. Er betet nicht nur für die verstorbenen Angehörigen, sondern fühlt sich ihnen gar verbunden. Dies wird »dann oft auch zu einem Gespräch mit dem Verstorbenen und zu einer Bitte an ihn, mich zu begleiten und mich zu bewahren vor einem Verfehlen meines Lebens« *(Wenn ich in Gott hineinhorche*, 42).

Alexander Seibel kommt in Bezug auf Grüns Totenkult zu dem Schluss: »Hier ist unzweideutig erkennbar, wie der Mystiker bewusst unbewusst, hier ganz bewusst, statt unter dem Heiligen Geist unter der Leitung eines Totengeistes steht. Es bestätigt auch, dass die Kehrseite der Gnosis der Spiritismus ist und Rom wegen seines starken Bezugs zu den Verstorbenen, von Heiligen bis Fegefeuer, hier besonders anfällig ist. Man muss schon sehr verblendet sein, wenn man aus solch einer Quelle noch Brauchbares für die Gläubigen schöpfen möchte« (Seibel, *Wer ist Anselm Grün?*).

Eugen Schmid verweist darauf, dass Anselm Grün offenkundig die momentane Seelenlage der Christen gut anzusprechen vermag und gibt zu bedenken, dass sich Grün zwar christlich gibt, obgleich seine Weltanschauung dies nicht ist. Schmid weist auf die Gefährlichkeit einer Religionsvermischung hin, die in einem christlichen Gewande in Erscheinung tritt, und kommt zu dem Schluss: »Dies vermittelt dem Publikum, dass dieses Denken doch auf die Wurzeln des Christentums zurückgeht und damit authentisch christlich sei. Dabei wird das christliche Gedankengut in esoterisches Christentum umgedeutet. Insofern ist auch Grün als New-Age-Vordenker zu beurteilen, der ein antichristliches Denken verbreitet. Antichristlich ist es deshalb, weil er Christus uminterpretiert als Selbst. Damit verkündet er einen anderen ›Christus‹« (*Krumme Wurzeln*, 16).

* Publikationen: *Herzensruhe: Im Einklang mit sich selber sein; Einfach leben: Das große Buch der Spiritualität und Lebenskunst; Mit Anselm Grün zur inneren Balance finden; Das Buch der Lebenskunst; Das große Buch vom wahren Glück; Krumme Wurzeln; Mystik: Den inneren Raum entdecken; Die heilsame Kraft der inneren Bilder; Der Himmel beginnt in dir: Das Wissen der Wüstenväter für heute.*
* Persönliche Webseite: www.anselm-gruen.de.

Harman, Willis (1918–1997) war US-amerikanischer Sozialwissenschaftler, Futurologe und Autor von mehr als zehn Büchern. Harman war Präsident des 1973 gegründeten *Institute for Noetic Science* (*Institut für Noetische Wissenschaft*) in Kalifornien. Die Noetik ist die Lehre vom Erkennen (Erkenntnistheorie) und gilt als philosophische Grenzwissenschaft, welche die Erkenntnisse der Logik, Physik, Esoterik, Psychologie und Parapsychologie zusammenfasst. Erkenntnis wird als umfassender Bewusstseinsvorgang aufgefasst.

Die Synthese aus mystischer Spiritualität und Wissenschaft findet schleichend Einzug in die christlichen Kirchen und vollzog sich aus Sicht von Berit Kjos nicht zufällig. Seit Jahrzehnten setzen sich einflussreiche Führer der christlichen Gemeinde für »eine neue Art zu denken« (*rethinking, reinventing*) sowie für eine Religion ein, die erfahrbar und erlebbar ist. Diese Leiter sprechen sich für das Ende der Spaltungen und Trennungen und mehr Inklusivismus und Einheit aus, um ihre Vision eines irdischen »Königreichs Gottes« voranzubringen.

Kjos erläutert, dass selbst der Evangelikalismus von Harmans Auffassungen nicht unberührt blieb. In einem Artikel in *Christianity Today* mit dem Titel *The Higher Self Gets Down To Business* (Februar 2003) wird auf Willis Harman verwiesen. Kjos zitiert aus dem Artikel: »Die esoterische Anwendung von gewöhnlichen

Worten wie *Selbstverwirklichung, Intuition* und *Visualisation* in der *New-Business*-Spiritualität kann man nicht verstehen, ohne etwas über ihre Bedeutung zu wissen, welche Vorstellungen über den Kosmos sie beinhalten, wie sie von ihrem inoffiziellen Vater, dem Metaphysiker und Futurologen Willis Harman, definiert wurden. *Noetik* kommt aus dem Griechischen und steht für intuitives Wissen. Intuition war für Harman mehr als nur ›Bauchgefühl‹ sondern das eigentliche Mittel, *um den universellen Geist (Universal Mind) zu verbinden.* Auch die Visualisation war für ihn nicht nur eine Möglichkeit, um Ziele klar anzuvisieren, sondern um die materielle Realität zu verändern.« Berit Kjos konstatiert, dass Harmans Gedankengut von evangelikalen Leitern ohne Protest aufgenommen wurde (*Mysticism and Global Mind Change*).

1979 wandte sich Harman während der Konferenz *Continuing Consultation on Future Evangelical Concerns* (Konsultation über evangelikale Anliegen der Zukunft) mit seiner Rede an so bekannte evangelikale Leiter wie Leighton Ford (Vizepräsident der *Billy Graham Evangelisitic Association*), Howard Hendricks (Professor am *Dallas Theological Seminary*, Dispensationalismus), Ralph Winter (*US Center for World Mission*) und andere ohne nennenswerte Gegenwehr gegen Harmans okkult-theosophische Auffassungen. In einem Transkript der Konferenz wird sogar von »gemeinsamer Grundlage« zwischen Harman und den evangelikalen Leitern gesprochen. Ziel Harmans war es, eine transformierte Gesellschaft zu schaffen. Die transmoderne Gesellschaft, die sich aus Sicht Harmans derzeit herausbildet, wird auf einer holistischen [ganzheitlichen] und transzendentalen [übernatürlichen] Metaphysik gegründet sein, wo äußeres Wissen durch »inneres Wissen« (Intuition, Mystik, Eingebung, Erleuchtung) ersetzt werden wird.

Um Harmans mystisches Gedankengut und globale Visionen in die christliche Gemeinde einzuführen, werden diverse Wege beschritten. Kjos kommt zu dem Schluss: »Eine der offenkundigsten Strategien … ist die verführerische Vermarktung mystischer Methoden und okkulter Philosophien in Büchern wie *The Secret* von Rhonda Byrne (dt. Titel: *Das Geheimnis*; Byrne ist New-Age-Autorin und war in der SPIEGEL-Bestsellerliste im Jahr 2007 auf Platz 2 und im Januar 2013 immerhin noch auf Platz 18) oder *Quantum Spirituality* von → Leonard Sweet. Weniger sichtbar, aber genauso effektiv, sind die großen Leiterschaftskonferenzen, um christliche Pastoren und Leiter in einem sozialen Kontext auszubilden, der ein ›vernetztes Denken‹ wiederherstellt und den Dialog erleichtert, um sie schließlich als *Change Agents* [Agenten der Veränderung, Erneuerer des Wandels] auszusenden – Missionare für eine neue Weltordnung, die entschlossen sind, sowohl die Gemeinde als auch die Welt zu transformieren« (*Mysticism and Global Mind Change*). Leonard Sweet empfiehlt Harman und bezeichnete ihn als einen »Führer des Neuen Lichts« (*New Light Leader*). Harmans Thesen fallen u. a. in der → Emerging Church auf fruchtbaren Boden. Vertreter der Emerging Church fordern eine umfassendere Weltsicht und ein holistisches Christentum.

- Publikationen: *Bewusst-Sein im Wandel; Future Work. Trends für das Leben von morgen* (Co-Autor John Hormann); *Die Kunst, kreativ zu sein* (Co-Autor Howard Rheingold).
- Webseiten: www.noetic.org; deutschsprachig: www.noetik.net.

Herzensgebet, auch als Atemgebet, Jesusgebet oder immerwährendes Gebet bezeichnet, geht auf die → Wüstenväter des 3. Jahrhunderts nach Christus zurück. Die fortwährende Wiederholung eines Gebetswortes wie »Herr Jesus Christus, erbarme dich meiner« oder eines kurzen Bibelverses folgt dem Rhythmus des Atmens. Ziel des Herzensgebets ist es, das Nachdenken auszuschalten, damit das Gebetswort seine reinigende und erlösende Kraft nicht im Kopf, sondern im Herzen des Menschen entfalten kann und den Betenden in die Gegenwart Gottes führt. Die zitierten Worte sollen sich als Gebetshaltung ins Bewusstsein eingraben, so dass es möglich wird, *jederzeit* im Alltag zu meditieren, daher auch die Bezeichnung *immerwährendes* Gebet. Diese Methode weist viele Gemeinsamkeiten mit der fernöstlichen Praxis der → Mantra-Meditation auf. Nach der Abspaltung von der Westkirche wurde dieses Gebet von den Gläubigen der Orthodoxen Kirche Russlands und Griechenlands weiterhin gepflegt. In der Kirche des Ostens ist es auch als Jesusgebet bekannt und wird bis heute von orthodoxen

Christen gebetet. Im 20. Jahrhundert fand im Zuge einer Rückbesinnung auf das Herzensgebet eine Wiederbelebung dieser alten Tradition des Gebets statt, nicht zuletzt durch die 1974 erschienene Ausgabe des Buches *Aufrichtige Erzählungen eines russischen Pilgers,* das von dem Benediktiner → Emmanuel Jungclaussen herausgebracht wurde. Das Buch eines unbekannten russischen Schriftstellers erzählt die Geschichte eines Pilgers, der das biblische Wort »betet ohne Unterlass« zu verwirklichen sucht. Dieses Werk gilt als ein Klassiker der russisch-orthodoxen Spiritualität. Bei → Cassian wird das Herzensgebet auch als Ruhegebet bezeichnet. Im Zuge einer »Re-Spiritualisierung« der evangelischen Kirche leistet u. a. → Christina Brudereck einen Beitrag zur Verbreitung des Atemgebets.

»Beim Ruhe- oder Herzensgebet kann jeder mitmachen. Er muss nur glauben, dass es einen Gott gibt – besser: irgendeine höhere Instanz, von der er sich keine Vorstellung machen darf. Der Betende muss bereit sein, all das, was seine Personhaftigkeit ausmacht, aufzugeben, sie abzuschalten. Er muss sich als von Gott geschaffenes individuelles geistiges Wesen der höheren Instanz opfern. Man könnte auch zugespitzt formulieren: Es muss einer völlig unbekannten Gottheit ein Menschenopfer gebracht werden. Um das zu vollziehen, bedarf es eines Herunterleierns von quasi sinnlosen Gebetsinhalten, denn man darf ja über den Inhalt nicht nachdenken. Wenn man sich so immer weiter und immer weiter in sich selbst versenkt hat, soll man angeblich eine Stille- und Ruhedimension erreichen, in der sich dann plötzlich eine okkulte Energiequelle öffnet. Aus ihr ergießen sich quasi heilsame Ströme, die einen Menschen total verändern können. Die Exerzitienmeister des Ruhegebets nennen das den ›Empfang der zugedachten Gnade‹. Und dafür scheinen sich immer mehr Menschen im entchristlichten Abendland zu interessieren« (*Gefährliche Stille,* 190 – 191).

Hildegard von Bingen (~1098–1179) gilt als eine der wichtigsten Vertreter der mittelalterlichen Mystik. In ihren Werken befasste sie sich nicht nur mit Religion, sondern schrieb auch über Medizin, Musik und Kosmologie. Die Benediktinerin reiste mehrfach durch das Land, um die Sünden unter Priestern und Laien zu rügen. Hildegard von Bingen erfuhr regelmäßig auftretende Visionen, die nach eigenen Aussagen um 1141 besonders stark wurden. Sie bezeichnete ihre Visionen, die sie bereits im Alter von drei Jahren empfing, als »die geheimen Mysterien Gottes«. Im Gegensatz zu den meisten anderen Mystikerinnen erlebte sie ihre Visionen im Wachbewusstsein, während nahezu alle anderen Mystiker der christlichen Geschichte »immer wieder von ekstatischen Schauungen berichten, bei denen der Leib in Katalepsie (Erstarrung) bzw. Trance verfällt und das normale Tagesbewusstsein aufgehoben ist« (*Christliche Mystik im Abendland*, 148). Beunruhigt über die häufig auftretenden Visionen holt sie sich um 1140 den Rat von → Bernhard von Clairvaux ein, von dem sie sich erhofft, dass er ihre Visionen anerkennt. Bernhard von Clairvaux reagiert sehr zurückhaltend auf ihre Anliegen. In einer ihrer Visionen befiehlt Gott der Nonne, ihre Gesichte niederzuschreiben. Erst 1147 erhielt sie durch Papst Eugen III. die Erlaubnis, ihre Visionen zu veröffentlichen. Sie war eine tiefe Verehrerin Marias und galt in ihrer Zeit als Universalgelehrte.

Am 7. Oktober 2012 ernannte Papst Benedikt XVI. Hildegard von Bingen zur »Kirchenlehrerin«. → Richard Fosters populäre Bücher *Nachfolge Feiern* und *Spiritual Classics* schöpfen aus den Quellen Hildegard von Bingens kontemplativer Mystik. Ihre medizinischen Werke finden heute in der alternativen Heilkunde Anwendung, obgleich sie fragwürdige Methoden wie Beschwörungen und Kräuteranwendungen enthalten, welche die »Körpersäfte im Leib« ins Gleichgewicht bringen sollen. »Sie führte einen fieberhaften Zustand auf Verstopfung zurück und will mit Einreibungen und/oder Aderlass Abhilfe schaffen« (Souvignier, 91). Ihr Rezept gegen Haarausfall bestand darin, das Fett eines Bären mit der Asche des Strohs von Weizen zu mischen und auf dem Kopf aufzutragen und so lange wie möglich zu belassen, und gegen Gelbsucht verordnete sie, dass der Betreffende eine Fledermaus auf seinem Rücken festband, bis diese tot war. An die Heilkraft von Edelsteinen glaubte die katholische Nonne ebenso wie an das Austreiben von Dämonen. Um Isabel de San Jerónimo von Melancholie zu befreien, zog

Hildegard von Bingen Pater Juan de la Cruz zu Rate und bat ihn, einen Exorzismus an der Ordensschwester durchzuführen (Souvignier, 160). Dies sind die dunklen, okkulten Wasser, aus welchen die kontemplative Bewegung schöpft.

- Publikationen: *Über die Liebe; Ursprung und Behandlung der Krankheiten; Der Mensch in der Verantwortung: Das Buch der Lebensverdienste; Das Buch vom Wirken Gottes.*
- Webseite: www.hildegard.de (Naturheilmittel nach Hildegard von Bingen).

Hinduismus ist nach dem Christentum und Islam die drittgrößte Religion. Der Hinduismus weist eine Vielzahl religiöser Gruppen auf. Die Veden sind die heiligen Schriften der Hindus, die für sie höchste Autorität besitzen. Nach hinduistischer Vorstellung muss die unsterbliche Seele des Menschen, *Atman*, solange als Tier oder Mensch wiedergeboren werden (Seelenwanderung/Reinkarnation), bis sie in der endgültigen Erlösung in der Weltseele (Gott), *Brahman*, aufgeht. Die Taten im irdischen Leben entscheiden darüber, in welcher Form die Wiederverkörperung (Reinkarnation) erfolgt. Gute Taten bringen ein gutes Karma, schlechte Taten ein schlechtes Karma. Ein gutes Karma wirkt sich günstig für das kommende Leben aus. Ziel des Hindu ist es, den Kreislauf der Reinkarnationen durch → Yoga, → Askese und → Mantras zu überwinden. Durch Meditation kann eine Person ihre → Erleuchtung erfahren und mit dem kosmischen Bewusstsein *Brahman* eins werden. Von Vertretern der → New-Age-Bewegung wird *Brahman*, die Weltseele oder das universelle Bewusstsein, häufig mit dem → »Christus-Bewusstsein« identifiziert. Der Begriff »Christus-Bewusstsein« ist jedoch seinem Inhalt nach mit der biblischen Christologie unvereinbar.

Um die unterschiedlichen hinduistischen Strömungen zu vereinen, leistete der Inder Sri Ramakrishna (1834–1886) einen großen Beitrag. Er erkannte Wahrheit in allen Religionen und lehrte, dass alle Religionen einen Weg zu Gott darstellten. Das höchste Ziel für Ramakrishna war die Einswerdung einer Person mit Gott – die Erfahrung »Ich bin Gott«. Sein Schüler Swami Vivekananda (1863–1902), bedeutender Vertreter des Neo-Hinduismus, rief bei seiner Rede vor dem → *Parlament der Weltreligionen* im Jahre 1893 aus: »Auf, indische Spiritualität, erobere die Welt!« (Eberlein, 114-115).

Hörendes Gebet, auch prophetisches Gebet genannt, ist eine Gebetsform, bei der das Hören auf Gottes Reden in einer aktuellen persönliche Situation im Mittelpunkt steht. Beim hörenden Gebet finden sich Beter zusammen, die von einer bestimmten konkreten Situation nichts wissen, um auf Gott zu hören oder sich in der Stille Eindrücke schenken zu lassen, um Wegweisung von Gott zu empfangen. Die Theologen Ursula und Manfred Schmidt von der GGE (*Geistliche Gemeindeerneuerung der Evangelischen Kirche*) haben diese Form des Betens durch ihren Dienst in Deutschland populär gemacht.

• Webseite: www.hoerendesgebet.de.
• Publikationen zum Thema: Ursula & Manfred Schmidt, *Hörendes Gebet*; Ursula & Manfred Schmidt, *Hörendes Gebet: Grundlagen – Praxis – Wachstum*; Amy & Judge Reinhold, *Komm in die Stille: Den Segen des hörenden Gebets neu entdecken*; Dave & Linda Olson, *Hörendes Gebet – Meine Schafe hören meine Stimme*.

Huggett, Joyce ist britische Autorin, Seelsorgerin und Veranstalterin von Einkehrtagen. Sie ist Mitarbeiterin im Renovaré-Team für Großbritannien und Irland (www.renovarelife.org). Zu ihren Büchern zählen u. a. *Open to God*, *Learning the Language of Prayer* und *Listening to God*. Sie lehrt über → Visualisation, → imaginative Kontemplation und → Meditation.

Hybels, Bill (geb. 1951) ist Gründer der 1975 entstandenen *Willow Creek Community Church* in South Barrington, Illinois. Die *Willow Creek Community Church* gehört zu den Megagemeinden der USA mit einem durchschnittlichen Gottesdienstbesuch von 24000 Personen in den Sonntagsgottesdiensten. Hybels ist Autor einer Reihe von Büchern sowie Gründer der *Willow Creek Association* im Jahre 1992, die mit 9000 assoziierten Gemeinden aus 45 Denominationen in 45 Ländern globale Ausstrahlungskraft besitzt. Ferner gründete er 1995 *The Global Leadership Summit*, das jährliche Konferenzen für christliche Leiter veranstaltet und in bis zu 70 Ländern ausgestrahlt wird. Der deutschsprachige Raum wird durch *Willow Creek Deutschland* (www.willowcreek.de) erreicht.

Inwiefern Hybels selbst mystische Methoden praktiziert, bleibt im Dunkeln. Dass er aber vor allem seit den 1990er Jahren unverhohlen mystische Praktiken fördert, wird aus folgenden Tatsachen ersichtlich. 1995 wurde in Hybels Gemeinde der Dienstbereich → Spiritual Formation unter Leitung von → John Ortberg und → Ruth Haley Barton ins Leben gerufen. Ein Sprecher der *Small Groups Conference* 2005 war → Larry Crabb, der kontemplative Methoden lehrt. Die Herbstausgabe des Magazins *Willow* aus dem Jahre 2007 trug den Titel *Ministry Shifts* (Veränderungen im Dienst). Nach einer ernüchternden Studie über das geistliche Wachstum der Mitglieder seiner *Willow Creek* Gemeinde musste Hybels nach über 30 Jahren *Willow Creek* einräumen: »Wir haben einen Fehler gemacht.« Die Studie brachte ans Licht, dass das geistliche Wachstum der *Willow Creek*-Gemeindeglieder nur sehr kümmerlich ausgefallen war. Daraus sollten nun die Konsequenzen gezogen werden: Ein Wandel im Dienst (*Ministry Shifts*) sollte eingeleitet werden. Die Herbstausgabe von *Willow* 2007 kündigte im ersten Artikel *Seismic Shifts* (Richtungsweisende Veränderungen, 5-9) die neue Ausrichtung an. Der Autor Kevin Harney sprach von Veränderungen, die in Zukunft das geistliche Wachstum der *Willow Creek* Gemeinde sicherstellen sollte. Doch anstatt einer grundlegenden Neuorientierung folgt *Willow Creek* den althergebrachten Methoden des Gemeindepragmatismus, lediglich in einer abgewandelten Form. Kritiker von *Willow Creek* sahen in dem angekündigten Wandel sogar einen mystischen Paradigmenwandel (Lighthouse Trails, *No Repentance*) – und das zu Recht. Der zweite Artikel der Herbstausgabe 2007 von Keri Wyatt Kent trug nämlich den Titel *Rediscovering Spiritual Formation* (Wiederentdeckung der Geistlichen Formung, 10-3). Keri Wyatt Kent, Autorin mehrerer Bücher und Leiterin bei Einkehrtagen, zeigt in ihrem Artikel auf, dass kontemplative Methoden in Zukunft trotz der Vorbehalte konservativer Christen zur neuen Ausrichtung von *Willow Creek* gehören sollen. Kent erwähnt in ihrem Artikel → Richard Foster, → Ruth Harley Barton, → Dallas Willard und den Franziskanerpater → Richard Rohr positiv. Auch Vertreter der → Emerging Church werden in ihrem Artikel empfohlen. Es wäre nicht übertrieben, von einer → emergent/mystischen Neuausrichtung von *Willow Creek* zu sprechen.

Ein weiterer Hinweis für die mystische Neuausrichtung von *Willow Creek* sind die Buchempfehlungen. Regelmäßig wurden im *Willow Creek*-Buchshop (USA) Bücher von Autoren angeboten und empfohlen, die kontemplative Methoden lehren. Hierzu gehören → Thomas Merton, → Henri Nouwen, → Richard Foster, Ruth Harley Barton, → Thomas Keating, → Tilden Edwards, → Dallas Willard u. a. Überdies schrieb Hybels mehrfach Buchempfehlungen für kontemplative Autoren wie z. B. für Dallas Willard (*The Spirit of Disciplines*). Im Willow-Shop der deutschen *Willow Creek*-Webseite sind zahlreiche Bücher und Vorträge von Autoren zu finden, die die kontemplative Mystik befürworten oder lehren. Hierzu zählen Richard Foster, → Peter Scazzero, → John Ortberg, → Ulrich Eggers, → Brennan Manning, Henri Nouwen und Dallas Willard. Zu den → emergenten Vertretern, die im deutschen Willow-Shop angeboten werden, zählen u. a. → Brian McLaren, → Rob Bell, Michael Frost, Alan Hirsch, Erwin McManus, → Shane Claiborne und Tobias Faix.

- Publikationen: *Gottes leise Stimme hören: Die lebensverändernde Kraft der leisen Stimme Gottes; Die Kunst des Führens: Meine Führungsprinzipien auf den Punkt gebracht; Aufbruch zur Stille: Von der Lebenskunst, Zeit für das Gebet zu haben; Der Gott, den du suchst.*
- Persönliche Webseite: www.billhybels.org.
- Weitere Webseiten: www.willowcreek.com (*Willow Creek Association*), www.willowcreek.org (*Willow Creek Community Church*), www.willowcreek.de (*Willow Creek Deutschland/Schweiz*)

Ignatius von Loyola (1491–1556) war Mitbegründer des Jesuitenordens und wichtiger Mitstreiter in der Gegenreformation. Der aus einem baskischen Adelsgeschlecht stammende Ritter zog sich

1521 bei der Verteidigung Pamplonas eine Kriegsverwundung zu. Während seiner Genesung vertiefte er sich in die Bibel und erlebte nach tiefer Buße eine Lebensumkehr. Der als Ritter ins Krankenlager des Klosters von Montserrat gebrachte Adelsmann verließ diese Stätte als Bettler und Mönch und verfasste die *Geistlichen Übungen*, auch als *Geistliche Exerzitien* bezeichnet, um sein inneres Erleben für andere nachvollziehbar zu machen. Die Exerzitien des Ignatius bestanden aus vier Etappen und erstreckten sich über einen Zeitraum von vier Wochen. Die erste Etappe war der Überführung der Sünde und einer durch Buße bewirkten Reinigung der Seele gewidmet. Die zweite Etappe war auf den Dienst und die Nachfolge Christi mit Geist, Seele und Leib ausgerichtet. Die dritte und vierte Etappe war von Meditation über das Leiden und Sterben Christi sowie seiner Auferstehung gekennzeichnet. Die Exerzitien sollten schweigend durchgeführt werden.

Ulrich Skambraks schreibt über den »neuen evangelikalen Mystik-Star Ignatius von Loyola«:

»Als Zeitgenosse Luthers engagierte er [Ignatius von Loyola] sich stark in der Gegenreformation und bezeichnete sich selbst als ›Antiluther‹. So gelang es ihm beispielsweise, Österreich, das damals zu 94 Prozent protestantisch war, für den katholischen Glauben brutal zurückzuerobern. Sein Hauptwirken bestand allerdings darin, Übungen, ›Exerzitien‹, zu entwerfen, um die Mystik praktisch anwendbar zu machen. Rudi Holzhauer schreibt in seinem Buch *Verführungsprinzipien* dazu: ›So erweist sich Ignatius als genialer Methodiker. Der Stoff der Übung stammt größtenteils aus der Mystik. Das Neue ist, dass hier Mystik exerziert und einem bestimmten Zwecke dienstbar gemacht wird. Der Mystiker sucht in seinen Übungen die Vereinigung der Seele mit Gott. Seine Haltung und sein Ziel sind rein religiös. Die Übungen des Ignatius sollen das ›sentire cum ecclesia‹ erreichen, das völlige Opfer des Willens und des Verstandes zugunsten der kirchlichen Disziplin und Lehre.‹ Dass in einem evangelikalen Buch und auch an mehreren Stellen im Ideenheft zum *Jahr der Stille 2010* ein solcher Protestantenhasser und -verfolger unkritisch empfohlen wird, ist schon ein Skandal für sich. Vielleicht sollte man den Sympathieträgern

Roms und ökumenischen Brückenbauern die Worte des englischen Predigers Martyn Lloyd-Jones in Erinnerung rufen: ›Ihr, die ihr euch freut über diese Annäherungen an Rom, lasst mich euch feierlich warnen. Ihr verachtet das Blut der Märtyrer.‹« (*Gefährliche Stille*, 70-71)

• Publikationen: *In allem – Gott; Die Exerzitien; Bericht des Pilgers; Geistliche Übungen.*

Imagination ist die Fähigkeit, sich Vorstellungen von Ereignissen, Personen oder Dingen visuell im Denken zu vergegenwärtigen. Imagination wird in der → Meditation, beim → katathymen Bilderleben und bei der → Kontemplation angewendet, oft im Zusammenhang mit → Atemübungen. Imagination dient der Bewusstseinserweiterung. Der Psychologe → Carl Gustav Jung führte den Begriff Imagination in die Psychotherapie ein und betrachtet innere Bilder als Kontaktstelle zwischen Bewusstem und Unbewusstem. »Nach C.G. Jung tritt in der aktiven Imagination die transzendente Funktion des seelischen Lebens in Erscheinung, d.h. jene Funktion, durch welche sich eine Synthese der bewussten und unbewussten Persönlichkeit ergibt« (*Türen nach innen*, 132). Der aktiven Imagination geht die passive Imagination voraus, bei welcher es gilt, »das Bewusstsein von Willensimpulsen zu entleeren und das diskursive Denken und Vorstellen stillzulegen« (ebd., 132; siehe → Passivität). Im Unterschied zum → Zen, bei dem im Verlauf einer Meditation ebenfalls Bilder aus der Tiefe der Seele aufsteigen, denen man jedoch keine Beachtung schenken soll, werden die Bilder und Phantasien bei Jungs aktiver Imagination als »Wegweiser zur Selbst-Werdung« betrachtet (ebd., 135).

Immerwährendes Gebet → Herzensgebet

Innere Heilung spielt vor allem in der → christlichen Psychologie eine wichtige Rolle. Insbesondere die charismatische Bewegung hat zur Verbreitung der inneren Heilung beigetragen. Die wichtigsten Vertreter der inneren Heilung sind Agnes Sanford (1897–1982), Tochter eines presbyterianischen Missionars in China, und Betty

Tapscott, die in ihrem Buch *Der Dienst der inneren Heilung* unverhohlen einräumt: »Innere Heilung ist Psychotherapie plus Gott.« Weitere Autoren, die innere Heilung lehren, sind Leanne Payne, Charles und Frances Hunter, John und Paula Sandford sowie Ruth Carter Stapleton (1929–1983), charismatische Baptistin und Schwester des ehemaligen US-Präsidenten Jimmy Carter.

Die unreflektierte Akzeptanz der psychoanalytischen Vorstellungen wie die Tiefenpsychologie → Carl Gustav Jungs, der von dem → Geistführer Philemon geleitet war, in der christlichen Seelsorge ist fatal. Es kommt im Falle Jungs zu einer Vermischung okkulter mit biblischen Vorstellungen. Für Jung ist das Heil in der Kollektivseele zu finden, welche für ihn Dämon und Gott zugleich ist.

Das Wirken von Agnes Sanford, die in der US-amerikanischen charismatischen Bewegung in den 1960er und 1970er Jahren große Popularität erreichte, war nach eigenen Aussagen von Emmett Fox beeinflusst, einem Vertreter der metaphysischen *New Thought*-Bewegung, die Ähnlichkeiten mit der Sekte der *Christlichen Wissenschaft* aufweist. Sanford vertrat ein → pantheistisches Gottesbild, bezeichnete Gott als »Energie« und glaubte sogar an Reinkarnation. Um Heilung zu erfahren, muss sich eine Person gemäß Sanfords Lehre zunächst in einen Entspannungszustand versetzen. Sodann soll sich die hilfesuchende Person Gottes heilende Kraft vergegenwärtigen, um schließlich durch → Visualisation der eigenen vollkommenen Heilung eine völlige körperlich-seelische Wiederherstellung zu realisieren.

Integrale Spiritualität. Diese von → Ken Wilber formulierte Zusammenführung von Philosophie, Wissenschaft und Religion – auch als »Integrale Theorie« bezeichnet –, vertritt die Vorstellung einer geistlichen Evolution. Die Integrale Theorie strebt eine umfassende Integration von Spiritualität (sowohl der östlichen wie der westlichen) und Wissenschaft an.

Integrale Spiritualität wird in Deutschland u. a. von Ingeborg Wolf verbreitet, die am Benediktushof in Würzburg lehrt, der von → Willigis Jäger geleitet wird. Wolf ist Lehrerin für → Zen, Tao-Yoga, → Qigong, Spirituellem Heilen und Kosmischem Hei-

len. Sie befasst sich intensiv mit Integraler Spiritualität nach →
Ken Wilber und hat ein Konzept der inneren Ausrichtung als Lebenshilfe entwickelt. Stefan Schoch, Essen, bietet mit seinen »Integralen Impulsen« Seminare und Impulse nach Ken Wilbers integ-
ralem Ansatz an.

Seit 1989 gibt es in Deutschland sogenannte Ken Wilber-Ar-
beitsgruppen, aus denen später der Verein *Integrales Forum* hervor-
ging, zur Förderung und Bekanntmachung des integralen Ansatzes
nach Wilber. Der Verein gibt dreimal im Jahr ein Magazin heraus, die *integralen perspektiven*. Der Mitbegründer des *Integralen
Forums*, Dr. phil. Peter Erlenwein war von 2001–2007 am *C. G.
Jung Institut* in Zürich als Lehrbeauftragter tätig und gründete
das *Institut für Integrale Entwicklung*. Auf dessen Webseite heißt
es: »Das Institut für integrale Entwicklung (IiE) wurde von Dr.
Peter Erlenwein gegründet, um integrales Wahrnehmen, Denken
und Handeln zu schulen und praxisnah umzusetzen … Es wird aus
den Mitteln des Bundesministeriums für Bildung und Forschung
und aus den Europäischen Sozialfonds der Europäischen Union gefördert … Das IiE hat auf der Basis der interkulturell-psychologi-
schen Forschungen des amerikanischen Geisteswissenschaftler Ken
Wilber und anderer holistischer Denker ein *schöpferisches Integrati-
onsmodell* entwickelt, das neue Bereiche ganzheitlicher Erkenntnis,
Handlung und Heilung erschließt … Die zweijährige Fortbildung
schließt mit einem Zertifikat zum/zur BeraterIn für integrale Entwicklung (BIE) ab. Im Zusammenhang mit einem psychologi-
schen/pädagogischen/sozialwissenschaftlichen Studium eröffnet es
kreative Betätigungsfelder in unterschiedlichsten Berufszweigen
wie Mediation, Therapie, Bildung und Kultur/Sozialarbeit/holisti-
sches Management.« Auf der Webseite des *Integralen Forums Berlin*
findet man unter »Netzwerk« nationale und internationale Gruppierungen, Organisationen, Einzelpersonen, Bildungsstätten und
Zentren, die miteinander vernetzt sind.

• Webseiten: www.ingeborg-wolf.de; www.integraleimpulse.de
(Stefan Schoch); www.integralesleben.org (Verein Integrales
Forum); www.integrale-entwicklung.de (IiE); www.integrales-
forum-berlin.de.

Interreligiosität bezeichnet die respektvolle Akzeptanz aller Religionen als unterschiedliche Wege zu »Gott«. Interreligiosität kann sich einerseits dadurch auszeichnen, dass Religionen nebeneinander stehen können, andererseits kann es auch zur Religionsvermischung (Synkretismus) kommen, indem unterschiedliche religiöse Praktiken miteinander verschmolzen werden.

Interspiritualität ist ein Begriff, der weiter gefasst ist als der Begriff → Interreligiosität. Der Begriff Spiritualität ist mittlerweile zu einem Modewort geworden, das Philosophien und Methoden des → New Age, der Esoterik, ganzheitlicher Heilkunde oder der psychologischen Selbsthilfe ebenso in sich vereint wie die vielen fernöstlichen Philosophien und deren Mischformen mit westlichen Philosophien. Interspiritualität ist eine Haltung, die dem pluralistischen Zeitgeist folgt und jegliche Form und Mischformen von Spiritualität willkommen heißt.

Jäger, Willigis (geb. 1925) ist Benediktinermönch, Zen-Meister und Mystiker. 1946 trat Jäger in die Benediktinerabtei Münsterschwarzach in Schwarzach am Main ein. Das leerstehende Internat der Abtei wurde seit 1983 als Meditationszentrum genutzt. 2003 wurde Jäger Leiter des Benediktushofs in Holzkirchen bei Würzburg, der sich in *Zentrum für Spirituelle Wege* umbenannte. Jäger ist Autor von über zwanzig Büchern. 2001 erteilte die Glaubenskongregation unter Leitung des damaligen Kardinals Josef Ratzinger dem Benediktinermönch Jäger ein Rede-, Schreib- und Auftrittsverbot. In der Folge wurde er von der Abtei Münsterschwarzach beurlaubt. Jäger, der noch Mitglied seiner Abtei ist, beanstandet die Lehre des Theismus, also die Vorstellung eines personalen Schöpfergotts, da die theistische Auffassung ein duales Weltbild und folglich eine Kluft zwischen Gott und den Menschen schaffe. Die christliche Erlösungslehre lehnt Jäger ab und fühlt sich allen Religionen »mystisch« verbunden. Jäger ist der Überzeugung, dass nur die Loslösung der Kirchen von ihrer christlichen Tradition und ein neuer, religionsübergreifender Weg zukunftsweisend sei.

Jäger ist Herausgeber des Buches → *Wolke des Nichtwissens und Brief persönlicher Führung: Der Klassiker der Kontemplation*, wo er darlegt, dass es eine transpersonale Ebene gibt, die jenseits aller Religionen liegt (9). Erst wenn der Mystiker wieder in die »Erfahrungsebene zurückkehrt, spricht er wieder von seiner Konfession« (10). Jäger bezeichnet die *Wolke des Nichtwissens* als Kontemplationslinie und betont, dass der unbekannte Mystiker nichts anderes erfahren habe als der Zen-Buddhist. Jäger entwickelte die *Leere Wolke* als Zen-Linie und bietet sowohl Kurse in Zen als auch in Kontemplation an.

- Weitere Publikationen: *Kontemplation – ein spiritueller Weg; Mystik – Spiritualität der Zukunft; Das Leben ist Religion. Stationen eines spirituellen Weges; Der Himmel in dir. Einübung in das Körpergebet; Westöstliche Weisheit: Visionen einer integralen Spiritualität.*
- Webseiten: www.west-oestliche-weisheit.de, willigisjaeger-foundation.com.

Jahr der Stille, genaues Motto: *Jahr der Stille 2010 – Gottes Lebensrhythmus entdecken*, ging auf die Idee einer jungen Frau, Buchhändlerin des SCM (*Stiftung Christliche Medien*), im Jahre 2008 zurück, die den Impuls verspürte, die persönliche Andachtszeit (»stille Zeit«) zu beleben. Dieser Vorschlag wurde von SCM aufgegriffen. Es wurde ein Leitungskreis gebildet, dem u. a. folgende Personen angehörten: der Vorsitzende Pfarrer Wolfgang Breithaupt (Haus der Stille, Weitenhagen), Dr. Christian Brenner (Bibellesebund), Ulrich Eggers (Bundes-Verlag), Stefan Förster (Selbständige Evangelisch-Lutherische Kirche SELK), Ulrich Materne (Deutsche Ev. Allianz), Lorenz Reithmeier (Geistliche Gemeinde-Erneuerung und Jesus-Bruderschaft Gnadenthal), Stefan Schmid (Deutscher Jugendverband EC), Willi Stiel (Ev. Kirche von Kurhessen-Waldeck), Frieder Trommer (SCM), Fernanda vonHoudt (Heilsarmee in Deutschland), Ruprecht Veigel (Deutsche Bibelgesellschaft), Hanspeter Wolfsberger (Haus der Besinnung, Betberg) und Jürg Hochuli (Bibellesebund Schweiz).

Im Jahr 2010 erschien das *Ideenheft zum Jahr der Stille*, das den ursprünglich wertvollen Impuls aufgegriffen hatte, die persönliche Gottesbeziehung im Hören auf Gott, im Gebet und im Bibellesen zu stärken. Leider waren es lediglich vier der 68 Beiträge, die sich eingehender mit der Bibel beschäftigten. 21 der 68 Beiträge des *Ideenhefts* griffen indes Themen auf, die eine mehr als zweifelhafte Spiritualität vorstellten. Dazu zählte u. a. → meditativer Tanz, → Ruhegebet, → Visualisierung, → Bibliodrama, → Kontemplation, → Labyrinth, → katathymes Bilderleben, → innere Heilung, → Feldenkrais-Methode, → Atemgebet und vieles mehr.

Der Maleachi-Kreis gab in diesem Zusammenhang das Buch *Gefährliche Stille* heraus, in welchem die Autoren Ulrich Skambraks, Alexander Seibel, Wolfgang Nestvogel, Roland Antholzer, Eberhard Platte, Martin Vedder, Lothar Schäfer und Johannes Pflaum vor den unbiblischen Praktiken warnten, die durch das *Jahr der Stille 2010* wohlmeinenden Christen schmackhaft gemacht werden sollten. Ulrich Skambraks schreibt:»In der Bibel gibt es keine Anleitung dazu, sich mit Techniken in einen anderen Bewusstseinszustand zu versetzen, um dann irgendetwas mit sich machen zu lassen. Eine Kontaktaufnahme mit der Welt eines Höheren Selbst … ist strengstens verboten. Das hat einen gewichtigen Grund: In dieser Welt lauert Satan als ›Engel des Lichts‹ mit seinen ›Weltbeherrschern der Finsternis‹ (Eph 6,12), um dem Menschen für Zeit und Ewigkeit zu schaden. Und dieser ›Engel des Lichts‹ arbeitet bis heute mit derselben Lüge, die er schon Eva im Paradies vortrug: ›Wenn ihr davon esst, werdet ihr sein wie Gott.‹« (*Gefährliche Stille*, 198)

- Webseite: www.jahr-der-stille.de.
- Publikationen: *Ideenheft zum Jahr der Stille; Stille als Chance; Stille – eine Wesensart Gottes; Meditationen aus dem Eröffnungsgottesdienst zum Jahr der Stille 2010; Warum Stille lebensnotwendig ist.*

Jesusgebet → Herzensgebet

Johannes vom Kreuz (1542 – 1591) war Karmelitermönch, Mystiker und Kirchenlehrer. Der spanische Mönch war ein Zeitgenosse von Teresa von Avila, die ihn nach Avila berief, wo er sich unermüdlich

als Novizenmeister und Beichtvater für die Reform seines Ordens einsetzte. Unterschiedliche Reformvorstellungen belasteten das Verhältnis zwischen der Kurie in Rom und dem spanischen König Philipp II. Schließlich führte die Weigerung Johannes' vom Kreuz, Avila zu verlassen und nach Medina del Campo in den nichtreformierten Teil seines Ordens zurückzukehren, dazu, dass er im Jahre 1577 in das Klostergefängnis von Toledo gebracht und als Rebell gefoltert wurde. In seiner etwa neun Monate andauernden Haft unter großen Entbehrungen entstanden seine ersten mystischen Dichtungen. Nach seiner Flucht schrieb er weitere mystische Werke und setzte sich bis zu seinem Tode unbeirrt für die Reformation« seines Ordens ein. Johannes vom Kreuz lehrte die Loslösung der Seele von allem Irdischen, um zur geistlichen Vermählung mit Gott zu kommen. Im Unterschied zu vielen anderen Mystikern sollte das kontemplative Leben (*vita contemplativa*) aus seiner Sicht nicht als Alternative zum aktiven Leben (*vita activa*) betrachtet werden, sondern daraus entspringen. In seinem Werk *Dunkle Nacht* steht die Nacht nicht für die Verderbtheit oder Verlorenheit der Seele, sondern für das eigene Aufgehen des Selbst in der göttlichen Realität. Johannes vom Kreuz unterschied zwischen Betrachtung und »Beschauung«. Bilder, Formen und Gestalten dienten der Betrachtung (→ Imagination), um den Geist auf eine höhere spirituelle Ebene zu heben. Während die Betrachtung die Vorstufe zur Beschauung darstellte und aus menschlicher Kraft verrichtet wurde, war die Beschauung ein übernatürliches göttliches Geschenk. Die → Passivität war das wichtigste Merkmal der mystischen Beschauung. In diesem Zustand der passiven Beschauung ereignen sich drei Dinge. Der Mensch empfängt das göttliche Licht der Erkenntnis, die göttliche Liebe wird ihm eingegossen und er erlebt das Gottes-Innewerden, d. h. er wird sich der Gegenwart Gottes bewusst. Letzteres beschreibt der spanische Mystiker auch als »die Salbung« oder eine »unmittelbare Berührung der Gottheit«, die bis ins Körperliche wahrnehmbar sein kann. Doch diese Berührungen waren nur eine Etappe auf den Stufen der Beschauung. Das höchste Ziel war die mystische Vermählung oder Vereinigung mit Gott.

• Publikationen: *Die lebendige Liebesflamme; Sämtliche Werke.*

Johnson, Jan ist US-amerikanische Autorin, Bibellehrerin und Dozentin über → Lectio Divina am → *Fuller Theological Seminary* und am → *Renovaré Institute.* Johnson, die eine Ausbildung zum → spirituellen Führer (*spiritual director*) absolvierte, lehrt ferner über → Geistliche Formung, → kontemplatives Gebet und leitet → Einkehrtage. Zu ihren Büchern zählen *When the Soul Listens, Madame Jeanne Guyon: Her Biography, Hearing God through the Year* u. a. Sie hat eine achtteilige Bibelstudie zum Thema → Geistliche Übungen verfasst (*Spiritual Disciplines Bible Study Series*), welche u. a. die Themen → Stille, Abgeschiedenheit und → Meditation abhandeln. In ihrem Buch *Solitude and Silence* empfiehlt Johnson → Thomas Merton, → Henri Nouwen und → Richard Foster. In ihrem Buch *When the Soul Listens* verweist sie auf → Basil Pennington und → Thomas Keating und schöpft aus den Inhalten der → *Wolke des Nichtwissens*, um eine Stufe des kontemplativen Gebets näher zu beschreiben.

- Publikationen: *Versöhnt mit der Vergangenheit. Wege zur Heilung seelischer Verletzungen* (Co-Autor Curt Grayson).
- Persönliche Webseite: www.janjohnson.org.

Johnston, William (1925–2010) wurde in Irland geboren und trat 1943 in den Jesuitenorden ein. 1957 wurde er zum Priester ordiniert. Viele Jahre seines Lebens verbrachte Johnston in Japan, wo er sich für den interreligiösen Dialog einsetzte, insbesondere mit Buddhisten. Nach den Terroranschlägen vom 11. September in den USA schrieb Johnston: »Wir pflegten zu sagen, dass der Dialog zwischen den Religionen für den Weltfrieden notwendig ist. Jetzt können wir sagen, dass der Dialog zwischen den Religionen notwendig ist, um zu überleben. Nur der betende Dialog zwischen Judentum, Christentum, Islam, Hinduismus und Buddhismus kann unseren Planeten vor der Zerstörung bewahren« (*The Path from hate to love*). Johnston ist Autor des Buches *The Inner Eye of Love: Mysticism and Religion*, in welchem er die Gemeinsamkeiten zwischen westlicher und fernöstlicher Mystik darlegt. Er beschreibt die Mystik aller Religionen als die »Reise zur Einheit (*union*), weil das Bewusstsein sich allmählich ausweitet und Informationen des sogenannten Unbewussten integriert, während die gesamte Persönlichkeit in das große Geheimnis Gottes absorbiert wird« (*Inner Eye of Love*, 127). In dem Buch *Christian Zen: A Way of Meditation* legt er die Übereinstimmungen zwischen der Zen-Meditation und der Kontemplation christlicher Mystiker dar.

• Publikationen: *Der Weg des Zen als Christ; Der Weg des Schweigens. Christliches Zen.*

Jones, Alan (geb. 1940) ist Priester der Episkopalkirche der USA und war von 1985 – 2009 Dekan der *Episcopal Grace Cathedral* in San Francisco. Er ist ein populärer Vertreter der → Emerging Church und Autor verschiedener Bücher. Er zählt zum radikalen, liberalen Flügel der Emerging Church Szene, der zur → Interspiritualität neigt. In seinem Buch *Reimagining Christianity* lehnt er den stellvertretenden Sühnetod Christi ab (132), bezeichnet die Trinitätslehre als eine menschliche Erfindung (177) und negiert die wörtliche Auslegung der Bibel (31). Christus und Buddha sind für ihn »keine Gegensätze« (146). Er betrachtet die → Mystik und → Kontemplation als »notwendige Grundlage für soziales Handeln und das Engagement für das Thema Gerechtigkeit« (88). Yoga und fernöstliche Meditation dürfen seiner Ansicht nach von Christen praktiziert werden (147). Aus seiner Sicht ist es falsch, über eine verbindliche Lehre verfügen zu müssen, ehe man sich auf seine »spirituelle Reise« begibt (193). Jones kann Gott in jedem Menschen erkennen, ganz gleich was dieser glaubt (64). → Brian McLaren hat lobende Worte für Alan Jones Buch und schreibt in seiner Buchempfehlung für *Reimagining Christianity*: »Alan Jones ist in seiner authentischen Spiritualität ein Pionier beim Überdenken [*reimagining*] des christlichen Glaubens. Sein Buch stimuliert und ermutigt mich in tiefer Weise« (Buchdeckel Rückseite). Alan Jones ist Mitglied des *Living Spiritual Teachers Project*, das sich die Förderung der → Interspiritualität zum Ziel gesetzt hat.

• Webseite: www.spiritualityandpractice.com.

Jones, Tony ist US-amerikanischer Theologe, Blogger, Autor und einflussreicher Vertreter der → Emerging Church. Er studierte

u. a. am → *Fuller Theological Seminary* und wurde von der kong-regationalistischen *National Association of Congregational Christi-an Churches* (NACCC) ordiniert. Von 1993–1997 arbeitete er für *Jugend mit einer Mission* und anschließend als Jugendpastor. Von 2005–2008 war er nationaler Koordinator von *Emergent Village*, einer Organisation, die die Vertreter der Emerging Church unter-einander vernetzt. Jones ist Autor von über zehn Büchern, die sich mit Themen wie Jugendarbeit, → Geistliche Formung, die Postmo-derne und die Emerging Church beschäftigen. In seinem Buch *The Sacred Way* stellt er die gesamte Breite kontemplativer Mystik vor und vermittelt den Eindruck, dass wahres Christsein nur im Kon-text der Praxis mystischer Methoden möglich sei. Nach eigenen Aussagen »verschlang« er die christlichen Mystiker wie → Johannes vom Kreuz oder → Teresa von Avila, was ihn zu der Überzeugung führte, dass es »mehr geben musste« als das, was das traditionelle Christentum zu bieten hat. Die Mystiker der Vergangenheit be-zeichnete er als »Nachfolger Jesu«, einige unter ihnen zählt er zu den »intelligentesten und höchst spirituellen Personen«, die »auf ei-ne geheimnisvolle Weise« in die Gegenwart Jesu traten (*The Sacred Way*, 16-17). Er beschreibt seine subjektiven Erfahrungen im → La-byrinth (ebd., 128) und zitiert Frederica Mathewes-Green, die die »Gegenwart Gottes in einer Ikone« verspürt (ebd., 98). Er berichtet ferner, wie er als »Protestant« Ikonen nutzt, um zu beten (ebd., 102) und verweist in diesem Zusammenhang auf → Henri Nouwen.

In seinem Buch *The New Christians: Dispatches from the Emer-gent Frontier* zeichnet Jones ein positives Bild der Emerging Church, des »dritten Weges«, wie er diese Bewegung auch bezeichnet. Für Jones ist die traditionelle Kirche tot (*The New Christians*, 4). Die Bibel ist für ihn lediglich ein »Begleiter auf der Glaubensreise und kein Lehrbuch für Beweise« (ebd., 168). Es gilt den Mythos der Objektivität [absolute Wahrheit] hinter sich zu lassen; die neue Art von Christen lassen ihre Vorurteile hinter sich und lernen von an-deren, vor allem durch den interreligiösen Dialog (ebd., 155). Die Lehre des stellvertretenden Sühnetodes Christi lehnt Jones ab, da der Gott der Liebe aus seiner Sicht keine Vorbedingungen stellt, wenn er Menschen in seine Gemeinschaft ruft. Die traditionelle Sexualethik der Evangelikalen lehnt Jones ab und plädiert für die Freiheit von Christen, alle sexuelle Orientierungen ausleben zu dürfen. Nach eigenen Aussagen ist Jones maßgeblich von → Brian McLaren beeinflusst.

Seit 2011 doziert Tony Jones als Honorarprofessor am *Fuller Theological Seminary* über das Fachgebiet »Christliche Spiritualität«. Jones empfohlene Lektüre für seine Vorlesungen schließt Autoren ein wie den katholischen Theologen und Mystiker Henri Nouwen, den Trapistenmönch → Basil Pennington, den Unternehmer Bob Buford, den Friedensaktivisten Jim Forest, einen langjährigen Freund des Trappistenmönchs → Thomas Merton, sowie Dan Kimball, einen populären Vertreter der Emerging Church.

• Persönliche Webseite: www.tonyj.net.

Juliana von Norwich (~1343–1413) war eine englische Mystikerin der Kirche St. Julian in Norwich. Sie hatte als tief religiöses Mädchen drei Gnadengeschenke von Gott erbeten, (1) eine Vision des Leidens Christi, (2) eine Krankheit im Alter von 30 Jahren, dem Alter des Kreuzestodes Christi und (3) das seelische Mitleiden Christi. Am 13. Mai 1373 ereilte Juliana tatsächlich im Alter von 30 Jahren eine derart schwere Erkrankung, dass der Priester ihr die Sterbesakramente erteilte. »Als ihr der Beichtvater zur Tröstung ein Kruzifix vor die schon ausdruckslos gewordenen Augen hielt, erwachte Juliana abrupt aus ihrem Dämmerzustand und fühlte sich völlig gesund« (*Wörterbuch der Mystik*, 285). Noch am gleichen Tag erlebte Juliana 15 Visionen. Sie sah in einer Bildfolge den Leidensweg Jesu und empfing göttliche Eingebungen. Aufgrund ihres Zweifels über die Realität ihrer mystischen Erfahrungen kam es zu einem erneuten körperlichen Dämmerzustand, in welchem Juliana vom Teufel, den sie nach ihrem Erwachen als tatsächliches Wesen mit eigenen Augen sah, gepeinigt wurde. Nach der 16. Vision erlebte Juliana sofortige Heilung und widmete von nun an ihr Leben Gott. Sie ließ sich in eine Zelle neben der St. Julian Kirche einmauern und verfasste unter Anleitung ihres Beichtvaters einen ersten Bericht ihrer Erlebnisse. Das sogenannte Inklusentum im Abendland – das Einmauern von Nonnen auf Jahre oder sogar für die gesamte Lebenszeit – geht auf das 9. Jahrhundert zurück. Die Inkluse Juliana schrieb die erweiterte Endfassung ihrer Erlebnisse in dem Werk mit dem Titel *Book of Showing* rund 20 Jahre später nieder und ließ ihre tieferen Erkenntnisse, die sie durch Meditationen und Gebet empfangen hatte, darin einfließen. »Ein zentrales Thema ihrer Theologie ist die Konzeption Gottes als ›Mutter‹« (ebd., 287). Ferner lehrte sie das kontemplative Gebet, das die Vereinigung der Seele mit Gott zum Ziel hat. »Das Interesse an ihrem Leben und Werk war in keinem Jahrhundert größer als im gegenwärtigen. Dies zeigt z. B. die kürzlich erfolgte Gründung eines Juliana-Ordens in den USA, das weltweite Interesse an Juliana als Exponentin der Frauenmystik …« (ebd., 287-288).

- Publikationen: *Offenbarungen von göttlicher Liebe*; Margaret Collier-Bendelow: *Gott ist unsere Mutter. Die Offenbarung der Juliana von Norwich.*

Jung, Carl Gustav (1875 – 1961) war Schweizer Psychologe und gilt als Begründer der »Analytischen Psychologie«. Die Prägung seiner Kindheit beeinflusst sein gesamtes Leben: Der Vater ist Pfarrer, der Großvater Großmeister einer Freimaurerloge. Seine Mutter war Spiritistin mit medialer Begabung, die sich auf Jung übertrug (Hellsehen, Hellfühlen, Hellwissen). Jungs Psychologie ist eine Mischung seiner psychologischen Auffassungen mit diversen religiösen Heilslehren, die er in seinen Werken häufig aufgreift und abhandelt. Jungs analytische Psychologie untersucht die Einflüsse des Unbewussten auf die menschliche Psyche. Das Ich oder Ich-Bewusstsein wurde aus seiner Sicht durch Verdrängtes oder Vergessenes im Unbewussten wesentlich mitgesteuert. Die Traumanalyse gehört ebenso wie die aktive → Imagination zu seinen therapeutischen Mitteln. Der Klient soll zur Einsicht in seine psychischen Probleme geführt werden und auf diese Weise sein Handeln und Erleben selbstverantwortlich neu ordnen.

Jung selbst studierte eingehend die Literatur des Okkultismus, insbesondere des Spiritismus, der Wahrsagerei, der Astrologie, der Alchemie und der Magie. Er befasste sich mit griechischer Philosophie und las die okkulten Schriften des Paracelsus. Ferner beschäftigte er sich intensiv mit Gnostik, Mythologie sowie den asiatischen Religionen (Hinduismus, Zen-Buddhismus). Jung empfing nach eigenen Aussagen viele seiner Informationen durch den → Geistführer Philemon. Das kollektive Unbewusste deutete er als die ererbte Menschheitsgeschichte. In diesem Zusammenhang spielte die Religion eine maßgebliche Rolle. Jung kam zu der Überzeugung, dass die Seele aller Menschen von universellen Archetypen bestimmt ist, die im kollektiven Unbewussten verortet sind. Gefühle, Phantasien, Eindrücke und Träume dienen dem Psychoanalytiker, um dem Hilfesuchenden in seinem Individuationsprozess, dem Ganzwerden oder Heilwerden (auch ICH- oder Selbst-Werdung) zu unterstützen. Jung bezeichnete diesen Prozess auch als Verselbstung oder Selbstverwirklichung. Jungs Thesen wurden von Vertretern der → christlichen Psychologie und der → inneren Heilung aufgenommen.

Religion interpretierte Jung stets aus seiner ihm ganz eigenen psychologischen Perspektive. Am Ende seines Lebens bekennt er sich zu dem Glauben an einen Gott, der indessen nichts mit dem biblischen Gott zu tun hat. Laut Jung vereint Gott Gut und Böse in sich und verkörpert für ihn die absolute Liebe. Er leugnet den biblischen Gott, die Sündhaftigkeit des Menschen, die vollkommene Erlösung durch Jesus Christus sowie die Tatsache einer letzten Verantwortung vor dem Schöpfer. Den → Zen bezeichnete Jung als das »Yoga des Westens« (*A Time of Departing*, 29).

- Publikationen: *Gesammelte Werke von C. G. Jung; Erinnerungen, Träume, Gedanken; Das rote Buch; Kinderträume. Zur Methodik der Trauminterpretation.*
- Webseiten: www.junginstitut.ch; www.cgjungpage.org.

Jungclaussen, Emmanuel (geb. 1927) ist Benediktinermönch und emeritierter Abt des Klosters Niederaltaich. Er ist Autor verschiedener Bücher. Dazu zählt u.a. das Buch *Unterweisung im Herzensgebet.* Er ist außerdem der Herausgeber von *Aufrichtige Erzählungen eines russischen Pilgers,* dem Klassiker der russisch-orthodoxen Spiritualität über das Jesusgebet (→ Herzensgebet). Der in einem evangelischen Elternhaus aufgewachsene Jungclaussen konvertierte zum katholischen Glauben und trat 1955 in das Kloster Niederaltaich ein. Er beschäftigte sich mit → Kontemplation und wurde zum Kursleiter für → Meditation. Überdies setzte er sich für die ökumenischen Beziehungen der katholischen Kirche mit den Ostkirchen ein, indem er die Gemeinsamkeiten östlicher und westlicher Spiritualität hervorhob. In seinem Standardwerk *Das Jesusgebet* bringt er seinen Lesern das in der Orthodoxen Kirche weitverbreitete Jesusgebet nahe. 1996 referierte Jungclaussen ferner auf den Lindauer Psychotherapiewochen, wo er dafür plädierte, das Jesusgebet weiterzuentwickeln und in die → Psychotherapie zu integrieren.

• Publikationen: *Schritte in die innere Welt. Geistliche Übungen; Suche Gott in dir; Von der Leichtigkeit, Gott zu finden: Das innere Gebet der Madame Guyon; In den Spuren der Meister – Franz von Assisi, Johannes Tauler, Benedikt von Nursia, Heinrich Seuse.*
• Webseite: www.abtei-niederaltaich.de.

Katharina von Siena (1347–1380) ist italienische Mystikerin und Kirchenlehrerin. Bereits im Alter von 6 Jahren empfing sie ihre ersten Offenbarungen. Sie soll mit 7 Jahren vor der Gottesmutter den Eid der ewigen Jungfräulichkeit abgelegt haben. In einer weiteren Vision erblickte sie Dominikus, den Gründer des Dominikanerordens. In ihrem elterlichen Heim schuf sie sich eine kleine Zelle, wo sie sich zum Gebet zurückzog. Katharina lebte streng asketisch, schlief nicht mehr im Bett, sondern auf Brettern, und geißelte sich selbst mit einer Kette. 1375 erlebt Katharina vor einem Kreuz in Pisa ihre Stigmatisation (Wundmale Christi an ihrem Leib). Ihre Frömmigkeit war von einer tiefen Marienverehrung charakterisiert. In ihrer Zelle erschien ihr Christus mehrfach und vermählte sich bei einer Erscheinung mit ihr, begleitet von der Gottesmutter und anderen Heiligen. Christus steckte ihr einen Brautring an den Finger, der Zeit ihres Lebens nur für sie sichtbar war. Betrachtungen über das Blut Christi führten sie in eine mystische Schau, über die sie viel sprach und schrieb. Unermüdlich setzte sich Katharina für Reformen in der katholischen Kirche ein, wie ihre ca. 380 Briefe eindrücklich zeigen. Entschieden setzte sie sich ebenso für einen neuen Kreuzzug ein, um Jerusalem, den Ort ihres Erlösers, dem Satan zu entreißen.

• Publikationen: *Gespräch von Gottes Vorsehung; Briefe für eine Erneuerung der Kirche; An die Männer der Kirche I & II; An die Ordensfrauen, An die Männer der Politik.*

Katathymes Bilderleben, auch Katathym-Imaginative Psychotherapie (KIP), wurde von dem deutschen Psychiater und Psychoanalytiker Hanscarl Leuner (1919–1996) als tiefenpsychologische Therapieform eingeführt. Der Klient soll sich während einer sogenannten Imaginationssitzung entspannen und sich mit Hilfe der → Imagination einen Gegenstand oder Ort vorstellen (z.B eine Blume, einen Berg). Die Eindrücke, die während einer Therapiesitzung im Klienten entstehen, sollen aus der Ebene zwischen Bewusstem und Unbewusstem herrühren. Der Therapeut versucht in einem Nachgespräch die Inhalte der Tagträume mit dem Klienten zu analysieren. Belastungen aus der Vergangenheit und unbewusste Konflikte sollen verarbeitet werden. Ferner ist es das Ziel dieser Therapie, eine positive Persönlichkeitsentwicklung zu ermöglichen. Auf dem Internationalen Kongress der *Akademie für Psychotherapie und Seelsorge* in Marburg im Juni 2003 wurde das Seminar»Gottsuche in der katathym-imaginativen Psychotherapie« angeboten. Dazu hieß es:»Im entspannten Zustand des therapeutischen Tagtraums wird offenbar, was viele meiner KlientInnen noch nicht hätten formulieren können: ihre Sehnsucht nach Gott. Wie erkennen wir PsychotherapeutInnen die Situationen, Stimmungen, Orte und Gestalten in der Imagination, die spirituelle und heilige Qualität besitzen, und wie können wir deren heilende Wirkung im Therapieprozess fördern?« (*Gefährliche Stille*, 111).

Keating, Thomas (geb. 1923) ist US-amerikanischer Trappistenmönch, Autor von über 30 Büchern und einer der Begründer des → Gebets der Sammlung (*centering prayer*). 1961 wurde er zum Abt der *St. Joseph's Abbey*, einem Kloster des Zisterzienserordens in Spencer, Massachusetts (USA), berufen. Keating wird neben → Basil

Pennington und → Morton Kelsey als einer der Gründer der kontemplativen Gebetsbewegung in den 1970er Jahren betrachtet. Er machte das kontemplative Gebet sowie andere mystische Praktiken im Katholizismus sowie im Protestantismus populär. Keating pflegte in seiner 20-jährigen Funktion als Abt den interreligiösen Dialog und die Gemeinschaft mit Buddhisten, Hindus und Zen-Meistern. Einer seiner Mönche wurde zum Lehrer für → Transzendentale Meditation (TM) ausgebildet.

Keating war der Ansicht, dass Gebete ohne Worte größeren Wert darstellten als Gebete mit Worten und dass schon Jesus das Gebet der Sammlung verordnete, als er seine Hörer dazu aufrief, »im Verborgenen« zu beten (Mt 6,6). In seinem Buch *Open Mind, Open Heart: The Contemplative Dimension of the Gospel* schreibt Keating: »Das kontemplative Gebet ist ein Prozess der inneren Transformation, eine Umkehr, die von Gott initiiert ist und die, sofern wir einwilligen, zur göttlichen Vereinigung führt. In diesem Prozess verändert sich die Art und Weise, wie wir die Realität sehen« (1-2). Kontemplatives Gebet soll zu einem Bewusstseinswandel, zu einer höheren Sensibilität für die göttliche Gegenwart im Alltag und einer »tieferen Einheit mit dem lebendigen Christus« führen (ebd., 6). Keating zieht ferner alttestamentliche Textstellen heran, um unter Beweis zu stellen, dass das Gebet der Sammlung zu allen Zeiten praktiziert wurde. Sowohl Psalm 46,11 – »Seid still und erkennt, dass ich Gott bin« – als auch die »Stimme sanften Säuselns« (1Kö 19,12) interpretiert er um in das Gebet der Sammlung. Keating schreibt im Vorwort seines Buches: »Käme es zu einer allgemeinen Erneuerung der kontemplativen Dimension des Evangeliums, die Christen auf einer tieferen Ebene zusammenbinden könnte, dann wäre die Wiedervereinigung der christlichen Kirchen eine reale Möglichkeit; der Dialog mit anderen Weltreligionen hätte eine feste Grundlage in den spirituellen Erfahrungen der christlichen Gemeinschaft ...« (ebd., 8).

In seinem Buch *The Heart of the World: A Spiritual Catechism: An Introduction to Contemplative Christianity* berichtet Keating: »Meine eigene Beschäftigung mit den Methoden östlicher Meditation begann in den 1960er Jahren. In mir erwachte eine tiefe Wertschätzung für den Nutzen dieser Methoden. Diese östlichen Methoden haben mein Verständnis über das Geheimnis des Christus und des Evangeliums erweitert« (Vorwort). Für Keating spiegeln die Erfahrungen fernöstlicher Mystiker die Einsichten christlicher Mystiker der vergangenen Jahrhunderte wieder. »Die kontemplative Dimension des Lebens, die in allen Religionen gegenwärtig ist, ist das gemeinsame Herz der Welt. Dort ist die menschliche Familie bereits eins« (ebd.). Yoga, Zen und TM sind Methoden, die sich aus Sicht Keatings jeder zu eigen machen sollte, der sein Gebetsleben intensivieren will (ebd., 5-6).

- Publikationen: *Das kontemplative Gebet; Das Gebet der Sammlung – Einführung und Begleitung des kontemplativen Gebetes; Kontemplation und Gottesdienst – Liturgie als spirituelle Erfahrung; Wo bist du, mein Gott? Wege aus der Glaubenskrise.*
- Webseite: www.centeringprayer.com.

Kelsey, Morton (1917–2001) war Priester der Episkopalkirche (USA), Theologieprofessor, Seelsorger, und Autor. Neben → Basil Pennington und → Thomas Keating zählt er zu den Gründern der kontemplativen Bewegung in den 1960er Jahren, die sich seitdem im Katholizismus wie Protestantismus zunehmend ausbreitet. Kelsey ist u. a. von → Carl Gustav Jung beeinflusst. Er studierte Psychologie am schweizerischen *C. G. Jung Institut* bei Zürich. Die freie Form der → Imagination, wie sie Jung als therapeutisches Mittel nutzte, wird von Kelsey in seinen Büchern aufgegriffen und zu einer Methode weiterentwickelt, die sogar den Kontakt mit Christus ermöglichen soll. → Agnes Sanford, die vor allem in charismatischen Kreisen viel gelesen wird, war Mitglied seiner Pfarrei, was ihre offenkundig pantheistische Weltsicht, die sie von Kelsey übernahm, besser erklärt.

Christus war und ist für Kelsey der »höchste Schamane«: »Er war der Gott/Mensch, der ein für allemal starb, der die menschlichen Wesen wieder in Kontakt mit dem Göttlichen brachte, eine Verbindung, die mit dem Sündenfall verloren gegangen war … Und der christliche Schamane muss über ein Verständnis psychischer Phänomene und der eigenen unbewussten Tiefen verfügen ... In Wirklichkeit ist jeder Christ, der es dem Heiligen Geist erlaubt, sich in ihm oder ihr zu bewegen, ein Schamane« (*Transcend*, 218-220). Kelsey, der großen Einfluss auf → Richard Foster hatte, schreibt, dass »religiöse Erfahrungen dadurch gemacht werden können, dass man sich seinem Inneren zuwendet und die eigene Imagination als Werkzeug nutzt, um Kontakt mit der Realität der spirituellen Welt aufzunehmen« (*The Other Side of Silence*, 136). Der Meditierende kann laut Kelsey durch Traumbilder und → Visualisierung neutestamentlicher Ereignisse in Kontakt mit Christus treten: »Wenn wir mit anderen Elementen der spirituellen Welt durch Traumbilder kommunizieren können, dann können wir auch mit dem Bild des Christus und der Realität, die er vermittelt und zum Ausdruck bringt, in Interaktion treten ... In der Stille sage ich: ›Hier bin ich. Sage mir, was du von mir willst‹ ... Und dann macht etwas in mir Klick. Es kommt zu einer Veränderung, und plötzlich weiß ich, dass ich nicht mit mir selbst rede ... Oft frage ich ihn, warum es ihm nichts ausmacht, zu mir zu kommen und mit jemandem wie mir zusammen zu sein« (ebd., 232-233).

In seinem Buch *Träume. Ihre Bedeutung für den Christen* schreibt Kelsey: »Der Mensch kommt mit der sichtbaren Welt durch Sinneserfahrung und Verstand in Kontakt, die Berührung mit der unsichtbaren Welt geschieht durch Stille, Intuition, Träume und religiöse Erfahrungen« (29). Dass Gott schon vor der Geburt Christi unter den Menschen wirkte, beweist aus Kelseys Sicht der Schamanismus (31). Träume, in welchen einer Person »Gott, Jesus oder der Geist eines Verstorbenen begegnen, sind numinose [d. h. übersinnlich-schauerhafte] Träume« (46). Nach Freud ist ein numinoser Traum eine echte religiöse Erfahrung, und auch Kelsey ist der Überzeugung, dass numinose Träume Personen besonders tief bewegen können. Er empfahl, sich mit Träumen wie mit »einem lebendigen Wesen« zu beschäftigen: »Je stärker Sie auf Ihre Träume achten, desto deutlicher werden sie zu Ihnen sprechen. Wenn Sie ernsthaft daran glauben, dass es im Unbewussten eine Macht gibt, die zu Ihnen sprechen möchte, dann werden Sie anfangen, Ihre Träume ernst zu nehmen, und sie werden zu Ihnen sprechen« (48). Für Kelsey deuteten Träume auf mögliche Ereignisse in der Zukunft, die der Mensch beeinflussen konnte: »Wir haben deshalb die Chance, das, was der Traum als Möglichkeit andeutet, umzugestalten und zu verändern« (79). Statt sich der Führung Gottes durch die Schrift anzuvertrauen, rät Kelsey: »Mit dem Traum gibt uns Gott eine Möglichkeit, die Beschaffenheit der geistigen, unsichtbaren Wirklichkeit zu entdecken und zu erkennen, dass wir dazugehören. Vernunftmäßige Erkenntnis ist etwas völlig anderes als das Wissen mit dem Herzen, das durch Erfahrung gewonnen wird. Die letztere Art der Erkenntnis gibt Sicherheit und Weisheit« (100).

→ Heinrich Christian Rust (Geistliche Gemeindeerneuerung BEFG) führt Kelsey in seinem Buch *Geist Gottes – Quelle des Lebens* in seiner Literaturliste an. Der charismatische Lutheraner Larry Christenson, der in den 1960er Jahren wesentlich zur Verbreitung der charismatischen Bewegung in den USA beitrug, hat angeblich die Gabe prophetischer Visionen erhalten, als er Bücher von Morton Kelsey und dessen Auffassungen über Imagination und Visualisierung eingehend studierte (Bittlinger, 128). Kelsey verfasste insgesamt 41 Bücher.

• Publikationen: *Träume. Ihre Bedeutung für den Christen; Zungenreden; Liebe Lernen. Eine Anweisung für Helfer und Hilfesuchende; Trance, Ekstase und Dämonen.*

Kidd, Sue Monk (geb. 1948) ist US-amerikanische Romanautorin. Ihr erstes Buch *God's Joyful Surprise* aus dem Jahre 1988 beschreibt die Anfänge ihrer spirituellen Suche. Anfang 30 begann die Baptistin (*Southern Baptist*), Bücher von → Basil Pennington, → Thomas Keating, → Thomas Merton und → Teilhard de Chardin zu lesen. Bald praktizierte sie die kontemplativen Methoden, die diese Autoren empfahlen. Ihr zweites Buch *When the Heart Waits* aus dem Jahre 1990 beschreibt lebhaft die spirituellen Veränderungen in der Mitte ihres Lebens. In ihrem Buch *The Dance of the Dissident Daughter* (1996) wird ihre feministische Theologie offenkundig. Ihr erster Roman *The Secret Life of Bees* (2002) war über zwei Jahre ein Bestseller und verkaufte sich über 6 Millionen Mal in 34 Ländern. Es folgte *The Mermaid Chair* (2002) mit immerhin 2 Millionen verkauften Büchern. Mit jedem Buch entfernte sie sich weiter von ihren baptistischen Wurzeln und dem Gott ihrer Väter, um sich der weiblichen Gottheit Sophia zuzuwenden.

In *God's Joyful Surprise* schreibt sie: »Ich spreche von der verborgenen Wahrheit, dass wir eins sind mit allen Menschen« (228). In ihrem Buch *The Dance of the Dissident Daughter* erläutert sie: »Wir brauchen auch das Bewusstsein der weiblichen Gottheit [Goddess consciousness], um die Heiligkeit der Erde zu offenbaren … Die Materie wird vom Geist beseelt, sie atmet Göttlichkeit. Die Erde wird lebendig und heilig … Die weibliche Gottheit [Goddess] gewährt uns die Heiligkeit aller Dinge« (162–163). Diese Zitate machen ihre → pantheistischen Auffassungen nur zu offenkundig. Sie gilt neben Dan Brown (*Sakrileg – The Da Vinci Code*) als Autorin, die zur Verbreitung der Anbetung einer universellen Mutter-Gottheit wesentlich beitrug. Ihr Bestseller *Die Bienenhüterin* weist weiblich-mythische Anspielungen auf wie das Bild der schwarzen Madonna – die Verehrung der Maria in schwarzer Hautfarbe. Die schwarze Madonna gilt Kidd als der Urgrund allen Seins und repräsentiert aus ihrer Sicht »Gott« in seiner weiblichen Form. Gott ist überall, im Menschen, in der Erde, in jedem Fluss und sogar in Exkrementen.

Kidd profitierte nach eigenen Angaben auch von dem Psychologen → Carl Gustav Jung. Kidds Buchempfehlung für → Dallas Willard findet sich auf der Rückseite seines Buches *The Spirit of the Disciplines*, und 2006 verfasste sie das Vorwort zu → Henri Nouwens Buch *With Open Hands* und zu Thomas Mertons Buch *New Seeds of Contemplation*. Sue Monk Kidd wird von evangelikalen Autoren wie → Philip Yancy, David Jeremiah und Beth Moore positiv erwähnt.

- Publikationen: *Die Bienenhüterin; Granatapfeljahre; Die Meerfrau; Schule des Lebens; Schmetterlingszeit.*
- Persönliche Webseite: www.suemonkkidd.com.

Kirby, Richard ist Anglikaner und Autor des Buches *The Mission of Mysticism*. In seinem Buch schreibt er: »Die Meditation fortgeschrittener Okkultisten ist identisch mit dem Gebet fortgeschrittener Mystiker: Es ist kein Zufall, dass beide Traditionen die gleichen Worte für das höchste Ziel ihrer jeweiligen Aktivitäten haben: Kontemplation« (7).

Kontemplation kommt aus dem Lateinischen *contemplatio* und bedeutet Versenkung oder Betrachtung. Kontemplative Übungen haben das Ziel, geistig-religiöse Einsichten zu gewinnen. Bereits Platon (~428–347 v. Chr.), griechischer Philosoph der Antike, lehrte, dass es eine Welt gibt jenseits der materiellen Welt, die der Mensch mit seinen fünf Sinnen nicht wahrnehmen kann. Die unsterbliche Seele konnte durch philosophische Bemühungen in diese Ideenwelt, die Ebene aller Urbilder der materiellen Dinge, vordringen und aus Sicht Platons die absolute Wahrheit finden. In Platons Denken hatte die Kontemplation einen zentralen Stellenwert. Durch Kontemplation konnte der Mensch nicht nur in die göttliche Ideenwelt vordringen, sondern auch gut und glücklich werden.

Der → Neuplatonismus im 3. nachchristlichen Jahrhundert knüpfte an Platons Philosophie an und beeinflusste das Denken der christlichen Kirche bis ins Mittelalter. Der Neuplatonismus lehrte, dass die menschliche Seele von allem Irdisch-Materiellen frei werden musste, um sich mit der Welt des reinen Geistes wieder zu vereinigen. In einer mystischen Ekstase konnte der Mensch das Einswerden mit dem göttlichen »Einen« erlangen. Insbesondere → Origenes und → Gregor von Nyssa waren vom neuplatonischen Denken beeinflusst.

Gregor von Nyssa lehrte einen dreistufigen Weg der Kontemplation: Reinigung, → Erleuchtung und Einswerdung mit Gott. Die → Wüstenväter und christlichen Mystiker des Mittelalters strebten durch die Kontemplation die → *unio mystica* an. Die Loslösung von der Welt wird aus Sicht der christlichen Mystiker durch Askese, Stille und religiöse Übungen wie die → Lectio Divina gefördert. Damit folgten viele der christlichen Mystiker einer Leib- und Weltfeindlichkeit der griechischen Philosophie, die dem Christentum fremd ist. Diese Spannung zwischen dem kontemplativen Weg (*via contemplativa*) und dem aktiven Weg (*via activa*), zwischen Rückzug in die Abgeschiedenheit des Eremitentums, um mit Gott in der

Kontemplation eins zu werden, und dem Weg der tätigen Nächstenliebe, die sich der Welt zuwendet, wird von allen christlichen Mystikern nicht immer in der gleichen Weise aufgelöst. Die Priorität der Kontemplation über das weltzugewandte Handeln ist in der langen Geschichte der christlichen Mystiker jedenfalls unübersehbar.

Die fernöstlichen Religionen betrachten die Kontemplation als Weg der Seele zum göttlichen Selbst, das in jedem Menschen verborgen ist. Dieses göttliche Selbst durch → Meditation zu finden bedeutet, das Einssein mit Gott, mit den Menschen und mit dem Universum zu erfahren. In der christlichen Mystik wird Kontemplation generell als die höchste Form der Meditation betrachtet.

• Webseite: www.kontemplationundmystik.de.

Kontemplation, imaginative, auch als Imaginations-Meditation bezeichnet, unterscheidet sich vom kontemplativen Gebet, das sich auf ein Wort wie Jesus (→ Jesus-Gebet) konzentriert. Imaginative Kontemplation ist Versenkung in ein Ereignis oder in eine Vorstellung. → Teresa von Avila bspw. versenkte sich in die »Vergegenwärtigung Christi« und seiner Heilstaten, insbesondere in seinen Leidensweg.

kontemplatives Gebet → Gebet der Sammlung

Kosmischer Christus ist ein Begriff, der im → New Age für den »universellen Gott« verwendet wird. Synonyme für den kosmischen Christus sind »kosmische Energie«, »kosmisches Bewusstsein« oder »kosmische Einheit«. Das »göttliche« Potential im Menschen kann durch → Meditation und → Kontemplation erschlossen werden, um das wahre Selbst mit dem kosmischen Christus zu vereinen. Dieser Prozess der Selbstverwirklichung ist im Grunde der Versuch menschlicher Selbsterlösung. In der anthroposophischen Lehre Rudolf Steiners inkarniert sich der »kosmische Christus« in dem Menschen Jesus, als dieser von Johannes dem Täufer getauft wurde. Der Christus- oder Sonnengeist soll die kosmische Abwärtsentwicklung der Erde korrigieren und vor ihrem Untergang retten. Der Jesuit → Teilhard de Chardin verbindet die Naturwissenschaft mit der christlichen Glaubenslehre und erhebt den kosmischen Christus zur Mitte seiner Weltsicht. Der kosmische Christus ist für Teilhard nicht eine Person, sondern das Ziel der geistigen Evolution des gesamten Kosmos. Diese Vollendung der kosmischen Evolution bezeichnet Teilhard auch als » Punkt Omega«.

Kreeft, Peter (geb. 1937) ist Professor der Philosophie, Autor christlicher und apologetischer Bücher. Er ist Mitunterzeichner des kontrovers diskutierten Dokuments *Evangelicals and Catholics Together* (1994), um die Einheit zwischen Evangelikalen und Katholiken zu bezeugen. In seinem Buch *Ecumenical Jihad* schreibt der zum Katholizismus konvertierte Philosophieprofessor:»Auf meiner Pilgerreise vom niederländisch-reformierten Calvinismus zum römischen Katholizismus war dasjenige katholische Dogma, das mich am meisten anzog, die Eucharistie« (145). Kreeft glaubt, dass sowohl die Eucharistie als auch die Marienverehrung – beides zentrale Dogmen, die einst zur Reformation und Kirchenspaltung führten –, im ökumenischen Prozess der Zukunft die größte Einigungskraft entfalten werden (158). Die mystische Realpräsenz Christi in der Eucharistie wird aus Sicht Kreefts eine Anziehungskraft ausüben, die Protestanten mit der Mutter aller Kirchen, der römisch-katholischen Kirche, wiedervereinen wird. In der Tat ist selbst unter Evangelikalen neben dem neuen Interesse an katholischen Mystikern mittlerweile ein Annäherungsprozess an die katholische Kirche zu verzeichnen. Neben gemeinsamen ethischen Zielen in einer Zeit der Säkularisierung trägt die zunehmende Popularität katholisch-mystischer Spiritualität sicherlich zu diesem Prozess der Annäherung bei. Kreeft sympathisiert mit den Lehren des → Buddhismus und sieht keinen Widerspruch zwischen Christentum und Buddhismus. 2010 war Peter Kreeft als Redner in der *Apologetics Weekend* Konferenz in → Rick Warrens *Saddleback Church* eingeladen.

- Publikationen: *Ökumenischer Djihad?; Dienstanweisung für eine schöne neue Welt; Was meinen Sie, Herr Sokrates?; Zwischen Himmel und Hölle.*
- Persönliche Webseite: www.peterkreeft.com.

Küstenmacher, Marion (geb. 1956), evangelische Theologin, Germanistin, Verlagslektorin sowie Redakteurin und Autorin zahlreicher Bücher, arbeitet heute freiberuflich als Autorin und Coach für spirituelle Persönlichkeitsentwicklung. Sie ist Gründungsmitglied des *Ökumenischen Arbeitskreises Enneagramm* (→ Enneagramm); sie hält zu diesem Thema seit über 20 Jahren Vorträge und veranstaltet ferner Seminare und Exerzitientage. Mit → Andreas Ebert zusammen entwickelte sie ein Meditationsband (*Perlen der Seele*) mit kontemplativen Übungen, die auf den Weisheiten des Enneagramms basieren. Marion ist mit →Werner Tiki Küstenmacher verheiratet und wohnt in München.

Auf der Enneagramm-Webseite des *Ökumenischen Arbeitskreises Enneagramm* heißt es über Marion Küstenmacher:»Mitbegründerin des *Ökumenischen Arbeitskreises Enneagramm* (ÖAE), Entwicklung und Redaktion des Enneagramm-Rundbriefs (jetzt *EnneaForum*). Spirituell geprägt von: charismatischen Erfahrungen, Rainer Maria Rilke, Simone Weil, Ernesto Cardenal, Dorothee Sölle, → C. G. Jung, → Richard Rohr, → Herzensgebet (Franz Jalics), unzähligen Mystikern der drei Buchreligionen Judentum, Christentum und Islam, integraler Philosophie (→ Ken Wilber); Gründungspräsidentin des Rotary Clubs München-West, ehrenamtliches Engagement u. a. im Schüler-Coaching.« Ihre Kursangebot umfassen:»Eigene Beratungspraxis für spirituelle Persönlichkeitsentwicklung in Gröbenzell/München (Gott 9.0 und Bewusstseinsstufen, Enneagramm, Wertimagination, Mystik – Einzelberatung und Gruppen); Mitarbeit im spirituellen Zentrum St. Martin, München …«

- Publikationen: *Das Enneagramm der Weisheit, Die Perlen der Seele – Meditieren mit dem Enneagramm; Der Seele einen Garten schenken; Simplify your love: Gemeinsam einfacher und glücklicher leben; Gott 9.0 – Wohin unsere Gesellschaft spirituell wachsen wird* (Co-Autoren: Tilmann Haberer und Werner Küstenmacher).

Küstenmacher, Werner »Tiki« (geb. 1953), ist evangelischer Theologe, Journalist, Buchautor von über 100 Büchern, Karikaturist,

Chefredakteur von *simplify your life* und gefragter Redner. Werner ist verheiratet mit → Marion Küstenmacher.

Küstenmacher war von 1981–1990 bei der Evangelisch-Lutherischen Kirche in Bayern für die Medienarbeit zuständig. Er gründete das *Evangelische Fernsehen*, eine TV-Produktionsfirma für Sat 1 und RTL, und moderierte eine Reihe von Sendungen. Bekannt wurde er durch den Bestseller *simplify your life,* der 2001 herausgegeben wurde und dem die Publikation eines monatlichen Newsletters unter dem gleichen Namen folgte sowie das dazugehörige Monatsheft. Mit seiner Frau Marion war er von 1998 – 2008 Chefredakteur von *simplify your life,* seit 2008 ist er als Mitherausgeber tätig. Er tritt regelmäßig im ZDF-Magazin »sonntags« mit Tipps zur Lebensvereinfachung auf (*Tikimation: Lebensphilosophie als Comics*). Seit 1998 gehört er außerdem zum Rednerkreis für die *Evangelische Morgenfeier* im Bayerischen Rundfunk.

Auf einer Studienreise in den USA zusammen mit → Andreas Ebert begegnete Werner Küstenmacher im Jahre 1977 → Richard Rohr. Küstenmacher ist auch heute durch seine Frau Marion, die sich im *Ökumenischen Arbeitskreis Enneagramm* (ÖAE) engagiert, mit der spirituellen Ausrichtung Rohrs verbunden. Er beteiligt sich an Veranstaltungen des ÖAE z.B. als Sprecher bei Podiumsveranstaltungen u.a. mit Andreas Ebert und → Anselm Grün. Küstenmacher war in den 1990er Jahren Redaktionsmitglied des *Enneagramm*-Rundbriefs.

- Webseiten: www.kuestenmacher.com; www.tiki.de.
- Publikationen: *simplify your life; JesusLuxus – die Kunst wahrhaft verschwenderischen Lebens; Gott 9.0 – Wohin unsere Gesellschaft spirituell wachsen wird* (Co-Autoren: Tilmann Haberer und Marion Küstenmacher).

Kything, auch Kything-Gebet, geht auf das alte schottische Wort *to kythe* zurück, das so viel bedeutet wie »sichtbar machen«. Kything-Gebet wurde durch das *Center for Action and Contemplation* in Albuquerque, New Mexico, populär, das von → Richard Rohr gegründet wurde. Der Franziskanerpater Richard Rohr machte das Kything-Gebet in den USA so bekannt, dass er mittlerweile als »kything monk« (Kything-Mönch) bezeichnet wird. Bei Kything handelt es sich um eine Methode, die den Geist einer anderen Person, auch einer verstorbenen Person wie z. B. eines Heiligen, anruft, damit dieser Geist sich mit dem eigenen Geist verbindet (*spirit-to-spirit presence*). Dies soll dazu dienen, die Energien und Gaben einer anderen Person für sich zunutze zu machen. Die Geist-zu-Geist-Verbindung weist Ähnlichkeiten zur Telepathie auf. Louis M. Savary und Patricia H. Berne haben diese kontemplative Gebetsmethode in ihrem Buch *Kything: The Art of Spiritual Presence* (1989) beschrieben. Der Irisiana Verlag, der → New-Age-Literatur verlegt, brachte im Jahre 1998 die deutsche Übersetzung des Buches unter dem Titel *Die heilende Kraft des Betens* heraus.

Kything-Gebet ist eine extreme Form des kontemplativen Gebets. Die Anrufung der Geister von Verstorbenen ist in der Bibel allerdings strikt untersagt (3Mo 19,31, 20,6.27; Jes 8,19). Hinzu kommt, dass die magische Komponente des Kything-Gebets, wonach Kräfte und Energien genutzt werden, um die eigene Lebenssituation zu verändern, dem christlichen Verständnis völlig entgegengesetzt ist.
• Publikationen zum Thema: Louis M. Savary & Patricia H. Berne, *Die heilende Kraft des Betens*.

Labyrinthe dienen als Symbol des Lebensweges mit seinen zahlreichen Richtungsänderungen. Das Ziel ist das Auffinden der Mitte. Die Labyrinth-Bewegung will Personen helfen, beim Begehen des Labyrinths, oft begleitet von einer Labyrinth-Meditation, innezuhalten. Die Autoren Hohmuth und Reschika schreiben in ihrem Buch *Inseln für die Seele: Die Mystik der Labyrinthe*: »In unseren Tagen erlebt das Labyrinth weltweit eine Renaissance. Ohne Übertreibung kann man sogar sagen, dass wir uns im ›größten Goldenen Zeitalter der Irrgärten und Labyrinthe‹ befinden« (7). In der Esoterik dienen Labyrinthe ebenso wie → Mandalas der → inneren Heilung oder Bewusstseinserweiterung. Labyrinthe können meditativ ausgemalt werden, individuell in der Stille begangen oder gemeinschaftlich als Prozession durchlaufen werden. Es gibt Labyrinthmeditationen, Labyrinthtanz, Kerzenlabyrinthe und Schneelabyrinthe. Sogar die Geburt von Kindern werden mit Labyrinth-Ritualen gefeiert.

Die *Labyrinth Society*, die seit ihrer Gründung im Jahre 1998 ein steigendes weltweites Interesse an Labyrinthen verzeichnet, veranstaltet jährlich am ersten Samstag im Mai einen *World Labyrinth Day* (Welt-Labyrinth-Tag), der positive Energien für eine globale Transformation, Einheit und Weltfrieden freisctzen soll.

• Publikationen zum Thema: Gernot Candolini, *Die Faszination der Labyrinthe.*
• Webseiten: www.labyrinthsociety.org; www.begehbare-labyrinthe.de.

Lectio Divina, auch als göttliche Lesung, geistliche Schriftlesung oder meditative Lesung der Bibel bezeichnet, tritt erstmals 238 n. Chr. bei → Origines in einem Brief an seinen Schüler Gregor in Erscheinung und fand im Mönchtum des Mittelalters durch die → Wüstenväter weitere Verbreitung. Ursprünglich bestand diese im frühen Mönchtum aus drei Schritten, die das tägliche Stundengebet ergänzen sollten: lesen, auswendig lernen, meditieren. Dies wurde als »ruminatio«, das sogenannte »Wiederkäuen« der Schriftworte, bezeichnet. Die vier Stufen der Lectio Divina entwickelte der Kartäusermönch Guido II. im 12. Jahrhundert, bekannt unter dem Namen »Scala claustralium«, die Leiter der Mönche zum Himmel.

Die vier Stufen der Lectio Divina beinhalten: (1) *Lectio* (Lesung): Eine Schriftstelle wird aufmerksam gelesen; (2) *Meditatio* (Meditation): Der Meditierende soll über eine Schriftstelle nachdenken, die ihm zum lebendigen Wort werden soll; (3) *Oratio* (Gebet): Das persönliche Nachdenken über die Schriftstelle führt zum Gebet; (4) *Contemplatio* (Kontemplation): Alles eigene Tun wird losgelassen; Gottes Wort wird mit in den Alltag und die eigene Lebensführung genommen. Diese kontemplative Grundhaltung soll die Gemeinschaft mit Gott fördern und vertiefen.

Die Lectio Divina wurde bis zur Reformation hauptsächlich im Mönchtum von der geistlichen Elite ausgeübt. Der evangelische Theologe und Pietist August Hermann Francke (1663–1727) griff diese Methode der Schriftlesung auf und verfasste dazu die Abhandlung *Kurzer Unterricht, wie man die Heilige Schrift zu seiner wahren Erbauung lesen sollte*. Durch das Zweite Vatikanische Konzil, das die Bibel wieder mehr in den Mittelpunkt aller Gläubigen stellte, erfuhr die Lectio Divina auch in der katholischen Kirche eine Wiederbelebung. Es entstanden Lectio Divina-Zentren. Personen wie → Thomas Merton, → Basil Pennington, → Thomas Keating, → Morton Kelsey und → Richard Foster trugen zur Verbreitung der geistlichen Schriftlesung über katholische Kreise hinweg bei. Auf diese Weise entwickelte sich die Lectio Divina zu einer spirituellen Methode des → kontemplativen Gebets, das der → Geistigen Formung (*spiritual formation*), der spirituellen Entwicklung des Christen, dienen soll.

• Webseite: www.lectio-divina.org.

Licht, inneres: Der → Quäker → George Fox war der erste, der die Lehre über die Führung durch das »innere Licht« des Christus formulierte. Diese Lehre war zentral, was den geistlichen Wandel der Quäker anging. Sie glaubten, dass Gott sich kontinuierlich durch das innere Licht offenbarte. Diese »Offenbarungen« wurden der Bibel gleichgestellt.

Lucado, Max (geb. 1955) ist evangelikaler Autor von nahezu 100 Büchern, die sich über 80 Millionen Mal verkauft haben. 2005 wurde er von *Reader's Digest* als »Bester Prediger in den USA« ausgezeichnet. Lucado empfiehlt das Buch *All is Grace* von → Brennan Manning. Lucado hat 2006 zusammen mit → Richard Foster, → Dallas Willard, → Peter Kreeft, → Jan Johnson u. a. die DVD *Be Still* veröffentlicht. Die DVD von *20th Century Fox* enthält auf 99 Minuten neben Beiträgen über kontemplative Methoden, geführte Imaginationen und Lectio Divina viele weitere Beiträge, die interspirituelle Tendenzen aufweisen. Vom 21.–24. Juni 2011 sprach Lucado neben Richard Foster, Dallas Willard und → John Ortberg auf der *Renovaré International Conference* unter dem Motto »The Jesus Life«. Die → Renovaré-Bewegung wurde von Richard Foster gegründet, um die kontemplative Bewegung zu fördern.

- Publikationen: *Ein Geschenk für dich: Weil du es ihm wert bist; Schön, dass es dich gibt; Limonadenrezepte für Zitronentage; Nur für dich; Wenn Gott dein Leben verändert; Du bist einmalig; 3:16: Zahlen der Hoffnung* u.v.m.
- Persönliche Webseite: www.maxlucado.com.

Madame Guyon (1648–1717), auch *Jeanne-Marie Bouvier de la Motte-Guyon*, war französische Mystikerin und bedeutende Vertreterin des → Quietismus (die völlige Aufgabe des Ich in Gott, um in beständigem Gleichmut zu leben). Die Lektüre von → Franz von Sales hinterließ einen bleibenden Eindruck bei ihr. Ihre jugendlichen Pläne, Nonne zu werden wie eine ihrer älteren Schwestern, gab sie auf. Im Alter von 16 Jahren wurde sie verheiratet. Als Mutter von fünf Kindern, von denen zwei früh starben, wurde sie bereits mit 28 Jahren Witwe. Am Genfersee widmete sich Guyon der Niederschrift einiger ihrer Werke. Sie geriet zunehmend in Konflikt mit der katholischen Kirche, weil sie die Lehren → Miguel de Molinos verbreitete. Molinos, von der katholischen Kirche als Ketzer betrachtet, wurde in den Kerker geworfen und starb nach 9-jähriger Haft. Auch Guyon wird in einem Kloster und von 1698–1703 in der Bastille im Osten von Paris gefangen gehalten. Nach ihrer Freilassung zog sie sich zu einem ihrer Söhne im nordfranzösischen Blois zurück und pflegte nur noch Briefkontakt mit ihrer wachsenden Anhängerschaft, die auch viele Protestanten umfasste.

Guyon verfasste gründliche Ausführungen über das innere Gebet, das → Herzensgebet. Jeder Mensch sollte bereits im Diesseits die Einswerdung mit Gott anstreben. Diese Vereinigung mit Gott ist die Einswerdung mit der eigenen Mitte. Guyon lehrt wie → Teresa von Avila, dass nur die »Nacht der Seele«, der Nachtweg, den Menschen von allen egoistischen Bestrebungen befreien und mit Gott vereinen kann. Daneben spricht Guyon von einem aktiven und passiven Lichtweg. Diese beiden Wege des aktiven Erkennens mit dem Verstand und des passiven Empfangens von Offenbarungen sind dem Nachtweg weit unterlegen. → Emmanuel Jungclaussen schrieb zwei Bücher über Madame Guyon.

- Publikationen: *Die geistlichen Ströme; Das innere Gebet; Rechtfertigung der Lehre; Die fünf Bücher Mose – Mit Erklärungen das innere Leben betreffend.*

Makarios der Ägypter (~300–390), auch Makarios der Große, soll 60 Jahre als Einsiedler in der Sketischen Wüste Oberägyptens gelebt haben. Er lebte in seiner Höhle, in der er fastete, sich kasteite und sich dem Psalmengesang, der Versenkung und dem Gebet widmete. Sein Lebensmotto war »sitze und weine«. Er kämpfte mit Dämonen und begegnete dem Teufel. Auf die Frage des Makarios an den Teufel, was es sei, das ihn als einfacher Eremit zum Sieger über den Erzfeind Gottes machte, soll der Teufel ihm geantwortet haben: »Deine Demut.« Um 360 gründete Makarios ein Kloster, das zur geistigen Heimat von bis zu 4000 Mönchen wurde. Auf Geheiß seines Bischofs begab er sich wieder unter die Menschen und predigte das Evangelium. Er hatte den Ruf Wunderheiler und Prophet zu sein.

Mandala ist das indische Sanskrit-Wort für Kreis und wird als spirituelles Symbol verwendet. Mandalas sind Bilder in Kreis- oder Quadratform mit einer Mitte und versinnbildlichen Bewusstseinserweiterung. Im → Hinduismus findet das Mandala Anwendung bei religiösen Riten. Im → Buddhismus wird das Mandala als Objekt für die → Meditation verwendet. → C. G. Jung erkennt in Mandalas einen Archetypus, Urbilder im kollektiven Unbewussten.

Männerpfade ist eine Männergruppe, die im Zuge einer Männerinitiation durch → Richard Rohr im Jahre 2009 in Österreich ins Leben gerufen wurde. Auf der Internetseite von *Männerpfade* heißt es: »Männerpfade hat seine spirituellen und historischen Wurzeln in MALEs (*Men as Learners and Elders*), der Männerarbeit des *Center for Action and Contemplation* (CAC), Albuquerque, USA. Dieses Center wurde im Jahr 1986 durch den Franziskanerpater Richard Rohr gegründet. Das Ziel von MALEs ist, die Spiritualität von Männern zu fördern. Ein zentrales Anliegen von MALEs ist es, einen Initiationsritus für Männer insbesondere in der westlichen

Welt anzubieten, der die teilnehmenden Männer in ihrer Rolle und Identität als Mann bestärkt.« Die vermeintliche Identitätskrise unter Männern ist aus Sicht der *Männerpfade* unter anderem eine spirituelle Krise. Die Initiation wird mit folgenden Worten erläutert:»Außerhalb unserer modernen westlichen Gesellschaft wurden und werden junge Männer in die wesentlichen Mysterien und Geheimnisse des Lebens initiiert, also eingeweiht. Die Erfahrung dieser Initiation macht den Jungen zum Mann. Initiationsriten sind die ältesten bekannten Systeme spiritueller Unterweisung, sie gehen allen institutionellen Religionen voraus.« Die Internetseite *Männerpfade* bietet Foren für »initiierte Männer« an (Aufbau eines Männernetzwerkes) sowie Buchempfehlungen zum Thema (z. B. Richard Rohr, *Endlich Mann sein*). Alle 2 Jahre, in geraden Jahren, ist eine Initiation geplant, in ungeraden Jahren wird ein Firming, eine»Einführung in das Leben mit dem wahren Selbst«, angeboten. Zu den drei Tagen des Firming gehört ein 24-stündiges Fasten in der Natur sowie Rituale, welche die bei der Initiation gemachten Erfahrungen vertiefen sollen, um innere Ganzheit zu erlangen.

Männerpfade befindet sich unter dem Dach des *Spirituellen Zentrums St. Martin* in München, dessen Pastor → Andreas Ebert mehrere Bücher von Richard Rohr übersetzte sowie als Co-Autor von Rohr Bücher verfasste. Andreas Ebert ist außerdem landeskirchlicher Beauftragter für *Geistliche Übung und Meditation* im Raum Südbayern.
• Webseite: www.maennerpfade.org.

Manning, Brennan (geb. 1934) ist US-amerikanischer Franziskanerpater und Autor von über 20 Büchern. 1956 meditierte Manning über die Stationen des Kreuzes und erfuhr die persönliche Liebe Jesu Christi in einer so mächtigen Weise, dass er sein Leben der Nachfolge Christi widmen wollte. Nach seinem Theologiestudium wurde er 1963 zum franziskanischen Priester geweiht. Während eines Aufenthalts in Europa zog er sich in Spanien für sechs Monate alleine in die Abgeschiedenheit einer Höhle zurück und erlebte ein weiteres Mal die Liebe des gekreuzigten Christus, der zu ihm sprach:»Aus Liebe für dich verließ ich meinen Platz an der Seite des

Vaters. Ich kam zu dir, du bist vor mir geflohen und wolltest meinen Namen nicht hören. Aus Liebe zu dir wurde ich angespuckt, gestoßen und geschlagen und ans Kreuz genagelt.« Diese Worte brannten sich in sein Herz ein. In den 1970er Jahren kehrte Manning in die USA zurück, wo er mit vier anderen Priestern in der Hafenstadt Bayou La Batre, Alabama, den einfachen Lebensstil der Franziskaner praktizierte und den Menschen seelsorgerlich diente. Mitte der 1970er Jahre begab sich Manning nach Fort Lauderdale, Florida und diente am *Broward Community College*. Sein erfolgreicher Dienst wurde von einer Alkoholabhängigkeit unterbrochen. Er unterzog sich einer 6-monatigen Entziehungskur. Nach seiner vorläufigen Genesung verließ Manning im Jahre 1982 den Franziskanerorden und heiratete Roslyn Ann Walker. Er verfasste ein Buch, dem bald viele weitere folgen sollten. Manning wurde seit dieser Zeit häufig als Redner eingeladen und leitete → Einkehrtage. Im Jahre 2000 wurde die Ehe von Brennan Manning geschieden, u. a. aufgrund der häufigen Rückfälle in den Alkoholismus.

Manning schreibt in seinem Buch *The Signature of Jesus*: »Der erste Schritt des Glaubens besteht darin, in der Zeit des Gebets aufzuhören, über Gott nachzudenken« (212). Statt über Gott nachzudenken, soll der Beter ein Mantra nutzen: »Ohne deine Lippen zu bewegen, wiederhole das heilige Wort in deinem Inneren, langsam und oft« (218). In seinem Buch *Abba's Child* schrieb Manning: »Wenn ich Christus finde, werde ich mein wahres Selbst finden, und wenn ich mein wahres Selbst finde, werde ich Christus finden« (125).

In den 1990er Jahren war Manning spiritueller Mentor für den christlichen Psychologen → Larry Crabb. Larry Crabb und → Max Lucado empfehlen wärmstens das neueste Buch Mannings, *All is Grace* (2011), und → Philip Yancey schrieb sogar das fünfseitige Vorwort zu diesem Buch. Auf → Rick Warrens Webseite www. saddleback.com wurde Mannings Buch *The Ragamuffin Gospel* (dt. Titel: *Größer als dein Herz*) unter »Resources – Must Read Books« als »lebensverändernde Lektüre« angeboten. Manning empfiehlt die Bücher des Trappistenmönchs → Basil Pennington all denen, die in eine tiefe Beziehung mit Gott eintreten wollen.

John Caddock charakterisiert Brennan Manning jemand, der offen und packend über die eigenen Ängste, das eigene Versagen und die eigenen psychologischen Komplexe und Schwierigkeiten schreibt und darüber, wie er diese überwindet. Er gibt vor, eine sehr tiefe und intime Gottesbeziehung zu pflegen und berichtet vielfach von Visionen und Begegnungen mit Gott. Caddock kommt zu dem Schluss, dass Manning ein begabter Schrifsteller ist, der es versteht, die Gefühle des Lesers anzusprechen: »Er verheißt seinen Lesern, dass sie, sofern sie seine Lehren anwenden, die gleiche Intimität mit Gott erlangen sowie die Befreiung von aller Furcht, Schuld und allen psychologischen Komplexen und Schwierigkeiten. Mannings Beschreibung, wie dies zu erreichen ist, besteht nicht im traditionellen Gebet oder dem Lesen und Anwenden der Bibel. Vielmehr handelt es sich bei den Methoden, die dieses Ziel erreichbar machen sollen, um eine Mischung aus östlichem Mystizismus, Psychologie, → New-Age-Denken, Befreiungstheologie, Katholizismus und Protestantismus. Diejenigen, die Mannings Methoden praktizieren, werden sich höchstwahrscheinlich Gott näher fühlen. Sie werden sich aber tatsächlich im Laufe dieses Prozesses von Gott entfernen, weil dies die unausweichliche Folge dieser falschen Spiritualität ist.« (Caddock: *What is Contemplative Spirituality?*)

- Publikationen: *Kind in seinen Armen: Gott als Vater erfahren; Alles aus Gnade; Größer als dein Herz. Erleben, was Gnade heißt; Die unbändige Liebe Gottes; Der Blick, der dich heilt.*
- Persönliche Webseite: www.brennanmanning.com.

Mantra ist ein Wort oder eine kurze Wortfolge, die wiederholt rezitiert wird. Mantren können auch gedanklich wiederholt werden. Im → Buddhismus, → Hinduismus und im → Yoga werden Mantren häufig in der → Meditation eingesetzt. Manche Mantren sind Namen von Göttern. Das anhaltende Rezitieren eines Mantras soll die Konzentration auf ein Ziel richten und verhindern, dass die Gedanken abschweifen. Mantren dienen ferner der Bewusstseinserweiterung. Im Hinduismus sollen Mantren mentale und spirituelle Energien freisetzen oder als Beschwörungsformeln Schaden vom Menschen abwenden. Auch → Visualisationen sind in Verbindung mit Mantren möglich. Der bekannte Meditationsmeister Sri Chimnoy ist überzeugt, dass ein Mantra mit einer »geheimen Kraft aufgeladen« ist. Manche Gurus teilen ihren Schülern nach ihrer Initiation ein persönliches Mantra mit.

Mantra-Meditation → Mantra

May, Gerald (1940–2005) war 25 Jahre lang Arzt und Psychiater, bevor er seine Tätigkeit beim → *Shalem Institute* aufnahm, einer von → Tilden Edwards gegründeten Organisation, welche das kontemplative Leben global fördern will. May lehrte viele Jahre kontemplative Theologie und Psychologie am *Shalem Institute*. Er ist Autor vieler Bücher und Artikel, die → Spiritualität mit Psychologie verbinden. In seinem Buch *The Awakened Heart* kommen → Franz von Sales und → Teresa von Avila zu Wort. In seinem Buch *The Dark Night of the Soul*, das eine Buchempfehlung von → Richard Rohr enthält, greift der Psychiater auf → Johannes vom Kreuz zurück, um zu erläutern, wie die dunklen Momente im Leben dem spirituellen Wachstum dienen. Das Buch enthält ein Kapitel über → Johannes vom Kreuz und Teresa von Avila und ein weiteres, das sich mit Kontemplation und Meditation befasst.

- Publikationen: *Die Nacht der Seele: Mit Mystikern aus der Depression; Sehnsucht, Sucht und Gnade: Aus der Abhängigkeit zur Freiheit; Ich schlafe, doch mein Herz ist wach. Wege zum kontemplativen Leben; Der sanfte Weg: Ein Meditationshandbuch.*
- Webseite: www.shalem.org.

McColman, Carl ist Autor des Buches *The Big Book of Mysticism*, in dem er schreibt: »Der christliche Mystizismus scheint von Anfang an intuitiv erkannt zu haben, dass der Weg des Mystizismus eine Form von Einheit ist, die alle religiöse Unterschiede überwindet ... man kann keine klare Unterscheidung zwischen christlicher und nichtchristlicher Mystik treffen ... Es ist genau in dieser geheimnisvollen Dimension, in der Menschen unterschiedlicher Religionen und unterschiedlicher Weisheitstraditionen eine Beziehung

untereinander herstellen können« (63-64). Das Buch wird von →
Brian McLaren und → Richard Rohr empfohlen.

Auf seinem persönlichen Blog empfiehlt McColman 75 Bücher
über den buddhistisch-christlichen Dialog, die nach seinem Dafür-
halten den »Reichtum der interspirituellen Praktiken« herausstel-
len. Unter den empfohlenen Autoren trifft man u. a. auf → Marcus
Borg, → Thomas Merton, → Tilden Edwards, → Willigis Jäger
und → William Johnston.

Persönliche Webseiten: www.carlmccolman.com.

McLaren, Brian (geb. 1956) ist christlicher Pastor, Autor und ein
führender Vertreter der → Emerging Church. In seinem Buch *A
New Kind of Christian* (dt. Titel: *Nachfolge auf neuem Kurs,* Neukirchener / Ausaat Verlag) schreibt McLaren, dass die Bibel nicht länger als irrtumslos und autoritativ betrachtet werden kann und dass
sich die Unterschiede zwischen Liberalen und Evangelikalen in der
Postmoderne ohnehin auflösen werden. Die Botschaft der postmodernen Kirche muss Bild-orientiert (*image-driven*) und nicht
Schrift-orientiert (*Word-driven*) sein. → Tony Jones bezeichnet
McLarens Buch in seiner Buchempfehlung auf der Rückseite als
»prophetisch« und McLaren selbst als einen »Propheten«.

In *A New Kind of Christianity* ruft McLaren den Leser dazu
auf, andere Religionen nicht zu dämonisieren und sich vom grie-
chisch-römischen Denken zu befreien. Dann, so McLaren, wären
wir »frei von der Neigung, stets in Kategorien ›Insider/Outsider‹
und ›wir/sie‹ zu denken. Wir würden lernen, Gott in unserem
Nächsten zu erkennen, und wir würden ein größeres ›Wir‹ erkennen, welches die Menschen aller Religionen einschließt« (215). Auf
der Rückseite des Buches befindet sich eine Empfehlung von →
Richard Rohr, der über McLaren sagt: »Hier und da kommen be-
gabte Leute hervor, die eine Situation aus einer höheren Ebene betrachten. Brian McLaren ist einer dieser Seher.«

Über McLarens Buch *Naked Spirituality,* das kontemplative
Praktiken befürwortet, schreibt Courtney Reissig: »Bei seinem Versuch, Beispiele der Barmherzigkeit anderer Religionen anzuführen,
erläutert er die guten Praktiken von Buddhisten, Juden, Moslems

und Christen. Diese Lockerheit in Bezug auf andere Religionen ist ein Thema, das sich durch das ganze Buch hindurchzieht. Während er die Bibel als Quelle seiner Argumente nutzt, ist sein Flirt mit den Praktiken falscher Religionen gefährlich und verwirrend« (*Review: Brian Mclaren, Naked Spirituality*). Die Buchempfehlungen von → Shane Claiborne und → Marcus Borg finden sich auf der Rückseite des Buches. McLaren gehört dem *Living Spiritual Teachers Project* an, das von der Organisation *Spirituality & Practice* gefördert wird und für → Interspiritualität steht.

- Publikationen: *Die geheime Botschaft von Jesus: Die Wahrheit, die alles verändern könnte; Dem Leben wieder Tiefe geben: Gott im Alltag entdecken; Höchste Zeit, umzudenken: Jesus, globale Krisen und die Revolution der Hoffnung; Nachfolge auf neuem Kurs: Zehn Fragen, die den Glauben verändern.*
- Persönliche Webseite: *www.brianmclaren.net.*
  Weitere Webseite: *www.spiritualityandpractice.com.*

Mechthild von Magdeburg (~1212–1294) wurde im Erzstift Magdeburg geboren und hatte bereits im Alter von 12 Jahren ihre ersten mystischen Erfahrungen in Form von Visionen. Um 1230 trat sie einer Gemeinschaft von Beginen bei. Beginen gehören keinem Orden im eigentlichen Sinne an, sondern pflegen ein frommes Leben unter einer selbstgewählten Leiterin. Mechthild lebte dreißig Jahre in dieser Gemeinschaft, die sich an der Mönchsregel des → Dominikus orientierte. Ihr Hauptwerk *Das fließende Licht der Gottheit*, welches nach Mechthild zum einträglicheren Verständnis neunmal gelesen werden sollte, beschreibt die Vermählung der Seele mit Christus und spricht von Gott als weiblicher Person (Herrin). Mechthild folgt den Vorstellungen des → Neuplatonismus, wonach die Welt ein »Ausfluss der Gottheit in die Welt der Schöpfung« darstellt (Leppin, 88). Gott begegnet Mechthild als Bräutigam. Mechthilds Sprache ist erotisierend; sie beschreibt die Begegnung mit dem Bräutigam »geradezu als Verführungsszene« (Leppin, 89). Ihr Hauptwerk wurde wahrscheinlich über einen Zeitraum von dreißig Jahren zusammengestellt und umfasst ihre Visionen, Gebete, Lehrreden und Meditationen in einem Stil, der teilweise prosaisch und teilweise voller Metaphern ist. Ihre Visionen waren nicht nur visuelle, sondern vor allem höchst emotionale Erlebnisse. Die Anfeindungen durch den kirchlichen Klerus, vor dem sie ihre Schriften verteidigen musste, führten schließlich dazu, dass Mechthild im Zisterzienserinnenkloster Helfta Zuflucht suchte. Ihre Mystik steht → Hildegard von Bingen und → Bernhard von Clairvaux nahe.

• Publikationen: *Das fließende Licht der Gottheit.*

Meditation ist eine mentale Technik, bei der sich der Verstand auf einen Punkt konzentriert. Das Wort Meditation kommt vom Lateinischen *meditatio*, was Nachsinnen oder Nachdenken heißt. Der Begriff Meditation wird heute in einem weiten Sinne gebraucht. Medizinisch nachgewiesen ist, dass meditative Entspannungsübungen zur Stressverminderung und körperlich-seelischem Wohlbefinden beitragen. Viele östliche Meditationslehrer versprechen ihren Jüngern, dass sie durch Meditation mehr Selbstvertrauen und Kreativität entwickeln.

In den fernöstlichen Religionen gehören verschiedene Formen der Meditation zur allgemeinen Frömmigkeitspraxis. Diverse Formen östlicher Meditation fanden in den letzten Jahrzehnten zunehmend Akzeptanz in der westlichen Kultur, insbesondere im Christentum. Spirituell motivierte Meditation strebt eine Bewusstseinserweiterung an und will eine Person entweder auf der Reise zu der Erkenntnis des wahren Selbst leiten, das aus fernöstlicher Sicht »Gott« ist, oder sie hat den Vorsatz, über das eigene Selbst hinaus Gott zu erkennen, wie es christliche Mystiker anstreben. Häufiges Ziel der Meditation ist die Einswerdung mit Gott und dem Universum.

Unterschiedliche Methoden dienen der Vertiefung der Meditation. Das Wiederholen von Mantren (→ Mantra), das meditative Betrachten eines Bildes oder → Mandalas mit geöffneten Augen (Bildmeditation) oder die innere Konzentration auf ein Bild, einen Gedanken oder ein Wort dienen dazu, den Verstand in die Stille zu führen (→ Passivität). Das am weitest verbreitete Mantra in Indien ist das Wort OM, »in dem alles enthalten ist, der Atem, die Befreiung, die Gottheit« (*Türen nach innen*, 102). Das → Herzensgebet würde somit eine »typische, allerdings christliche, Mantra-Meditation« darstellen (ebd.).

Meditativer Tanz, auch sakraler Tanz oder *Sacred Dance*, ist eine Form des Tanzes, die im 20. Jahrhundert entstanden ist. Es handelt sich um einen Übungsweg, der Gebet durch Körperbewegungen ausdrückt. Diese religiöse Dimension soll Ruhe in Bewegung vermitteln und den Weg zur eigenen Mitte aufzeigen. Der meditative Tanz ist nicht auf den kirchlichen Bereich beschränkt, sondern ein Angebot interspiritueller sowie therapeutisch-pädagogischer Gruppierungen.

Im Mittelalter bezeichnete man das verbotene Tanzen auf den Kirchhöfen und den Eingangshallen der Kirchen als *Kirchentanz.* Im 20. Jahrhundert tauchte dieser Begriff in der volkskundlichen Literatur erneut auf und wurde von Anke Kolster Mitte der 1990er Jahre in Deutschland populär gemacht. Sie integrierte Liedtänze, Ausdruckstanz, Prozessionstanz und Bibel-Tanztheater in das kirchliche Leben.

Im Gegensatz hierzu ist der sakrale oder meditative Tanz durch den Ballettmeister und Choreografen Professor Bernhard Wosien (1908–1986) zum Begriff geworden. Bei einem Aufenthalt in der esoterischen Gemeinschaft von Findhorn in Nordschottland Mitte der 1970er Jahre fasst er den Entschluss, seine dort gemachten Erfahrungen mit dem schweigenden Gebet in Form eines meditativen Tanzes umzusetzen. Wosien verwendete in seinen Choreographien Elemente der Volkstänze Israels, Griechenlands aber auch Gedankengut der Esoterik und Elemente aus den Weltreligionen. Seine Schülerin Friedel Kloke-Eibel führte die Arbeit nach seinem Tode fort, ebenso seine Tochter Maria-Gabriele Wosien und Nanni Kloke. In den 1980er Jahren entstanden Ausbildungsinstitute in den Niederlanden. 1990 erfolgte durch Friedel Kloke-Eibl die Gründung des Ausbildungsinstituts *Meditation des Tanzes – Sacred Dance* in Deutschland. Es folgten Ausbildungsstätten in Irland, der Schweiz und Brasilien. Mitte der 1990er Jahre wurde der *Fachverband Meditation des Tanzes – Sacred Dance e.V.* gegründet.

• Webseite: www.fachverband-mdt.de.

Meister Eckhart (~1260–1328), auch als Eckhart von Hochheim bekannt, war bedeutender Theologe und Mystiker des Mittelalters. Um 1275 trat er in den Dominikanerorden ein und wurde in Köln und Paris ausgebildet. 1302 legte er seine Magisterprüfung in Theologie ab und erhielt den Beinamen »Meister« Eckhart. 1303–1311 wurde er zum Leiter der Ordensprovinz Saxonia ernannt, die 56 Klöster in Mittel- und Norddeutschland sowie in Teilen der Niederlande und Lettlands umfasste. 1311 gab er dieses Amt auf und kehrte nach Paris zurück, wo er eine Lehrtätigkeit an der dortigen Universität aufnahm. Etwa von 1313 – 1323 hielt sich Meister Eckhart in Straßburg auf und war möglicherweise Generalvikar des dortigen Dominikanerklosters. Um 1323 ging er nach Köln, wo er sich dem Predigtdienst widmete. 1325 kam es zu einer Anklage wegen Häresie gegen ihn. 1326 musste er sich vor der Inquisition in Avignon rechtfertigen. Ob Meister Eckhart das Urteil der päpstlichen Kommission noch mitgeteilt wurde, ist ebenso ungewiss wie sein genauer Todestag und der Ort seines Todes.

Meister Eckhart strebte nach der → *unio mystica*, der Einswerdung der Seele mit Gott. Eckharts Denken war vom → Neuplatonismus und von Thomas von Aquin (~1225–1274), dominikanischer Philosoph und Theologe, beeinflusst. Eckhart spricht von einem Seelengrund, in dem die Gottheit immer gegenwärtig ist. Er unterscheidet zwischen Gottheit und Gott. Letzteres ist für ihn der personale Gott, der weit über der »Gottheit« steht. Im göttlichen Teil des Seelengrunds herrscht völlige Ruhe, und dort brennt immerwährend, wenngleich verborgen, ein »Fünklein«. Erst die Hinwendung zu Gott bewirkt die »Gottesgeburt« der Seele. Aus Sicht Eckharts spielt hierbei nicht ein mystisches Erleben oder der Glaube eine Rolle, sondern alleine der Intellekt – das ist ein Grund, warum manche Eckhart nicht als wirklichen Mystiker betrachten oder bei ihm von einer Vernunftmystik sprechen. Um die angestrebte Gottesgeburt zu erlangen, muss die Seele sich reinigen, was durch Abkehr von der Welt und Abgeschiedenheit erreicht werden kann. Askese, Buße, Kasteiung oder Armut sind nicht notwendig, um geistige Armut oder Gelassenheit zu schaffen. In einem Traktat macht Eckhart deutlich, dass er passiver Kontemplation oder Verzückungszuständen keinen großen Wert beimisst; für ihn ist das Handeln am Nächsten von größerer Bedeutung. Die Ethik steht für Meister Eckhart über der Mystik.

Meister Eckhart beeinflusste mit seinem Werk die Mystiker → Johannes Tauler und → Heinrich Seuse.

• Publikationen: *Mystische Schriften; Deutsche Predigten und Traktate; Das Buch der göttlichen Tröstung.*
• Webseite: www.eckhart.de.

Meninger, William trat 1963 nach dem Studium der katholischen Theologie in den Trappistenorden *St. Joseph's Abbey* in Spencer, Massachusetts (USA), ein, wo auch → Thomas Keating 20 Jahre als Abt diente. Meninger, Keating und → Basil Pennington sind jene drei Trappistenmönche, die in den 1970er Jahren dazu beitrugen, die kontemplative Bewegung aus dem klösterlichen Leben in die Öffentlichkeit zu tragen und im Katholizismus und Protestantismus populär zu machen. Nach eigenen Angaben wurde er inspiriert durch die Lektüre des Buches → *Die Wolke des Nichtwissens*, das von einem unbekannten englischen Mystiker des 14. Jahrhunderts verfasst wurde und eine einfache spirituelle Lehrgrundlage darstellt, um direkte Erfahrungen der Einheit mit Gott machen zu können. Das → Gebet der Sammlung (*centering prayer*), das sich ganz auf Gott konzentriert, kann aus seiner Sicht nicht nur bis in *Die Wolke des Nichtwissens* (Ende des 14. Jahrhunderts) zurückverfolgt werden, sondern bis auf die ersten nachchristlichen Jahrhunderte. Nachdem Meninger zu seinen neuen Einsichten gelangt war, lehrte er das → kontemplative Gebet auf der Grundlage des unbekannten englischen Mystikers.

1979 wurde Meninger in das *St. Benedicts* Kloster in Snowmass, Colorado, berufen, wo er seither als Prior, Novizenmeister und Theologielehrer dient. Meninger gibt ferner Kurse über → Lectio Divina und das von → Richard Rohr begründete → Enneagramm, das er als Werkzeug für »christliche Transformation« betrachtet. Meninger ist Verfasser einer Reihe von Büchern, in denen er sich u. a. mit → Juliana von Norwich, → Franz von Sales, dem Buch *Die Wolke des Nichtwissens* und der Lectio Divina auseinandersetzt.

Meninger ist ferner von → Johannes vom Kreuz und → Teresa von Avila beeinflusst.

• Persönliche Webseite: www.contemplativeprayer.net.

Merton, Thomas (1915–1968) war Trappistenmönch, Mystiker und Autor von mehr als 70 Büchern. Er prägte die christliche Spiritualität wie kaum ein anderer. Merton wurde in Frankreich als Sohn eines neuseeländischen Malers und einer US-amerikanischen Quäkerin geboren, studierte in Cambridge und New York Journalistik und konvertierte im Alter von 23 Jahren vom Protestantismus zum Katholizismus. 1941 trat Merton in der Trappistenabtei *Lady of Gethsemani* in Kentucky (USA) sein Postulat an, eine Prüfungszeit vor der Aufnahme als Mönch in ein Kloster. Frederic Dunne, Abt von *Gethsemani*, beauftragte den jungen Mönch, Werke aus der Geschichte der Zisterzienser zu übersetzen und historische Biographien zu verfassen, um den Zisterzienserorden bekannter zu machen. Dunne war es auch, der Merton ermutigte, seine Autobiographie zu schreiben, die 1948 unter dem Titel *The Seven Storey Mountain* (*Der Berg der sieben Stufen*) erschien und zu einem Bestseller und Klassiker der christlichen Literatur wurde. 1949 empfing Merton seine Priesterweihe. Von 1951 – 1955 diente er als Präfekt für die Scholastiker und war somit für die Studenten zuständig, die sich auf das Priesteramt vorbereiteten. Von 1955 – 1965 übte er eine Tätigkeit als Novizenmeister aus.

Sein Leben im Kloster war geprägt von der Vorliebe zur Abgeschiedenheit und Meditation. Das Bild des idealen Trappistenmönchs, der sich von der Welt abwandte, um sich im Kloster einem geistlichen Leben zu widmen, das Merton in seiner erfolgreichen Autobiographie gezeichnet hatte, sollte in den folgenden Jahren Risse erleiden. Lange litt er darunter, dass ihm die leitenden Ordensbrüder verweigerten, Artikel zu friedenspolitischen Zielen zu schreiben. Nach 1959 mischte sich Merton zunehmend ins politische Zeitgeschehen ein. Der Befreiungstheologe Ernesto Cardenal war von 1957–1959 Novize unter Merton, bevor er nach Südamerika aufbrach. Merton setzte sich für die revolutionären Kräfte in Nicaragua ein, und ab 1963 protestierte er gegen die atomare Aufrüstung und den Vietnam-Krieg und forderte die Gleichstellung der Schwarzen. Seine Sympathien für den Kommunismus ließen ihn im kalten Krieg zu einer suspekten Person werden. Vermehrt wandte sich Merton dem Sufismus, dem Zen, dem Hinduismus und dem Buddhismus zu. 1966 zog sich Merton endgültig in das Eremitenleben zurück. In jener Zeit verfasste er eine Reihe von Werken und pflegte die Korrespondenz mit zahlreichen Personen aus aller Welt, darunter Johannes XXIII., Paul VI., Karl Rahner und Paul Tillich. 1968 verließ er erstmals das Kloster wieder für längere Zeit, um sich auf eine Asienreise zu begeben. Seine letzte Station war Bangkok, wo er als Gastredner auf einer Konferenz von Führern asiatischer Mönche sprach. Durch einen Stromschlag in seinem Hotel verstarb Thomas Merton am 10. Dezember 1968. Er wurde am 17. Dezember in *Gethsemani* beigesetzt.

Über Kontemplation schreibt Merton in seinem Buch *New Seeds of Contemplation*: »Kontemplation ist ein reines und jungfräuliches Wissen, arm an Gedanken, noch ärmer am logischen Denken, aber durch ihre Armut und Reinheit ist sie in der Lage, dem WORT zu folgen, wohin auch immer Er führt« (4). Merton unterscheidet zwischen dem »wahren Selbst«, der »verborgenen und geheimnisvollen Person, als welcher wir vor den Augen Gottes bestehen« (7), und dem »empirischen Selbst«, das unser oberflächliches Ich und unsere Individualität darstellt. Die Kontemplation eröffnet nicht nur Wege zum wahren Selbst, sondern auch zu Gott. In seinem Buch *Contemplative Prayer* erklärt Merton über das wahre Selbst: »Es ist in der Verborgenheit und im Nichts verborgen, im Zentrum, wo wir unmittelbar von Gott abhängig sind« (70). Bei → Basil Pennington und → Thomas Keating treffen wir auf ähnliche Gedanken.

Merton und andere Vertreter der kontemplativen Bewegung beabsichtigten durch ihre meditativen Übungen, zum wahren Selbst und letztlich zu Gott vorzudringen. Die Bibel weiß zwar um den neuen und den alten Menschen, die fleischliche und die geistliche Natur des Menschen, aber sie teilt die Person nicht in zwei Teile oder Ebenen auf. Die Schrift lehrt, dass der ganze Mensch durch die Erlösung und Heiligung in das Ebenbild Christi verwandelt wird – ein Prozess, der mit der Auferstehung seinen Abschluss findet. Durch meditative oder kontemplative Übungen einen anderen Bewusstseinszustand zu erreichen oder in eine tiefere Ebene des Geistes oder der Seele vorzudringen, um Gott zu begegnen, ist eine Vorstellung, die mit gesunder biblischer Lehre unvereinbar ist. Merton, der auf die Vorstellungen des Psychologen → Carl Gustav Jung zurückgriff, vertritt vielmehr Vorstellungen, die mit fernöstlicher Spiritualität als mit der Bibel vereinbar sind.

Am Ende seines Lebens öffnete sich Merton, der die Religionen des Ostens als dem Christentum gleichwertig betrachtete, zunehmend der Spiritualität des Ostens. Er begegnete dem Dalai Lama, dem er sich sehr verbunden fühlte. In seinem Buch *The Asian Journals* führt er aus, welche Gemeinsamkeiten zwischen der katholischen Mystik und dem tibetanischen Buddhismus bestehen. Seine Pläne, ein buddhistisches Meditationszentrum zu eröffnen und ein Buch über den Buddhismus zu schreiben, konnte er allerdings nicht mehr realisieren.

- Publikationen: *Der Berg der sieben Stufen; Christliche Kontemplation: Ein radikaler Weg der Gottessuche; Keiner ist eine Insel: Betrachtungen über die Liebe; Im Einklang mit sich und der Welt; Ein Tor zum Himmel ist überall: Inspirationen; Meditationen eines Einsiedlers – Über den Sinn von Meditation und Einsamkeit; Weisheit der Stille. Die Geistigkeit des Zen und ihre Bedeutung für die christliche Welt; Verheißungen der Stille; Die Weisheit der Wüste; Die Bibel öffnen; Das Zeichen des Jonas; Der Aufstieg zur Wahrheit.*
- Webseite: www.merton.org.

Metaphysik ist ein Wort aus dem Griechischen, das sich aus *meta*, jenseits, und *physis*, Natur oder natürliche Beschaffenheit, zusammensetzt. Die Metaphysik stellt einen Zweig der Philosophie dar, der sich mit dem Ursprung und Ziel allen Seins auseinandersetzt. Die *Christliche Wissenschaft* kann z. B. als metaphysische Sekte betrachtet werden.

Molinos, Miguel de (1628–1696), auch Michael von Molinos, war katholischer Theologe und Mystiker. Sein Hauptwerk *Geis-*

tiger Wegweiser nimmt mystische Gedanken von → Teresa von Avila und → Johannes vom Kreuz auf. Aus heutiger Sicht ist die Verhaftung und Verurteilung Molinos durch die Inquisition im Jahre 1685 nicht nachvollziehbar. Der Vorwurf der Anklage gegen Molinos, er verbreite quietistische Irrlehren, muss daher eher als »Stellvertreterprozess gegen zeitgenössische stark quietistische Strömungen verstanden werden, die um 1680 der kirchlichen Autorität zu entgleiten drohten« (*Wörterbuch der Mystik*, 361). Molinos lehrt die schweigende Versenkung in den Urgrund der Seele, um die → *unio mystica*, die Vereinigung mit Gott, zu erlangen. Auf der spirituellen Reise zu Gott spielt das → Ruhegebet sowie die gedankenfreie Konzentration (→ Passivität) für Molinos eine wichtige Rolle. Molinos ist ein bedeutsamer Vertreter des → Quietismus.

• Publikationen: *Geistiger Wegweiser Guia espiritual: Die Praxis des christlichen Ruhegebetes.*

Monismus ist die Annahme eines einzigen Prinzips als Grundlage allen Seins. Der → Pantheismus bzw. → Panentheismus kann als monistische Religionsphilosophie bezeichnet werden, da hier in allen sichtbaren Dingen und Personen der Welt die Gegenwart des Göttlichen erblickt und das gesamte Universum auf diesen einen göttlichen Ursprung zurückgeführt werden.

Moreno, Jakob Levy (1889–1974). Der in Rumänien geborene jüdische Arzt Jakob Levy Moreno begründete das Psychodrama, eine Form der Gruppen-Psychotherapie. Die Zusammenführung von Theaterspiel (Drama) und Psychologie zielt darauf ab, den Menschen in die Selbsterkenntnis zu führen, die sein Leben nachhaltig positiv beeinflusst. Die psychische Struktur des Menschen wird im Zuge eines Psychodrama-Spiels neu geordnet, so dass negative psychische Strukturen aufgelöst werden. Das Psychodrama dient ferner als Grundlage für das → Bibliodrama. Gruppendynamik und Selbsterfahrung sind ein zentraler Bestandteil der humanistischen Psychologie. Die Psychotherapie vertritt die Auffassung, der Mensch könne sich selbst verbessern. Im Grunde handelt es sich

hierbei um eine Form der Selbsterlösung, die einen errettenden Schöpfer negiert.
• Publikationen: *Morenos therapeutische Philosophie. Zu den Grundideen von Psychodrama und Soziometrie* (zusammen mit Ferdinand Buer); *Psychodrama: Theorie und Praxis.*

Multisensorische Gottesdienste: Gottesdienste, die für den modernen Menschen relevant sein sollen, müssen »alle Sinne« (multisensorisch) des Menschen ansprechen und sich nicht nur auf Wissensvermittlung stützen. Teilnehmer eines Gottesdienstes sollen durch die Schaffung einer bestimmten Atmosphäre, zum Beispiel durch die Verwendung von Kerzen oder Weihrauch, durch Abdunkeln eines Raumes oder durch meditative Betrachtung einer Ikone oder eines Bildes in eine Gotteserfahrung geleitet werden.

Mutter Teresa (1910–1997) war katholische Ordensschwester, Missionarin und Mystikerin. Sie wuchs als Kind katholischer Eltern in einer wohlhabenden Familie in Albanien auf. Mit 18 Jahren trat sie den Loretoschwestern bei, einer katholischen Frauenkongregation, die sich vor allem um die schulische Ausbildung Jugendlicher kümmert. Bei einer Reise nach Indien im Jahre 1946 besuchte Mutter Teresa Kalkutta und erfuhr bei der Betrachtung eines Kreuzes ein mystisches Berufungserlebnis, den Armen zu dienen. Erst zwei Jahre später erhielt sie die Erlaubnis, ihr Kloster zu verlassen und im Armenviertel in Kalkutta ihren missionarischen Dienst zu beginnen. Die *Missionarinnen der Nächstenliebe*, ein 1950 von ihr gegründeter Orden, wurde 1965 durch Papst Paul VI. von der römischen Kirche offiziell anerkannt. 1979 erhielt sie den Friedensnobelpreis.

Mutter Teresa war sowohl Universalistin (Allversöhnerin) als auch → Pantheistin. Sie glaubte, dass alle Religionen Wege zu Gott darstellen, und sie brachte immer wieder ihre Liebe zu allen Religionen zum Ausdruck. Bekehrung bedeutete für sie, Gott von Angesicht zu Angesicht zu erkennen. Auf diese Weise wird aus ihrer Sicht der Hindu ein besserer Hindu, der Moslem ein besserer Moslem und der Katholik ein besserer Katholik. Mutter Teresa nahm

1985 an der interreligiösen Konferenz *Spirit of Peace* teil, wo auch der Dalai Lama als Sprecher eingeladen war. Im Jahre 2003 wurde Mutter Teresa von der Katholischen Kirche selig gesprochen.

• Publikationen: *Der einfache Weg; Ein Weg zum Lieben. Meditationen; Lieben, bis es weh tut; Mein Geheimnis; Komm, sei mein Licht. Die geheimen Aufzeichnungen der Heiligen von Kalkutta* (mit Brian Kolodiejchuck).

• Webseite: www.motherteresa.org.

Mystik kommt von dem griechischen Wort *myo, schließen,* insbes. *die Augen schließen.* Die Augen vor der Welt zu verschließen soll helfen, eine andere, höhere Welt oder letztlich »Gott« selbst in einer Vision zu schauen. Darin liegt die grundlegende Problematik und Unvereinbarkeit aller Mystik, der christlichen wie fernöstlichen, mit der biblischen Lehre: »Denn wir wandeln im Glauben und nicht im Schauen« (2Kor 5,7). Obgleich die Bibel gelegentlich von Visionen oder Traumgesichten berichtet, ist das innerliche oder visionäre Schauen keinesfalls die Norm eines gesunden Wandels im Glauben. Gott hat sich durch die historisch einmaligen biblischen Visionen etc. objektiv allgemeinverbindlich und in Jesus abschließend offenbart, damit wir die offenbarten Inhalte glauben, und nicht, um ein Muster für subjektive Erfahrungen vorzugeben.

Das Interesse an der Mystik ist in allen Religionen dieser Welt in den letzten Jahrzehnten größer geworden. Vielen gilt die globale Mystik als Mittel, die Einheit aller Religionen zu verwirklichen. Der britische Benediktiner und Mystiker Bede Griffiths (1906–1993) lehrte z. B., dass sich die Offenbarungen aller Religionen ergänzen und dass eine transzendentale Einheit aller Religionen existiert. Der Jesuit Karl Rahner schrieb 1966, dass der »Fromme von morgen ein Mystiker sein wird« und betonte damit die Erfahrungsdimension des christlichen Glaubens. Der episkopale Priester → Matthew Fox ist überzeugt, dass die Einheit aller Weltreligionen derzeit nur daran scheitert, dass noch »keine Einheit auf der Ebene der Mystik« erreicht wurde. Die neue mystische Welle bis in das evangelikale Lager hat dazu geführt, dass unbiblische Lehren und Praktiken dort Fuß fassen konnten. Möglicherweise

wird die Mystik in der Zukunft zunächst als Brücke für Einheits-
bestrebungen dienen, um letztlich den Weg in eine Einheitskirche
zu bahnen, die ihre Grundlage nicht mehr im geschriebenen Wort
Gottes, sondern in scheinbar einheitsstiftenden mystischen Erfahrungen hat.

Die Mystik ist unvereinbar mit dem Weg des biblischen Glaubens. → Sue Monk Kidd ist neben vielen anderen nur eines der
Beispiele, die deutlich machen, wohin der mystische Weg führt,
wenn er einmal eingeschlagen wird. Es ist nicht möglich, mystische
Erfahrungen durch die Schrift in gewisser Weise zu »bändigen«
oder die Schrift als Korrektiv im mystischen Erleben anzuwenden.
Wer sich über die biblische Tatsache »wir wandeln im Glauben«
hinwegsetzt und sich dem innerlichen mystischen Schauen zuwendet, begibt sich auf eine verführerische spirituelle Reise.

Stefan Kunz fasst die Gefahren christlicher Mystik u. a. in folgenden Punkten zusammen:

– Formen der christlichen Mystik lieben das Leid so sehr und
  transformieren es in innere Gotteserfahrung, dass eine gefährliche Nähe zum Masochismus und zur Todessehnsucht entstehen kann (so etwa bei → Heinrich Seuse).

– Es gibt in der christlichen Mystik … Tendenzen zur
  Leibfeindlichkeit, die verstärkt werden durch den kontempla-
  tiven Rückzug in die inneren Bereiche der Seele und des Geistes
  (→ Neuplatonismus).

– Es gab und gibt Tendenzen, die Spannung von Aktion und Kontemplation in der Mystik eben doch zugunsten der Kontemplation
  aufzulösen und eine gewisse Weltflucht … anzutreten.

– Es gab und gibt die Gefahr, die absolute Treue und Verlässlichkeit
  der göttlichen Liebe dergestalt umzudeuten, dass wir selbst
  … die Gnade herbeizwingen. Mystik entwickelt sich dann in
  Richtung der Selbsterlösung.

– Es kann schließlich geschehen, dass christliche Mystik zu einer
  Geringschätzung des geschriebenen Wortes Gottes verleitet und
  der … Reichtum der biblischen Offenbarung verschwimmt in
  einer … Einheitserfahrung. (»*Ihr seid meine Freunde!*«, 27-28).

• Webseite: www.kontemplationundmystik.de.

Naylor, James war ein Weggefährte von → George Fox (→ Quäker). Beide glaubten, dass der Himmel bereits auf Erden sei. Überdies waren sie überzeugt, bereits vollkommen sündlos zu sein und folglich nicht mehr versucht werden zu können. Martha Simmonds, eine umstrittene Quäkerpredigerin und Verkündigerin apokalyptischer Botschaften, bezeichnete Naylor als »eingeborenen Sohn Gottes« und machte ihn damit zu einem Messias und Erlöser seiner Zeit. Am 24. Oktober 1656 erreichten Martha Simmonds und James Naylor die Stadt Bristol; sie veranstalteten einen triumphalen Einzug, gleich dem Einzug Jesu in Jerusalem. Dieses Ereignis entwickelte sich zu einem nationalen Skandal, und Naylor entkam nur knapp dem Tode. Er wurde gegeißelt, seine Zunge wurde mit einem heißen Eisen gebrandmarkt und er musste zwei Jahre Zwangsarbeit in einem Gefängnis leisten. Als George Fox im Gefängnis war, galt Naylor zeitweise als der Führer der Quäker.

Netzwerk christliche Spiritualität (NCS), gegründet am 29. Oktober 2011 in Berlin, ist ein hauptsächlich virtuelles Forum mit dem Anliegen, christliche Spiritualität für evangelische, katholische und orthodoxe Menschen zu formulieren und Angebote und Termine von Kursanbietern und Kirchengemeinden durch die Webseite des NCS bekannt zu machen: »Das Netzwerk stellt Angebote in kontemplativer und meditativer Einübung, Exerzitien, Seminare u. a. bereit und fördert so theologische Reflexion und das Gespräch über christliche Spiritualität.« Impulsgeber für die Gründung des Netzwerks war → Wolfgang J. Bittner.
• Webseite: www.ncsp.de.

Neue Mystiker → Crowder, John

Neuplatonismus ist eine philosophische Schule, die von Ammonius Sakkas (~175–242), einem im ägyptischen Alexandrien geborenen Philosophen, begründet wurde. Sie stellt die letzte große Blüte der hellenistischen Philosophie dar. Der christlich erzogene Ammonius Sakkas wandte sich vom Christentum ab und folgte der Lehre Platons und Aristoteles. Der Neuplatonismus ist eine uneinheitliche Philosophie, zu der christliche Vertreter als auch Gegner des Christentums wie Porphyrius (232–304) gehören. Plotin (204–269), einer der bedeutendsten Neuplatoniker, lehrte, dass der Ursprung aller Dinge »das Eine« ist. Aus diesem »Einen« geht der »Nous« (Geist, Intellekt) hervor, der wiederum die Seele zeugt. Durch Askese, Reinigung und Studium kann die Seele, die nach Plotin aufgrund ihrer immateriellen Beschaffenheit Teil der geistigen Welt ist, erneut zu der Gottheit, dem »Einen«, aufsteigen. Das Ziel des Aufstiegs der Seele ist die Gottesschau. Diese Gottesschau, die Plotin in seinem Leben viermal erreicht haben soll, wird durch das »innere Auge« der Seele ermöglicht. Den größten Einfluss auf die christliche Mystik haben die »Ekstaseschilderungen Plotins« ausgeübt (Schneider, 138). Plotin vertritt wie alle Neuplatoniker die platonische Seelenwanderungslehre (Reinkarnation).

Der christliche Mystiker → Pseudo-Dionysios Aeropagita führte den Neuplatonismus mit der christlichen Lehre in ein »allumfassendes Ganzes« zusammen, in dem »alles aufeinander bezogen« und »Gott noch im letzten Teilganzen gegenwärtig« ist (ebd., 129). Der christliche Mystiker kann diese von Gott durchwirkte Ganzheit bis zum Körperlichen hin erfahren. »Das Auge ist die Aufnahmefähigkeit für Gott, der Geruch, das Vermögen, die Süße Gottes zu spüren, das Gehör der Empfänger des göttlichen Wortes, der Geschmack, das Bedürfnis nach geistiger Speise« (ebd.). Christliche Mystik wurde unter dem Einfluss des Neuplatonismus bis zu → pantheistischen Formen einer Christusmystik erweitert. »‹Hebe den Stein auf, und dort wirst du mich finden, spalte Holz und ich bin dort‹, sagt ein außerkanonisches Jesuswort. Christus erfüllt das All …« (ebd., 130). Im Neuplatonismus muss die Seele durch eigene Anstrengungen zu Gott aufsteigen. Das neuplatonische Gottesbild kennt folglich keinen Gott, der zum Menschen herabkommt und sich ihm in Liebe zuwendet, wie die Bibel es lehrt. Die christliche Mystik ist so sehr vom Neuplatonismus beeinflusst, dass in ihr diese neuplatonische Vorstellung des Aufstiegs der Seele erhalten geblieben ist und die biblische Gnadenlehre überwiegend verdrängt hat.

Der Neuplatonismus beeinflusste unterschiedliche Formen christlicher Mystik wie die → Brautmystik, Gottesgeburtmystik,

Taufmystik, Verwandlungsmystik und Leidensmystik. Augustinus (354–430) war von der neuplatonischen Lehre beeinflusst und übernahm die Lehre über das Schauen Gottes (*visio Dei*). Der Neuplatonismus hatte bis ins Mittelalter großen Einfluss auf christliche Denker und Mystiker wie z. B. → Meister Eckhart.

New Age steht für eine spirituelle Bewegung, die Mitte des 20. Jahrhunderts entstand. Die Vertreter der New-Age-Bewegung erwarteten ein Neues Zeitalter, engl. New Age, und bezeichneten es als Wassermannzeitalter. Es soll das Fischzeitalter, das mit der Geburt Christi begonnen hat, ablösen und die Menschheit in ihrer spirituellen Evolution auf eine neue, höhere Ebene leiten, die von universellem Frieden begleitet ist. Einige Vertreter des New Age glauben, die Menschheit sei bereits in dieses neue Zeitalter eingetreten, andere wiederum datieren den Wendepunkt sehr viel später. Rudolf Steiner, der Begründer der Anthroposophie, berechnete den Beginn des Wassermannzeitalters auf das Jahr 3574. Astrologisch betrachtet wird sich der Durchzug des Frühlingspunktes durch das Sternbild des Wassermanns im Jahr 2601 ereignen.

Die New-Age-Bewegung ist äußerst vielgestaltig und schöpft aus unzähligen Quellen. Dazu zählen u. a. fernöstliche und westliche Religionen und Philosophien, Parapsychologie, Theosophie, alternative holistische Heilmethoden, Astrologie, Anthroposophie, Mystik, Neuheidentum, Magie, Schamanismus sowie ein neues Wissenschafts-Paradigma, das Naturwissenschaft mit Spiritualität verbinden will. New-Age-Vertreter streben die Transformation ihres Bewusstseins an. Unter anderem dient die → Meditation dem Ziel der Selbstverwirklichung, worunter viele Vertreter des New Age verstehen, dass der Mensch die eigene Göttlichkeit erkennt. Folglich erübrigt sich die Notwendigkeit eines Erlösers. Der Heilsweg des New Age ist eine Form der Selbsterlösung.

Zu den bekanntesten und einflussreichsten New-Age-Autoren zählen → David Spangler (*New Age: Geburt eines neuen Zeitalters*), Fritjof Capra (*Das Tao der Physik; Das neue Denken*), Alice Bailey (*Das Erwachen der Seele; Esoterisches Heilen*), Marilyn Ferguson (*Die sanfte Verschwörung*), Neale Donald Walsch (*Gesprä-*

che mit Gott; Walsch war von einem → Geistführer inspiriert, der sich »Gott« nannte), → Helen Schucman (*Ein Kurs in Wundern*), Eckhart Tolle (*Eine neue Erde: Bewusstseinssprung anstelle von Selbstzerstörung*), Barbara Marx Hubbard (*Vom Ego zur Essenz*), Marianne Williamson (*Das Geschenk der Wandlung: Ein Wegweiser zu persönlichem Wachstum*), Deepak Chopra (*Der dritte Jesus: Auf der Suche nach dem kosmischen Christus*), Rhonda Byrne (*Das Geheimnis*).

Nouwen, Henri Jozef Machiel (1932–1996) war katholischer Priester, Psychologe, Mystiker und Autor. Nach seinem Abitur im Jahre 1950 studierte er Theologie und Philosophie. 1957 empfing er seine Priesterweihe, gefolgt von dem Studium der Psychologie im holländischen Nimwegen sowie einer psychologischen Zusatzausbildung an der *Menninger Foundation* in den USA im Jahre 1964. 1968 kehrte Nouwen in sein Heimatland Holland zurück und lehrte in Utrecht Pastoralpsychologie und Spiritualität. 1971 zog es Nouwen erneut in die USA, wo er an der *Yale University* in New Haven einen Lehrstuhl für Pastoralpsychologie bekleidete. Die nächsten zehn Jahre seines Lebens sollte er, abgesehen von kurzen Unterbrechungen, in New Haven verbringen. Zunehmend wurde Nouwen bewusst, dass er homosexuell war. Homosexualität wurde in jener Zeit in den USA noch als psychische Störung betrachtet (bis zum Jahr 1973). Sein Versuch, die homosexuellen Gefühle mit Hilfe der Versenkung in eine Ikone für Christus zu heiligen, blieb erfolglos. Die Sexualmoral seiner eigenen Kirche stellte Nouwen in den 1970er Jahren in Frage. Nouwen soll sein priesterliches Zölibat allerdings konsequent gelebt haben. 1981 verbrachte Nouwen sechs Monate in Lateinamerika. Dort nahm er das Gedankengut des Befreiungstheologen Gustavo Gutiérrez positiv auf. 1983 wurde er an die *Harvard University* in Cambridge berufen und lehrte dort Theologie. 1985 verließ Nouwen im Alter von 53 Jahren die *Harvard University* und beendete seine akademische Karriere. Ende 1986 schloss Nouwen sich der Kommunität *L'Arche* in Richmond Hill (Kanada) an, wo er als geistlicher Leiter und Seelsorger diente. Seine letzten Lebensjahre waren wie viele

Phasen in seinem Leben von Unruhe, Depression und Schlaflosigkeit gekennzeichnet. Nouwen verstarb am 21. September 1996 an den Folgen eines Herzinfarkts.

Nouwen vertritt das katholische Dogma, wonach Christus in der geweihten Hostie real anwesend ist (Realpräsenz) und rückt Maria in den Blickpunkt:»Jedes Mal, wenn wir das Brot des Lebens und den Kelch der Erlösung heben und so den ... Schmerz der Menschen mit dem allumfassenden Opfer Jesu vereinen, ist Maria da ... Lasst uns all unser Vertrauen auf sie setzen« (*Unser heiliges Zentrum finden*, 33-34). 1990 nahm Nouwen an einer Pilgerfahrt nach Lourdes teil und vermerkte in seinem Tagebuch:»Jesus muss zum Herz meines Herzens werden, zum Feuer meines Lebens, zum Geliebten meiner Seele, zum Bräutigam meines Geistes« (ebd., 35). Wie er Jesus zum »Bräutigam seines Geistes« machen will, führte er so aus:»Doch wie soll das geschehen? Maria ist hier, um mir den Weg zu zeigen; Maria ist hier, um meine sanfte Ratgeberin zu sein, um mich an die Hand zu nehmen und mich zu rückhaltloser Verbundenheit mit ihrem Sohn zu führen« (ebd., 37).

Für Nouwen war die Schöpfung ein Ausdruck der heiligen Erlöserliebe Gottes:»Alles, was ist, ist heilig, weil alles Sein von Gottes erlösender Liebe spricht« (*Our Greatest Gift*, 287). Auch andere Aussagen Nouwens zeugen davon, dass er an eine universalistische Erlösung glaubte. Viele von Nouwens Aussagen standen im Einklang mit dem Geist des *Zweiten Vatikanischen Konzils*:»Das Wort ›Kirche‹ umfasste alle Christen. Gott gebrauchte andere christliche Kirchen und nicht-christliche Religionen, um ihnen das Heil anzubieten, so dass die katholische Kirche nicht der einzige Weg zum Heil ist« (*Wounded Prophet*, 108).

In Nouwens Spiritualität spielten Ikonen eine große Rolle:»Ikonen schufen für ihn einen Einblick in den Himmel. Wie die westliche Spiritualität durch den heiligen Benedikt das Hören betonte, stellte die östliche Spiritualität durch die byzantinischen Väter das Betrachten in den Mittelpunkt: das Anschauen dieser heiligen Bilder eines ewigen Geheimnisses« (ebd., 158).

Nouwen praktizierte kontemplative Übungen als Weg zur göttlichen Selbsterkenntnis.»Das große Geheimnis des kontemplativen

Lebens ist nicht, dass wir Gott in der Welt sehen, sondern dass Gott in uns Gott in der Welt erkennt. Gott spricht zu Gott, Geist spricht zu Geist, Herz spricht zu Herz. Kontemplation ist folglich die Teilnahme an dieser göttlichen Selbsterkenntnis ... Es ist der göttliche Geist, der in uns betet, der unsere Welt transparent macht und unsere Augen öffnet für die Gegenwart des göttlichen Geistes in allem, was uns umgibt« (*The Essential Henri Nouwen*, 38). Seinen Lesern rät er: »Eine einfache Antwort ist: vom Verstand zum Herzen zu gelangen durch einen immer wieder langsam und andächtig gesprochenen Satz aus dem Evangelium oder einen Psalm ... Eine weitere Möglichkeit ist das Betrachten eines Jesusbildes« (*Leben hier und jetzt*, 250).

Nouwen war überzeugt, dass es den Evangelikalen an der »mystischen Dimension des spirituellen Lebens fehlte, obgleich sie eifrig, hingegeben und Wort-zentriert waren« (ebd., 47). Im Jahre 1994 erreichte seine Popularität unter Protestanten einen Höhepunkt. In einer Umfrage wurden 3400 Protestanten befragt, welche Person sie am meisten beeinflusst hatte. Die Umfrage ergab, dass »Nouwen Platz 2 einnahm ... und Billy Graham kam auf Platz 3« (*Spiritual Legacy, 49*). Der schriftstellerische Stil Nouwens sprach seine zahlreichen Leser an. Nouwens Verknüpfung seiner Erlebnismystik mit dem therapeutischen Evangelium entsprach dem religiösen Zeitgeist. Sein Stil war »erfahrungsbezogen, transparent, intim und pastoral ... Er ermahnte nie ... Nouwen war nie kritisch oder verurteilend. Er lehrte nicht in Begriffen wie ›du solltest‹ oder ›du müsstest‹. Er benutzte einfach ... die Geschichten der Schrift, Illustrationen aus der Geschichte des Christentums und seine eigenen Lebenserfahrungen, um das weiterzugeben, was er als Wahrheit betrachtete ...« (ebd., 57).

Der Evangelikale Ravi Zacharias bezeichnete Nouwen als einen »der größten Heiligen in jüngster Zeit« (Silva). Hans Peter Royer (*Fackelträger-Bewegung*) listet auf die Frage, welche Autoren ihn im Glauben am meisten vorangebracht haben, neben → Bruder Lorenz und → Brennan Manning auch Henri Nouwen auf (Ebertshäuser). → Ulrich Eggers, Redakteur der Zeitschrift → *Aufatmen*, empfiehlt Nouwen und bescheinigt ihm »tiefe geistliche Erkenntnisse«. Über Nouwens Buch *Du schenkst mir Flügel* schreibt Eggers:»Die tiefen geistlichen Erkenntnisse ... wuchsen bei ihm nie im akademischen Elfenbeinturm. Immer waren es mühsam errungene Lebenserfahrungen, gewonnen auch durch die – durchaus erfolgreichen – Umwege seines Lebens.« Der Baptist Andreas Malessa erläutert in seiner Rezension der Biografie *Henri Nouwen: Glaube heißt Sehnsucht* von Christian Feldmann, dass»Nouwen seines Erachtens so glaubwürdig und seine Bücher zeitlos wichtig« sind. Das evangelikale *Dallas Theological Seminary* betrachtet Nouwen als einen»wesentlichen« Autor und empfiehlt seinen Studenten die Lektüre von Nouwens Buch *In the Name of Jesus*. Man könnte die Liste evangelikaler Persönlichkeiten, die Nouwen lobend erwähnen, noch um viele Namen ergänzen.

- Publikationen: *Die innere Stimme der Liebe; Nimm sein Bild in dein Herz: Geistliche Deutung eines Gemäldes von Rembrandt; Aus der Einsamkeit leben; Sterben um zu leben: Abschied von meiner Mutter; Ich hörte auf die Stille; Dem Leben neu begegnen: Wege aus der Angst; Die dreifache Spur: Orientierung für ein spirituelles Leben; Adam und Ich: Eine ungewöhnliche Freundschaft; Leben hier und jetzt; Der Kelch unseres Lebens: Ganzheitlich Mensch sein; Die Kraft seiner Gegenwart. Aus der Eucharistie leben.*
- Webseite: www.henrinouwen.org.

Origenes (185 – 254) war Gelehrter und Theologe. 202 starb sein Vater Leonides als Märtyrer. Origenes wollte ihm in den Märtyrertod folgen, konnte aber von seiner Mutter zurückgehalten werden. Er blieb im ägyptischen Alexandria, seinem Geburtsort, und lehrte in der dortigen Katechetenschule. Zum Schutz gegen sexuelle Versuchungen kastrierte sich Origenes selbst, später gestand er jedoch ein, dass dies ein Fehler war. Um 230 wurde er in Cäsarea zum Presbyter geweiht. Dies missfiel seinem Bischof Demetrios in Alexandria, der die Auffassung vertrat, Origenes wäre aufgrund seiner Selbstverstümmelung nicht für das Presbyteramt geeignet. Demetrios berief zwei Synoden ein, die Origenes die Lehrerlaubnis entzogen und ihm schließlich seine Presbyterweihe aberkannten. Origenes machte sich daraufhin in Cäsarea sesshaft, wo er seine Lehrtätigkeit und Studien fortsetzte. 251 kam es unter dem römischen Kaiser Decius zu einer Christenverfolgung. Origenes wurde in Haft gesetzt und gefoltert. 254 verstarb er an den Folgen seiner Folter.

Origenes war von den Schriften Platons beeinflusst und ein Schüler des Ammonius Sakkas, dem Begründer des → Neuplatonismus. Er beeinflusste vor allem das östliche Mönchtum und war für viele Mystiker prägend. Der spekulative Theologe Origenes empfahl als asketische Übungen »häufige Nachtwachen, Meditieren, Fasten und tägliche Schriftlesung« (Härle/Wagner, 183).

Origenes gilt als der Vater der allegorischen Schriftauslegung, die dem Literalsinn der Bibel einen tieferen, symbolischen Sinn hinzufügte. Origenes unterschied zwischen einem wörtlichen, einem seelischen und einem geistlichen Sinn einer Textstelle und hebt bei seinen Auslegungen zur Bibel stets die geistliche Bedeutung hervor. Für Origenes hat in der »Bibel alles einen geistigen, nicht aber alles einen historischen Sinn« (ebd., 182). Die allegorische Schriftauslegung fand weite Verbreitung und war von sich oft widersprechenden Auslegungen der Schrift charakterisiert, wie von einer solchen Art der Auslegung zu erwarten war. Luther und die anderen Reformatoren kehrten wieder zu dem Prinzip des Literalsinns in der Bibelauslegung zurück und verwarfen die allegorische Schriftauslegung.

Nicht nur seine allegorische Schriftauslegung, sondern auch seine → Metaphysik, seine Aussagen über die Trinitätslehre, seine Auferstehungslehre u. a. waren schon zu seinen Lebzeiten umstritten. Auf dem Konzil von Konstantinopel im Jahre 553 n. Chr. wurden die häretischen Lehren des Origenes (Heil des Teufels, Präexistenz der Seelen) verurteilt.

• Publikationen: *Gegen Celsus; Vom Gebet; Ermahnung zum Martyrium; De Principiis.*
• Webseite: www.origenes.de.

Ortberg, John (geb. 1957) ist evangelikaler Autor und derzeit Pastor der *Menlo Park Presbyterian Church*, einer Megagemeinde mit über 4000 Mitgliedern. Der US-Amerikaner studierte am

Wheaton College und am → *Fuller Theological Seminary*, wo er den Studiengang klinische Psychologie belegte. Ortberg diente als Pastor in der *Simi Valley Community Church* und *der Horizons Community Church*. Bis 2003 war er lehrender Pastor in → Bill Hybels *Willow Creek Community Church*. Zentrales Thema seiner Bücher und Vorträge ist die → geistliche Formung (*spiritual formation*).

In seinem Buch *God Is Closer Than You Think* (dt. Titel: *Viel näher als du denkst*) zitiert er → Bruder Lorenz, → Tilden Edwards, → Meister Eckhart und → Dallas Willard. Sein Buch *The Life You've Always Wanted: Spiritual Disciplines for ordinary people* (dt. Titel: *Das Leben, nach dem du dich sehnst*) verweist auf → Thomas Merton, → Henri Nouwen, → Franz von Sales und → Richard Foster. Dan Dufek weist in seiner Rezension des Buches hin: »Die Gefahr, Zitate von Franz von Sales und anderen zu gebrauchen, besteht nicht unbedingt darin, was zitiert wurde, sondern darin, was nicht widerlegt wurde« (*Book Review*). Dufek erläutert ferner, dass das Auswendiglernen von Bibelworten oder das Nachsinnen über Schriftstellen sowie die Stille an und für sich positiv zu bewerten sind. Dennoch kommt Dufek zu dem Schluss: »Die Problematik bei einem Buch wie *The Life You've Always Wanted* ist nicht so sehr der Inhalt oder sein Ansatz. Das eigentliche Problem sind die fragwürdigen Zitate, die der Autor verwendet, um auf den Punkt zu kommen … Den Leser einer Reihe fragwürdiger Glaubensüberzeugungen von Mystikern, Philosophen und Psychologen zu überlassen, die in diesem Buch zitiert werden, ist gefährlich« (ebd.). Die Tür zur Mystik zu öffnen, ist immer mit Gefahren verbunden.

Am 25. Februar 2006 war Ortberg neben → Dallas Willard und → Tony Jones Sprecher auf der Konferenz *Ancient Spiritual Wisdom* in Westlake Village. In der Werbung für die Konferenz, auf der die mystisch-kontemplativen Übungen vorgestellt wurden, die der »spirituellen Transformation« dienen, wurde ausdrücklich betont, dass diese Konferenz sich mit »spirituellen Prinzipien und Praktiken beschäftigte, wie sie tatsächlich von Jesus und seinen frühen Nachfolgern *gelehrt wurden*« (Hervorhebung im Original).

- Publikationen: *ICH – einzigartig; Glaube und Zweifel; Das Leben, nach dem du dich sehnst; Viel näher als du denkst; Was die Seele befreit: Wege aus der Depression; Abenteuer Leben; Stark im Sturm; Abenteuer Alltag* (Co-Autorin → Ruth Harley Barton).
- Persönliche Webseite: www.johnortberg.com.

Pachomios (~287–347), auch Pachomios der Ältere (oder Pachomius), wurde in Oberägypten als Sohn eines heidnischen Vaters geboren. Pachomios war gegen seinen Willen Soldat geworden, wurde aber schnell wieder aus der Armee entlassen. Angeblich soll ihm ein Engel im Gewande eines Mönchs erschienen sein und zu ihm gesagt haben:»In diesem Gewand wird jeder errettet.« Er ließ sich taufen und gründete um 320 in der oberägyptischen Wüste am Nil ein Kloster, dessen Gemeinschaft nach den Idealen von Apostelgeschichte 4,32-35 in den»Wegen der Apostel« lebte. Die Gemeinschaft wuchs und weitere neun Männerklöster und zwei Frauenklöster wurden gegründet. Vor der Zeit Pachomios lebten Mönche als Einsiedler. Pachomios war der erste, der ein ummauertes Kloster errichtete und Askese und Gemeinschaft miteinander verband. Er ist ferner der Verfasser der ersten überlieferten Mönchsregel, welche die klösterliche Regel des Benedikt von Nursia wesentlich beeinflusste.

- Publikationen zum Thema: Heinrich Bacht, *Pachomius – Klosterregeln.*

Panentheismus ist ein Begriff, der auf den deutschen Autor und Philosoph Karl Christian Friedrich Krause (1781–1832) zurückgeht und eine Weltsicht beschreibt, in welcher Gott und das Universum nicht identisch sind wie im → Pantheismus; stattdessen wird das Universum lediglich als ein Teil Gottes betrachtet. Alles im Universum ist Teil Gottes, aber Gott ist mehr als das Universum. *Gott ist in allem, und alles ist in Gott.* → Marcus Borg schreibt über die zunehmende Akzeptanz des Panentheismus innerhalb der christlichen Kirche:»Der Panentheismus als ein detailliertes Konzept wird unter Theologen des christlichen Hauptstroms immer mehr angenommen« (*Reading the Bible Again for the First Time*, 83). → Leonard Sweet schreibt in seinem Buch *Quantum Spirituality*: »Eine Spiritualität, die nicht in irgendeiner Weise entheistisch ist (sei es panentheistisch oder transentheistisch), die nicht die Geist-Materie des Kosmos berücksichtigt, ist nicht christlich« (125). Dies erklärt auch, warum die modernen Mystiker zum Inklusivismus neigen, der Ansicht, dass alle Menschen bereits Teil Gottes sind, da aus ihrer Sicht Gott in allem ist und alles in Gott ist. Es gibt folglich keine Trennung mehr zwischen jenen, die im Reich Gottes oder außerhalb des Reiches Gottes sind. Die Schrift hingegen macht sehr deutlich, dass die Erlösten »aus der Herrschaft der Finsternis errettet wurden und in das Reich des Sohnes seiner Liebe versetzt« wurden (Kol 1,13).

Pantheismus ist ein Begriff, der auf den irischen Philosophen John Toland (1670–1722) zurückgeht, wonach Gott mit dem Universum gleichgesetzt wird. Daraus folgt, dass Gott alles ist und demzufolge in allen Dingen und Menschen existiert. *Gott ist alles, und alles ist Gott.* Folglich bildet die Gottheit mit dem Universum eine Einheit. Die Lehre des → Panentheismus hingegen betrachtet das Universum als etwas, was zwar in Gott enthalten ist, wobei Gott jedoch umfassender gedacht werden muss und über das Universum hinausgeht. → Teilhard de Chardin verfolgte mit seinen Werken das Ziel, die Kluft zwischen dem Pantheismus und dem Christentum zu überwinden, um »die christliche Seele des Pantheismus oder den pantheistischen Aspekt des Christentums« ans Licht zu bringen (*Christianity and Evolution*, 56).

Gott ist alles,
alles ist Gott

Die Bibel beschreibt Gott als allgegenwärtig und allwissend, aber dennoch *niemals* als ein Teil des Universums oder der Materie. Daher kann man den Gott der Bibel nicht in einem Stein oder einer Pflanze erkennen. Wenn Paulus im Römerbrief schreibt, dass die Göttlichkeit des Schöpfers »von der Erschaffung der Welt an in dem Gemachten wahrgenommen werden kann« (Röm 1,20), dann meint der Apostel damit, dass der Mensch in Anbetracht der wunderbaren Schöpfung erkennen muss, dass es einen Schöpfer gibt. Paulus brachte damit nicht zum Ausdruck, dass der Mensch durch meditative Versenkung Gott in der Schöpfung erkennen kann. Gotteserkenntnis ist alleine durch das Evangelium und das Wirken des Heiligen Geistes in Christus Jesus möglich. Der unerlöste Mensch ist verfinstert am Verstand und verhärtet in seinem Herzen (Eph 4,17-18; vergl. Joh 8,42-47). Der Verstand der Ungläubigen ist verblendet, so dass »ihnen das helle Licht des Evangeliums von der Herrlichkeit des Christus nicht aufleuchtet« (2Kor 4,4). Nur in Christus kann »es auch in unseren Herzen licht werden, damit wir erleuchtet werden mit der Erkenntnis der Herrlichkeit Gottes im Angesicht Jesu Christi« (2Kor 4,6). »Das Licht leuchtete in der Finsternis, und die Finsternis hat es nicht erfasst« (Joh 1,5). Ein »christlicher« Pantheismus (oder Panentheismus) ist ein Widerspruch in sich selbst, denn sonst hätte Johannes schreiben müssen, dass die Finsternis das Licht erfasst hat.

Grafik: Gott ist allgegenwärtig und dennoch von der Schöpfung verschieden.

Parlament der Weltreligionen, engl. *Parliament of the World's Religions*, ist ein internationaler interreligiöser Kongress, der erstmals auf Initiative des Unitariers Jenkin Loyd-Jones auf der Weltausstellung 1893 in Chicago tagte. Das *Parlament der Weltreligionen* setzte sich für den friedlichen Dialog zur Förderung der Harmonie unter religiösen, spirituellen und kulturellen Gemeinschaften ein. 1993 trat das Parlament erstmals seit 100 Jahren wieder zusammen und verabschiedete die *Erklärung zum Weltethos*, ein Basiskonsens der verschiedenen Religionen in Bezug auf Werte, Maßstäbe und Verhaltensweisen auf dem kleinsten gemeinsamen Nenner. Ab diesem Zeitpunkt trat das Weltparlament der Religionen alle 5–6 Jahre zusammen. Die *Erklärung zum Weltethos* entstand auf der Grundlagenforschung Weltethos des katholischen Theologen Hans Küng.

Professor Hans Küng, dem 1979 durch die katholische Kirche die kirchliche Lehrerlaubnis entzogen wurde, hatte 1989 das Buch *Projekt Weltethos* herausgegeben, das mit Unterstützung von Graf K. K. von der Groeben 1995 zur Gründung der *Stiftung Weltethos* führte. Ziele der Stiftung sind »theologische und religionswissenschaftliche Grundlagenforschung ... im Interesse interkultureller,

interreligiöser und interkonfessioneller Verständigung.« Für den Theologieprofessor Hans Küng wird es keine neue Weltordnung ohne neue Weltethik geben.
- Webseiten: www.parliamentofreligions.org; www.weltethos.org.
- Publikationen: Hans Küng, *Projekt Weltethos;* Hans Küng, *Dokumentation zum Weltethos*; Hans Küng (Hrsg.), *Erklärung zum Weltethos. Die Deklaration des Parlaments der Weltreligionen.*

Passivität spielt bei Mystikern und in der → Meditation und → Kontemplation vielfach eine große Rolle. Passivität soll mystische Erfahrung ohne eigenes Zutun ermöglichen. Der Verstand des Menschen soll gemäß Mystikern und Meditationslehrern in einen Zustand der Passivität versetzt werden, indem er sich entweder auf einen Gedanken, ein Wort oder ein Bild konzentriert, oder er soll gänzlich »leer« werden. Dies soll den Zugang zu einer spirituell höheren Ebene, einem höheren Bewusstseinszustand, eröffnen. Tatsächlich aber öffnet sich der passive Mensch den Mächten des Jenseits. Dies wird sogar von → Richard Foster unumwunden zugegeben, der in seinem Buch *Prayer: Finding the Heart's True Home* auf die Gefahren des kontemplativen Gebets in der Stille hinweist, da der Betreffende »tief in die geistliche Welt eindringt«, wo er möglicherweise in Kontakt mit jenseitigen Geistern kommen könnte, die widergöttlicher Natur sind. Sein Rat, zum Schutz vor bösen Geistern ein Gebet mit den Worten »alle finsteren und bösen Geister müssen weichen« zu sprechen oder sich bewusst in das »Licht Christi« einzuhüllen, ist eher der weißen Magie als biblischem Gebet zuzuordnen (156-157). Nicht nur christliche Mystiker wie Foster, sondern auch Meditationslehrer fernöstlicher Methoden warnen vor Passivität. Justin F. Stone, der viele Jahre in Japan, China und Indien östliche Philosophie studierte, erläutert in seinem Buch *What is Meditation?*: »Ein Ratschlag: Meditation sollte immer positiv und dynamisch sein, niemals passiv. Es gibt viele Gefahren der Passivität in der Meditation, wie die Besessenheit durch eine andere Kraft, Astralreisen (Außerleiberfahrungen). Aus diesem Grunde warne ich vor Hypnose oder Selbsthypnose durch das konzentrierte Betrachten einer Kerze« (11).

Dennoch lehren viele Vertreter der kontemplativen Bewegung genau das, wovor Stone warnt. → Basil Pennington spricht z. b. im Zusammenhang kontemplativer Versenkung über einen »reinen Bewusstseinszustand«, in welchem man das »wahre Selbst« erkennt und in ein »Bewusstsein der Einheit mit Gott« eintritt (*Centered Living*, 51, 91, 93, 192). Auch → Thomas Merton lehrte, dass der Mensch das Denken hinter sich lassen muss, um in göttliche Dimensionen vorzudringen. Dieses Streben nach einer mystischen Erfahrung jenseits des menschlichen Denkens und einer möglichen Einheitserfahrung mit »Gott« und dem Universum ist eine außerbiblische Methode, die viele Gefahren in sich birgt. Darum ist gleichfalls vor kontemplativen/meditativen Methoden zu warnen, die Passivität und Entleerung des Verstandes zwar ablehnen und die aktive Konzentration auf ein Objekt propagieren. Im Grunde sind alle Formen der Meditation/Kontemplation auf die Passivität und Entleerung des Verstandes ausgerichtet.

Peck, M. Scott (1936 – 2005) war US-amerikanischer Psychiater und Autor. Von 1963 – 1972 war er in der US-Armee als Psychiater tätig. Anschließend praktizierte er als Psychiater. 1980 wurde er im Alter von 43 Jahren von einem Methodistenprediger getauft. Zwei Jahre zuvor hatte er sein erstes Buch *The Road Less Travelled* veröffentlicht, das in den USA 6 Millionen Mal verkauft und in 20 Sprachen übersetzt wurde (dt. Titel: *Der wunderbare Weg*). Es folgten weitere Bücher. Mit seinem breiten Hintergrund der medizinischen, psychologischen und theologischen Themenbereiche gilt Peck als anerkannte Autorität, was den Einklang zwischen Wissenschaft und Religion angeht. 1984 gründete er mit neun weiteren Personen die Stiftung *The Foundation for Community Encouragement*, die Workshops in öffentlichen Institutionen veranstaltet, um »neue und bessere Wege der Gemeinschaft« durch Toleranz, Verantwortungsbereitschaft und Nächstenliebe zu schaffen.

Ray Yungen hat in seinem Buch *A Time of Departing* einige Zitate von Pecks Audiobuch *Further Along The Road Less Travelled* zusammengestellt, die Aufschluss über Pecks Auffassungen geben: »Ich habe 20 Jahre im Zen-Buddhismus verbracht, was mich auf das Christentum vorbereitete. Zen-Buddhismus sollte in jeder 5. Klasse in den USA unterrichtet werden. Die größte Sünde des Christentums ist zu denken, dass andere Religionen nicht errettet sind. Die → New-Age-Bewegung kann exzentrisch sein, aber sie ist potenziell sehr göttlich und ihre Verdienste sind absolut enorm« (*Time of Departing*, 58). Scott Peck stellt sich selbst die Frage, ob er ein New Ager ist und beantwortet diese Frage mit Ja. Anschließend fügt er hinzu, dass er ein »stolzer New Ager« ist (ebd.). Über die von ihm gegründete Stiftung sagt er, dass es sich bei ihr »sehr wohl um eine New-Age-Organisation« handelt (ebd.). Peck betrachtet Jesus als westlichen Mystiker. Das Entleeren des Verstandes im Zuge kontemplativer Übungen soll aus Pecks Sicht dazu dienen, das wahre Selbst zu erkennen und mit Gott eins zu werden. Peck ist von → Teilhard de Chardin und → Carl Gustav Jung beeinflusst. Er empfiehlt das Buch *The Coming of the Cosmic Christ* von → Matthew Fox.

Trotz seiner offenkundigen Affinität zum New Age lehrte Peck am neoevangelikalen → *Fuller Theological Seminary* an der Fakultät für Psychologie. Er überließ dem Seminar sogar seine persönlichen Notizen, worauf das Seminar ganz offen verweist. → Brennan Manning empfiehlt Peck in seinem Buch *Abba's Child*, und → Leonard Sweet zeigt sich in seinem Buch *Quantum Spirituality* dankbar für die »wertvollen Einsichten«, die er von Peck empfangen hat. → Bill Hybels und → *Willow Creek* empfehlen Scott Peck.

Weiß man um den New-Age-Hintergrund von Peck, ist es wenig verwunderlich, dass seine Seminare auch in New-Age-Kreisen anzutreffen sind. Das Seminarhaus *Shanti*, ein interspirituelles gemeinnütziges Seminarhaus im nordrhein-westfälischen Horn-Bad Meinberg, bot im April 2012 ein »Gemeinschaftsbildendes Seminar nach Scott Peck« an, um zu lernen, wie aus »den vielen Ichs ein neues WIR ohne ›Du solltest‹ oder ›Du musst‹« wird.

- Publikationen: *Der wunderbare Weg: Eine neue spirituelle Psychologie; Gemeinschaftsbildung: Der Weg zu authentischer Gemeinschaft; Weiter auf dem wunderbaren Weg.*
- Persönliche Webseite: www.mscottpeck.com.

Pennington, Basil (1931–2005) war Trappistenmönch und Autor von über 60 Büchern. 1951 trat er in das Kloster *St. Joseph's Abbey* in Spencer, Massachusetts, ein, dem auch → William Meninger und → Thomas Keating angehörten. Pennington war neben Meninger und Keating einer der treibenden Kräfte der kontemplativen Bewegung der 1970er Jahre in den USA und trug wesentlich dazu bei, das kontemplative Gebet international zu verbreiten. 1957 wurde Pennington zum Priester geweiht. Weitere Studien zu Theologie und Kirchenrecht folgten in Rom an der *Päpstlichen Universität Heiliger Thomas von Aquin* und an der *Gregorianischen Universität (Collegium Romanum)*. Pennington war ein enger Freund von → Thomas Merton. In den 1970er Jahren wuchs bei Pennington das Interesse an der orthodoxen Kirche; er wurde nach Griechenland auf den Berg Athos eingeladen, einem Ort der Anbetung Gottes, der Verehrung der Mutter Gottes (»Panagia«) und des orthodoxen mönchischen Lebens. Eine 6-wöchige Pilgerreise nach Indien führte ihn zu → Mutter Teresa. In den 1980er Jahren hielt er weltweit Vorträge zu kontemplativen Methoden. Nachdem er zwei Jahre lang Abt im *Monastery of the Holy Spirit* in Conyers, Georgia (USA), war, kehrte er 2002 in das *St. Joseph's Abbey* in Spencer zurück. 2005 verstarb er und wurde dort begraben.

In einem Interview mit Mary NurrieStearns hatte er erklärt: »Wir sind mit allen Menschen eins in unserer menschlichen Natur und in unserer Teilhaberschaft der göttlichen Natur, folglich sind wir niemals wirklich alleine, wir alle verfügen über diese Einheit und Gemeinschaft. Diese Realität zu erfassen ist die größte Heilung. Wir können uns meditative Praktiken aneignen, die uns dazu befähigen, diese Reise zu beginnen, um das wahre innere Selbst zu finden oder das Getrenntsein unser aller Selbst zu transzendieren …« In seinem Buch *Centered Living* schrieb er: »Nachdem ich mit Personen aus vielen unterschiedlichen [nichtchristlichen] Traditionen meditiert habe, gewann ich den Eindruck, dass wir in der Stille eine tiefe Einheit erfahren. Wenn wir die Tore des rationalen Verstandes hinter uns lassen und in diese Erfahrung eintreten, dann gibt es nur einen Gott, den man erfahren wird« (192). In seinem Buch *Finding Grace at the Center* erklärt Pennington: »Wir sollten nicht zögern, die Frucht der alten Weisheit des Ostens zu ergreifen und sie für Christus ›einnehmen‹. In der Tat, diejenigen von uns, die im geistlichen Dienst stehen, sollten die notwendigen Anstrengungen unternehmen, um uns mit so vielen östlichen Methoden wie möglich vertraut zu machen. Viele Christen nehmen ihr Gebetsleben ernst, und Yoga, Zen, TM und andere Methoden waren ihnen eine große Hilfe« (5-6). Und weiter schreibt er in demselben Buch über seine Erfahrungen der gemeinsamen Meditationen in der Stille mit Menschen verschiedener Religionen: »An diesem tieferen Ort wird das Einssein erfahren«, und fügt hinzu: »Maharishi Mahesh Yogi hat gesagt, wenn 1 Prozent der Menschen meditieren würden, dann hätten wir Frieden. Jesus sprach von dem Sauerteig, der alles durchsäuert« (10-11).

Penningtons Buch *Centering Prayer* (Gebet der Sammlung) wurde 1980 veröffentlicht und hat sich über 1 Million Mal verkauft. Seine Bücher sind ins Französische, Polnische, Italienische, Spanische und Portugiesische übersetzt worden.

Auf → Rick Warrens Webseite Pastors.com, die Material für Anhänger seiner *Leben mit Vision*-Agenda zur Verfügung stellt und global agiert, wurde am 2. Oktober 2011 ein Artikel über das → Gebet der Sammlung (*Centering Prayer Trusts Jesus Brings Transformation*) veröffentlicht. In diesem Artikel wird erwähnt, dass das Gebet der Sammlung eine Kombination aus Gebet und Meditation ist und in den 1970er Jahren durch drei Mönche des Zisterzienserordens wieder belebt wurde. Gemeint waren natürlich die drei Trappisten (Trappisten sind ein Zweig der Zisterzienser) Meninger, Keating und Pennington. Stacy Smith, die Verfasserin des Artikels, muss demnach Kenntnis über die Hintergründe dieser Gebetsform gehabt haben. Offenkundig waren ihre Kenntnisse nur oberflächlich. Nach Kritik von Seiten einer Reihe apologetischer Dienste wurde der Artikel kommentarlos gelöscht. Wie viel Schaden er bis zu seiner Löschung weltweit anrichten konnte, ist unklar. Ein solcher Artikel sollte auf der Webseite des »Evangelikalen« Rick Warren, der von sich sagt, er sei Calvinist und ein Bewunderer von Jonathan Edwards, im Grunde überhaupt nicht erscheinen.

→ Adele Ahlberg Calhoun, deren Buch *Spiritual Disciplines Handbook* auf Rick Warrens *Saddlebacks Spiritual Growth Center* empfohlen wird, bezeichnet Pennington als einen ihrer »spirituellen Mentoren«.

• Webseite: www.spiritualityandpractice.com.

Perlen des Glaubens → Rosenkranz, evangelischer

Pseudo-Dionysios, auch Pseudo-Dionysios Aeropagita oder Dionysios bzw. Dionysios Aeropagita (Dionysius/Pseudo-Dionysius), ist die Bezeichnung eines unbekanntes Autors, der im 6. Jahrhundert n. Chr. lebte und seine Werke unter dem Pseudonym Dionysios Aeropagita (nach Dionysius, dem Areopagit aus Apostelgeschichte 17,34) niederschrieb. Die genaue Herkunft des Autors ist unbekannt. Möglicherweise lebte und wirkte er in Syrien im Raum Antiochia. Pseudo-Dionysios war vom → Neuplatonismus und von → Origenes beeinflusst. Der Kirchenhistoriker Volker Leppin bezeichnet das Werk des Pseudo-Dionysios, das aus zehn Briefen und vier Traktaten besteht, als eine »intensive Amalgamierung von Philosophie und Christentum« (Leppin, 26). Gott ist für Dionysios »das Eine«, das vom Menschen nicht erkannt werden kann. Gott kann man weder durch eine positive Theologie (*theologia positiva*) erkennen, die Gott Eigenschaften zuspricht, noch durch eine negative Theologie (*theologia negativa*), die das zum Ausdruck bringt, was über Gott nicht gesagt werden kann. In seinem Werk *Über die mystische Theologie* (*De mystica Theologia*) erläutert Pseudo-Dionysios, was Gotteserkenntnis und der Aufstieg der Seele zu Gott beinhaltet. Nach seiner Auffassung erlangt der Mensch das höchste Ziel der Vereinigung mit dem Göttlichen durch Reinigung und Erleuchtung. Pseudo-Dionysios bezeichnet die höchste Stufe der Erkenntnis »Vergöttlichung« (*theosis*), die Gegenwart im göttlichen Licht. Das mystische Einswerden mit Gott übersteigt alles Erkennen des Menschen und wird im Nichtwissen erlangt.

Papst Benedikt XVI. legte in einer Generalaudienz die katholische Sicht über diesen unbekannten und doch in der christlichen Literatur viel zitierten Autor dar: »Heute hat Dionysios Aeropagita eine neue Aktualität: Er erscheint als großer Vermittler im modernen Dialog zwischen dem Christentum und den mystischen Theologien Asiens, deren Wesensmerkmal in der Überzeugung liegt, dass man nicht sagen könne, wer Gott ist; man kann von ihm nur in negativen Formen sprechen; man kann von Gott nur mit dem »Nicht« sprechen, und nur, wenn man in diese Erfahrung des »Nicht« eintritt, gelangt man zu ihm. Und hier erkennt man eine Ähnlichkeit zwischen dem Denken des Areopagiten und jenem der asiatischen Religionen: Er kann heute ein Vermittler sein, wie er es zwischen dem griechischen Geist und dem Evangelium gewesen ist« (Generalaudienz vom 14. Mai 2008).

Martin Luther bezeichnet Pseudo-Dionysios in seinem Buch *Von der Babylonischen Gefangenschaft der Kirche* als »im höchsten Grade verderblich« und erläutert: »In der ›Theologia Mystica‹ … treibt er mehr den Platonismus als das Christentum. Christus lernst du dort so wenig kennen, dass du ihn, wenn du ihn bereits kennst, wieder verlierst. Ich rede aus Erfahrung. Paulus wollen wir lieber hören, auf dass wir Christus, und zwar als den Gekreuzigten kennen lernen« (WA 6).

Die Schriften von Pseudo-Dionysios beeinflussten Mystiker wie → Meister Eckhart, → Johannes vom Kreuz und → Teresa von Avila. → Peter Dyckhoff, ein begeisterter Anhänger des → Ruhegebets, ist Verfasser des Buches *Das Mystische Gebet. Einübung nach Dionysius.* Das mystische Gebet nach Dionysios lehrt, dass sich nur durch das Ausschalten aller Sinnesfunktionen und des Verstandes (→ Passivität) in einer mystischen Versenkung das Tor zu dem »Einen« öffnet, der nur jenseits aller menschlicher Erkenntnis zu finden ist.

• Publikationen: *Über die himmlische Hierarchie. Über die kirchliche Hierarchie.*

Psychodrama ist eine von → Jakob Levy Moreno begründete Form der Gruppen-Psychotherapie. Es handelt sich um die Verknüpfung aus den Erkenntnissen der Psychologie und einer Handlung, die von den Klienten unter Anleitung eines Psychologen in Szene gesetzt werden. Dabei liegt das Augenmerk besonders auf

Verhaltensweisen, die der Teilnehmer in Rolle und Gegenrolle spielt. Ziel der psychodramatischen Arbeit ist es, negative Verhaltensmuster zu erkennen und aufzulösen.

- Webseiten: www.morenoinstituteeast.org (kombiniert mit Zen); www.psychodrama-hamburg.de; www.isi-hamburg.org; www.psychodrama-freiburg.de.

Psychologie, christliche. Die christliche Psychologie hat über alle christlichen Konfessionen und Denominationen hinweg ausgehend von den USA der 1950er Jahre einen regelrechten Boom erlebt. 1952 wurde in den USA die *Christian Association for Psychological Studies (CAPS)* gegründet. Damit stand in den 1950er und 1960er Jahren erstmals in der Geschichte der Evangelikalen die Ausbildung in der pastoralen Seelsorge unter dem Einfluss des humanistischen Psychologen Carl Rogers. »Liberale Pastoraltheologen vermittelten Rogers sowohl den konservativen als auch den liberalen Theologiestudenten« (Powlison, 194). 1965 folgte das neoevangelikale → *Fuller Theological Seminary* dem allgemeinen Trend und gründete eine Fakultät für Psychologie (*Graduate School of Psychology*). In den christlichen Gemeinden und Bildungseinrichtungen Deutschlands fasste das Gedankengut der Psychologie in den 1960er Jahren Fuß und gewann stetig an Popularität. Mittlerweile dürfte ein beachtlicher Anteil der Evangelikalen der Überzeugung sein, dass Psychologie und Psychotherapie für eine fundierte Seelsorge unentbehrlich sind. Es gibt durchaus Bereiche der modernen Psychologie, deren Erkenntnisse nicht nur unbedenklich sind, sondern auch sinnvoll eingesetzt werden können. Fragwürdig werden psychologische Denkansätze immer dann, wenn das zugrunde liegende Menschenbild mit dem biblischen Menschenbild unvereinbar ist.

Es war → Carl Gustav Jung, der seine psychologische Forschung auf christliche Mystiker ausdehnte. Er deutete die dunkle Nacht der Seele des Mystikers → Johannes vom Kreuz allerdings nicht als ein religiöses, sondern als ein psychisches Phänomen. Durch Versenkung oder Meditation wird aus seiner Sicht das Unbewusste erhellt, wo sich die Scheußlichkeit des persönlichen Unbewussten zeigt. Psychisch heil kann nur der werden, der nicht vor dieser Dunkelheit zurückweicht, sondern durch sie hindurch schreitet und seine enge Denkweise aufgibt. Günter Benker schlussfolgert, dass C. G. Jung über die religiöse Dimension des menschlichen Lebens »inhaltlich nichts auszusagen vermag, auch wenn er im Rahmen seiner tiefenpsychologischen Tätigkeit und Forschung immer wieder auf die religiöse Funktion der Psyche gestoßen ist und ... ihr sogar eine entscheidende Rolle für die psychische Gesundheit des Menschen zuspricht.« Jung spricht als Psychologe nur »sehr theoretisch abstrakt und spekulativ« von der Religion (*Die »Dunkle Nacht« der Ganzwerdung*). Dennoch wurden Jungs Psychologie und unbiblisches Gottesbild von vielen Vertretern der kontemplativen Bewegung wie → Brennan Manning, → Richard Foster, → Basil Pennington, → Richard Rohr, → Thomas Keating u. a. positiv aufgenommen und in ihr Denken und literarisches Schaffen integriert. Es scheint, als könne auf dem mystischen Nährboden nicht nur jede Spiritualität, sondern auch jede psychologische Fehlspekulation gut gedeihen.

- Webseiten: www.ignis.de (charismatische Ausrichtung); www. deignis.de.

Qigong, auch Chigong, wird von der *Deutschen Qigong Gesellschaft* mit folgenden Worten beschrieben: »Qigong ist ein moderner chinesischer Begriff für eine Vielfalt von Traditionen des kunstvollen Umgangs mit Qi. Qi könnte mit Lebensenergie, Vitalität, Lebendigkeit, Beseeltheit übersetzt werden ... Aus der Sicht der chinesischen Medizin bedeutet das freie Fließen des Qi durch die Meridiane, die Energiebahnen im Körper, dass der Mensch gesund ist und seine Organe, die mit den Meridianen verbunden sind, harmonisch zusammenarbeiten ... Die Wirkung von Qigong erschließt sich beim Ausführen der Übungen, die Atem, Vorstellungskraft und einfache Bewegungen verknüpfen ... Die Vielfalt der verschiedenen Qigong-Arten eint sich im Ziel der Gesunderhaltung, Persönlichkeitsentfaltung und Bewusstseinsschulung.« Qigong ist vom → Buddhismus beeinflusst. Es gibt über 1000 verschiedene Richtungen des Qigong, worunter einige ausschließlich die spirituelle Erleuchtung anstreben.

- Webseite: www.qigong-gesellschaft.de.

Quäker ist eine Bezeichnung, die auf die Anhänger einer von →
George Fox (1624–1691) gegründeten Religionsgemeinschaft Mitte
des 17. Jahrhunderts in England zurückgeht, die auch unter dem
Namen »Religiöse Gesellschaft der Freunde« bekannt ist. Quäker
ist von einem Spottnamen, »Zitterer«, aus dem Englischen *to quake*
(zittern, schütteln), abgeleitet. Ob es sich hierbei um eine ursprünglich spöttische Bezeichnung der Gegner der Anhänger von Fox
handelte, da es in ihren Versammlungen zu Konvulsionen (Schüttelkrämpfen) gekommen sei, oder möglicherweise die Quäker ihren Namen erhielten, weil sie das endzeitliche Gericht verkündeten
und ihre Zuhörer dazu aufriefen, vor dem nahenden Gericht Gottes zu zittern, wird weiterhin diskutiert.

Zentral für die Frömmigkeit der Quäker war die Führung
durch das »innere Licht«. Fox soll eine Offenbarung empfangen haben, wonach in jedem Menschen ein unsichtbares, göttliches Licht
wohnt, dem es zu folgen gilt, um Gott zu begegnen. Die Führung
durch das innere Licht hatte für Quäker größere Autorität als die
Führung durch Gottes Wort. Dies konnte zu recht ungewöhnlichen
Handlungen führen. Ronald Knox schreibt über die befremdliche
Praxis des »Nacktgehens« der ersten Quäker: »Ihre sensationellste
und nicht erbaulichste Weise, kommende Gerichte anzukündigen,
bestand darin, dass sie splitternackt durch die Straßen liefen …
Dass Fox und die anderen Leiter das ›Nacktgehen‹ anderen zum
Zeichen nicht verurteilt haben, zeigt uns, wie sehr das innere Licht
ihnen oberstes Gesetz war« (*Christliches Schwärmertum*, 144). Fox
lehrte, dass man schon auf Erden ein sündloses Leben erreichen
könne. Quäker lehnten äußere Formen oder Traditionen ab. Sie
konnten sich versammeln und nach einer Stunde des Schweigens
wieder auseinandergehen. Ihre Gottesdienste waren spontan und
sollten ganz unter der Führung des Geistes sein. Fox stand einmal
Stunden schweigend vor einer Gemeinde, weil er sich durch das
innere Licht geführt sah, seine Zuhörer »nach den Worten hungern
zu lassen« (ebd., 152).

Heute gibt es rund 300.000 Quäker weltweit, vor allem in England und in den USA. In Deutschland zählt man ca. 300 Quäker.
Das Glaubensziel der Quäker, die sich in ihren Anfängen noch als

»Kinder des Lichts« bezeichneten, wird auf ihrer offiziellen Webseite für Deutschland und Österreich wie folgt beschrieben: »Quäker glauben an das Innere Licht in jedem Menschen und suchen die Verbindung mit diesem Inneren Licht im gemeinsamen Schweigen, Hören und Sprechen in der Stillen Andacht, zu der jeder willkommen ist.« In einer Zeit von »spirituell Flüchtigen und Wanderern«, heißt es weiter, haben die meisten Menschen »einige spirituelle Vorstellungen und betrachten sich selbst als spirituelle Person, aber viele sind aus organisierten Religionen ausgetreten. Trotzdem gibt es ein Verlangen nach einem echten spirituellen Zuhause.« Auf der offiziellen Webseite heißt es in Bezug auf ein Glaubensbekenntnis: »Wir Quäker glauben, dass die Wirklichkeit Gottes größer ist als alle menschlichen Aussagen über sie, als alle Namen, die dieser Wirklichkeit gegeben werden können und alle Worte, mit denen sie umschrieben werden kann. Daher ist das Quäkertum eine Religion ohne Dogma, und seine Anhänger haben kein festgelegtes Glaubensbekenntnis.«

Liberale Quäker halten ihre gottesdienstlichen Zusammenkünfte in Stille und ohne Programm mit spontanen Redebeiträgen ab. Konservative Quäker ordinieren Pastoren und Pastorinnen, die ihre jeweiligen Quäkergemeinden leiten.

Einige Quäker-Strömungen vertreten einen unitarischen Universalismus. Diese Auffassung lehnt die christliche Trinitätslehre ab und ist von der Überzeugung geprägt, dass alle Menschen erlöst werden (Allversöhnung). Die Quäker heute sind in unterschiedliche Strömungen aufgesplittert, die sich u. a. für ihren Einsatz für gesellschaftliche und politische Ziele auszeichnen. 1947 erhielten die beiden Hauptorganisationen in London und Washington den Friedensnobelpreis.

• Webseiten: www.rgdf.de (Deutschland/Österreich), www.swiss-quakers.ch (Schweiz).

Quietismus ist vom Lateinischen *quietus* (ruhig, zurückgezogen) abgeleitet und bezeichnet eine innere Haltung, die alles eigene Wollen negiert. Der Quietist strebt einen Zustand völliger innerer Gemütsruhe an und versenkt sich ganz im göttlichen Sein. Durch

Reinigung und Erleuchtung kann der Mensch die Vereinigung mit Gott erlangen. Auf diesem Weg der Seele zur Gottesvereinigung kann sich Askese als hilfreich erweisen. Der Spanier → Miguel von Molinos lehrte das innerliche oder beschauliche Gebet, das durch → Kontemplation zum inneren Verstummen aller eigenen Bestrebungen und zur völligen Ausschaltung des Verstandes führen sollte. Manche Quietisten gingen noch weiter und betrachteten »jedes Bild, das in der Seele erzeugt wird, gleich welcher Art, mehr oder weniger als eine Ablenkung« (Knox, 241). Die Beschauung oder das beschauende Gebet, wie die Quietisten die innere Versenkung bezeichneten, sollte alleine auf Gott ausgerichtet sein. Das beschauliche Gebet, das sich auf Gottes Werke und nicht ausschließlich auf Gott selbst richtete, galt vielen Quietisten bereits als unvollkommen. Der Quietist strebte eine ständige → Passivität der Seele an, sogar im Gebet, und erwartete die innere Weisung von Gott.

Der Quietismus war vor allem in der katholischen Mystik vorherrschend und beeinflusste u. a. → Madame Guyon. Aber auch eine Reihe deutscher Protestanten wie die Pietisten → Gerhard Tersteegen, Philipp Jakob Spener und Nikolaus Zinzendorf weisen – wenngleich weniger stark ausgeprägte – Merkmale quietistischer Frömmigkeit auf. Sowohl die katholische als auch protestantische Amtskirche verwarfen den Quietismus.

Ranters bezeichnet suchende Christen im England der 1640er Jahre, die sich von der Amtskirche abgewandt hatten. Die Ranters wurden wie die → Quäker auch als »Seekers«, Suchende, bezeichnet. Sie vertraten ein pantheistisches Gottesbild (→ Pantheismus), wonach Gott alles und alles Gott ist. Die Ranters waren keine organisierte Gemeinschaft und wurden als radikale Randbewegung der Puritaner betrachtet. Ende der 1650er Jahren löste sich diese Strömung auf.

Reiki ist eine alte japanische Heilmethode, die im 19. Jahrhundert von Usui Mikao (1865–1926), einem buddhistischen Mönch, wiederentdeckt und populär gemacht wurde. Reiki bedeutet Lebenskraft, universelle Lebensenergie, auch umfassende oder ganz-

heitliche Energie. Durch Reiki sollen die feinstofflichen Energie-
felder des menschlichen Körpers energetisch geladen werden, um
die Selbstheilungskräfte des Körpers anzustoßen. Die Ausbildung
zum Reiki-Therapeut hat vier Stufen. Nur von Reiki-Lehrern Ein-
geweihte können Lebenskraft auf andere Menschen übertragen.
Angeblich entfalten Reiki-Methoden ohne Einweihung keine Wirkung. Naturwissenschaftliche Studien konnten die Wirksamkeit
von Reiki nicht nachweisen.
• Webseite: www.reiki.de.

Renovaré ist eine von → Richard Foster im Jahre 1988 gegründete, ökumenisch ausgerichtete Organisation in Englewood, Colorado (USA). Renovaré hat sich zum Ziel gesetzt, die kontemplative
Gebetsbewegung international zu verbreiten. Fosters Anliegen ist
es, den kontemplativen Methoden mehr Gehör im Evangelikalismus zu verschaffen. Es folgten drei weitere Gründungen von Re-
novaré-Organisationen in Großbritannien/Irland (2002), Korea
(2004) und Brasilien (2008). Renovaré veranstaltet Konferenzen
und Seminare zum Thema → Geistliche Formung (*Spiritual Formation*). Renovaré hat ferner die *Renovaré Spiritual Formation Study Bible* herausgegeben, an der Richard Foster selbst und weitere
Autoren wie → Dallas Willard, → Emilie Griffin und → Walter Brueggemann mitgearbeitet haben. Die *Renovaré Bible* wurde
nach Aussagen von Foster geschaffen, um dem Seelenhunger der
vielen Christen nachzukommen, die die Bibel in einer »neuen Weise« (*fresh way*«) lesen wollen. Die *Renovaré Bible* will die »Heilige
Schrift als lebendigen Text« wiederentdecken und dazu verhelfen,
»unser Leben mit Gott intimer« zu gestalten, so der Klappentext
dieser »einzigartigen« Bibel.
    Die renommiertesten Vertreter christlicher Spiritualität und bi-
blischer Gelehrsamkeit haben zusammen mit Pastoren und Laien
fünf Jahre an der Herausgabe der *Renovaré Bible* mitgearbeitet. Diese Bibel enthält unter anderem ein Essay über das »Immanuel-Prin-
zip«, das »Mit-Gott«-Leben, »um besser zu erkennen, wie Gott mit
uns ist und wie wir mit Gott sind« (XV). Ferner enthält die Bibel
einen Index (*Spiritual Disciplines Index*), der unterschiedliche kon-

templative Methoden vorstellt und diese mit Schriftstellen »belegen« will (XVI). In einem Abschnitt wird erklärt, warum die Bibel noch das maskuline und nicht das feminine Pronomen für Gott verwendet. Dies sei, so der Herausgeber, darin begründet, dass die englische Sprache kein Wort hat, das für Gott angemessen wäre, der die »menschliche Sexualität transzendiert« (XVII). Dies klingt fast wie eine Entschuldigung an die Vertreter der gendergerechten Bibelübertragungen oder die Vertreter einer feministischen Theologie. Über die Organisation Renovaré heißt es im Anhang der Bibel, dass es sich um eine Bewegung handelt, die sich die »Erneuerung der Kirche Jesu Christi mit all ihren vielfältigen Ausdrucksweisen« zum Ziel gesetzt hat und »praktische Vorgehensweisen« in Form von kontemplativen Methoden anbietet für Menschen, die nach »Erneuerung streben« (2327).

Abgesehen von der mystischen Orientierung der *Renovaré Bible* ist diese Studienbibel aus einer Reihe anderer Gründe als zweifelhaft zu betrachten. Erstens, diese Bibel enthält die Apokryphen, die aus protestantischer Sicht dem biblischen Kanon nicht zuzurechnen sind. Sie wurden von der katholischen Kirche auf dem Konzil zu Trient (1546) als zur Heiligen Schrift zugehörig erklärt. Luther hielt die Apokryphen zwar für nützlich, zählte sie aber wie die anderen Reformatoren nicht zur Heiligen Schrift. Zweiten, diese Bibel folgt der Bibelkritik und lehnt die Verfasserschaft Moses für die 5 Bücher Mose sowie Daniels für das prophetische Buch Daniel ab. Das Buch Jesaja wird als »poetische Imagination« bezeichnet, und auch hinsichtlich dieses Buches wird die Verfasserschaft Jesajas abgelehnt. Adam und Eva sind aus Sicht der Verfasser keine historischen Personen. Drittens, im Kommentar zu 1. Korinther 6,9-10 wird angedeutet, dass es heute keine bindenden Normen für die sexuelle Orientierung des Menschen gibt.

Die Buchempfehlungen zur *Renovaré Bible* von → Max Lucado, → Tony Campolo, → John Ortberg und → Brennan Manning sind auf der Rückseite dieser Bibel zu finden.

• Webseiten: www.renovare.us (USA); www.renovarelife.org (GB/Irland); www.renovarekorea.org (Korea); www.renovare.org.br (Brasilien).

Renovaré-Bibel → Renovaré

Retraiten → Einkehrtage

Rhodes, Tricia McCary ist US-amerikanische Autorin und vollzeitliche Mitarbeiterin an der Seite ihres Mannes Joe, Pastor der von ihm gegründeten *New Hope Church* in San Diego, Kalifornien. Rhodes lehrt u. a. das → Atemgebet. In ihrem Buch *The Soul at Rest: A Journey into Contemplative Prayer* verspricht sie hungrigen Seelen eine »tiefere Intimität mit Gott«. Wie diese tiefere Intimität mit Gott zu erreichen ist, beschreibt sie mit folgenden Worten: »Atme Gottes Frieden ein, und atme deinen Stress, deine Zerstreuung und deine Ängste aus. Atme Gottes Liebe, Vergebung und Barmherzigkeit ein, und atme deine Sünden, dein Versagen und deine Frustrationen aus« (28). Rhodes betont, dass es bei der Praxis des Atemgebets unbedingt notwendig ist, den Verstand frei von Gedanken zu machen und in eine vollkommene Ruhe zu versetzen (→ Passivität). Rhodes ist von dem episkopalen Priester → Morton Kelsey beeinflusst.

→ Rick Warren empfiehlt Rhodes Buch *The Soul at Rest* in seinem wöchentlichen E-Mail-Rundbrief an Pastoren (September/3, 2003) als ein Buch, das neue Einsichten in das Gebet vermittelt und allen, die nach tieferer Intimität mit Gott streben, ein wertvoller Begleiter in ihrer stillen Zeit ist (*A Time of Departing*, 152).
• Publikationen: *Hörst du sein leises Flüstern?: Inseln der Stille finden.*
• Persönliche Webseite: www.soulatrest.com.

Rohr, Richard (geb. 1943) ist US-amerikanischer Franziskanerpater, Autor von über 30 Büchern und Gründer der *New Jerusalem Community* in Cincinnati, Ohio, eine Kommunität mit ca. 60 katholischen Familien. Die Kommunität wurde im Jahre 1971 gegründet. 1985 verließ Rohr die Kommunität, um sich anderen Aufgaben zu widmen. 1986 gründete er das *Center for Action and Contemplation* in Albuquerque, Neu-Mexiko. Dort lebt er in einer Einsiedelei hinter dem Kloster seines Franziskanerordens.

Rohr ist international begehrter Konferenzredner und besuchte bereits Europa, Afrika, Neuseeland und Australien. Er plädiert für eine Integration von Aktion und → Kontemplation und setzt sich für soziales Engagement, Frieden, Gerechtigkeit und Ökologie, insbesondere in Form einer spirituellen Ökologie, ein. Er arbeitete u. a. mit → Thomas Keating und → Cynthia Bourgeault zusammen. Rohr organisierte 2008 das Seminar *Jesus and Buddha – Paths to Awakening* (Jesus und Buddha – Pfade der Erweckung), was seine → interspirituelle Orientierung deutlich macht. Rohr lehrt die → Mantra-Meditation und vertritt eine pantheistische Weltsicht (→ Pantheismus). Ferner ist er Autor des Buches *Das Enneagramm – Die 9 Gesichter der Seele* (Co-Autor → Andreas Ebert) und übt Seelsorge mit Hilfe des → Enneagramms aus. Rohr praktiziert und lehrt das → Kything-Gebet, das eine Geist-zu-Geist-Verbindung auch mit Verstorbenen, insbesondere mit Heiligen, befürwortet, um deren spirituellen Kräfte für sich selbst zu nutzen. Richard Rohr arbeitet ferner mit der Organisation → Renovaré zusammen.

Rohr war außerdem Gast bei Dr. Mehmet Oz in *Oprah and Friends*, einer Talkshow von Oprah Winfrey mit großer Affinität zum New Age. Dr. Mehmet Oz, der alternative Heilmethoden wie Energieheilung, Transzendentale Meditation und Hypnose praktiziert und lehrt, wurde auch im Zuge des »Daniel-Plans«, einer Gesundheitsinitiative, von → Rick Warren als Sprecher in dessen Gemeinde eingeladen. Richard Rohr wird von → Philip Yancey, → Brian McLaren, → Rob Bell, → Richard Foster u. a. empfohlen.

In den 1980er Jahren besuchte Richard Rohr zum ersten Mal Deutschland und hielt im Nürnberger »Lorenzer Laden«, der von Andreas Ebert gegründet wurde, einen Vortrag unter dem Titel »Unterwegs zu einer neuen Kirche«. Auch auf den Evangelischen Kirchentagen war er seit den 1980er Jahren fast regelmäßig jährlich als Redner aufgetreten. Durch sein Interesse an einem geistlichen Aufbruch im spirituellen Bereich, ist er auch in der → Emerging-Church-Szene in den USA ein gern gehörter Sprecher, z. B. beim *Wildgoose Festival 2011* mit → Brian McLaren und → Shane Claiborne. Rohr hat ferner Verbindungen zur deutschen Emerging-Church-Bewegung; am 7. Juni 2011 hielt er in der Markuskirche Erlangen den Vortrag »emerging Christianity – Ideen für eine Kirche der Zukunft«. Veranstalter des Vortrags in Erlangen waren die Elia-Gemeinde (emergent) und die St.-Markus-Gemeinde (evangelisch). Im Zuge seiner Abschieds-Europatour im Jahre 2012 hielt Richard Rohr in der Münchner Lukaskirche seinen wahrscheinlich letzen Vortrag in Deutschland, da er mit 70 Jahren das Reisen einschränken und sich vermehrt im eigenen geistlichen Bildungshaus in Albuquerque, Neu Mexiko, engagieren möchte.

- Publikationen: *Reifes Leben: Eine spirituelle Reise; Pure Präsenz: Sehen lernen wie die Mystiker; Entscheidend ist das UND: Kontemplativ leben UND engagiert handeln; Verwandlung: Was radikale Veränderung bedeutet; Wer loslässt, wird gehalten: Das Geschenk des kontemplativen Gebets; Ins Herz geschrieben: Die Weisheit der Bibel als spiritueller Weg; Das Enneagramm: Die 9 Gesichter der Seele; Befreiung vom Ego: Wege zum wahren Selbst; Hoffnung und Achtsamkeit: Der spirituelle Weg für das 21. Jahrhundert.*
- Webseiten: www.cac.org (Center for Action and Contemplation/ The Rohr Institute); www.akdach.net (deutsche Webseite: Netzwerk für Aktion und Kontemplation).

Rosenkranz bezeichnet eine Perlenkette, die dem katholischen Rosenkranzgebet dient. Katholiken benutzen den Rosenkranz, kennen aber auch eine kleine Form, den Fingerrosenkranz oder auch Soldatenrosenkranz. Die frühen Christen übernahmen das Psalmengebet aus der jüdischen Tradition. Unter den Wüstenvätern war die Paternoster-Schnur bekannt, eine geknotete Schnur, die Steinchen oder Fruchtkerne in regelmäßigen Abständen enthielt, die jeweils ein Gebet repräsentierten. Zunächst wurde lediglich das *Vaterunser* gebetet, später wurden die Gebetsreihen durch das *Ave Maria* ergänzt.

Adolf von Essen (1350–1439), ein Trierer Kartäusermönch, führte das Rosenkranzgebet unter dem Namen *rosarium* ein. Bei diesem Rosenkranzgebet wird 50 Mal das *Ave Maria* gebetet und über das Leben Jesu meditiert. Eine weitere Ergänzung fand der Rosenkranz durch Dominikus von Preußen (1382–1460), ebenfalls ein Trierer Kartäuser. Durch den Kartäuser Heinrich von Kalkar (1328–1408) erfuhr der Rosenkranz die Einteilung in Zehnergruppen, denen ein Vaterunser hinzugefügt wurde. Das Rosenkranzgebet war in seinen Anfängen ein privates Gebet. Erst durch den Dominikaner Alanus de Rupe (1428–1475) wurde es in die Volkskatechese eingeführt; vor und nach der Predigt wurde der Rosenkranz gebetet. Papst Pius V. legte 1569 die Gebetsweise des Rosenkranzes durch das *Breve Consueverunt* fest. Papst Johannes Paul II. ergänzte das Rosenkranzgebet am 16. Oktober 2002 in seinem apostolischen Schreiben *Virginis Mariae.*

Der heutige katholische Rosenkranz besteht aus einer Perlenschnur von 55 Perlen, deren 55. Perle das Bindeglied zu einer kleinen Perlenschnur mit 4 Perlen und einem Kreuz ist. Jede der Perlen steht für ein Gebet. Das Rosenkranzgebet beginnt mit dem Kreuz der kleinen Perlenschnur: der Betende macht das Kreuzzeichen und spricht mit der ersten Perle das *Apostolische Glaubensbekenntnis.* Es folgen das *Vaterunser,* das *Ave Maria* und *Ehre sei dem Vater* (die nächsten drei Perlen der kleinen Perlenschnur). Die Hauptkette besteht aus 5 sogenannten »Gesätzen«. Ein Gesätz besteht aus 10 Perlen; bei jeder Perle wird ein *Ave Maria* sowie eine kurze Ergänzungsformel (»Geheimnis«) über Jesus gebetet. Nach jedem Gesätz folgt eine einzelne Perle für das *Ehre sei dem Vater* und das *Vaterunser.*

Alle großen Weltreligionen kennen Rosenkränze bzw. Gebetsketten. Sie stellen eine Form des Betens dar, um Gott zu lobpreisen oder um durch Mantras eine Verbindung zum Göttlichen herzustellen. Die orthodoxe und anglikanische Kirche kennen die Gebetsschnur, Hindus und Buddhisten die Mala, und Muslime beten mit der Tasbih. Selbst die evangelische Kirche kennt eine abgewandelte Form des Rosenkranzes in Anlehnung an Martin Luthers »vierfaches Kränzlein« sowie eine andere Variante der evangelischen Michaelsbruderschaft. In evangelikalen Kreisen trifft man mittlerweile auf eine abgewandelte Form der Gebetskette, die »Perlen des Glaubens« (→ Rosenkranz, evangelischer).

• Webseiten: www.rosenkranz-beten.de; www.rosenkranz-gebet.de.

Rosenkranz, evangelischer. Martin Luther lehnte den katholischen Rosenkranz ab, er sprach jedoch von einem »vierfach gedrehten Kränzchen«, welches man in der persönlichen Gebetszeit nutzen konnte. Es symbolisierte Lehre, Dank, Beichte und Bitte. In den 1960er Jahren wurde durch die *Evangelische Michaelsbruderschaft* eine protestantische Variante des Rosenkranzes entwickelt, der als *Christus-Rosenkranz* bezeichnet wurde. Der Aufbau des katholischen Rosenkranzes wurde beibehalten und die Gebete an Maria durch andere Rahmenverse mit dem Inhalt von Glaube, Liebe, Hoffnung ersetzt, um die Perlengebete christozentrisch auszurichten. Ein aus der Kreuzwegsandacht bekanntes Christusgebet wurde integriert, damit dieser Rosenkranz in der ökumenischen Liturgie Anwendung finden konnte.

Ein weiteres Perlengebet, das in protestantischen und evangelikalen Kreisen mittlerweile gerne gebetet wird, sind die *Perlen des Glaubens*, die 1996 vom Martin Lönnebo, Bischof der schwedischen Evangelisch-Lutherischen Kirche von Linköping, geschaffen wurden. Kirsten Faupel-Drevs von der Nordelbischen Evangelisch-Lutherischen Kirche stellte die *Perlen des Glaubens* erstmals im Jahre 2003 auf dem Ökumenischen Kirchentag in Berlin vor. Das Perlenband besteht aus 18 Perlen, die jeweils für eine Lebensfrage, einen Gedanken oder ein Gebet stehen. Sie sollen sinnbildlich den menschlichen Lebensweg darstellen. → Christina Brudereck empfiehlt die *Perlen des Glaubens* in ihrem Projekt *Zeit des Meisters*.

In der Zeitschrift → *Aufatmen* (1/2010) wurde ein Rosenkranzgebet unter der Bezeichnung *Luthers Katechismus-Rosenkranz* vorgestellt, das sich an Martin Luthers Kleinem Katechismus orientierte. Als Eingangsgebet sollte ein Vers aus dem Johannesevangelium gebetet werden. In der folgenden Kette folgten zwei große Perlen, die an die Sakramente der Taufe und des Abendmahls erinnerten. Drei kleine Perlen standen für die Zehn Gebote, das Glaubensbekenntnis und das *Vaterunser*. Ferner sind Gebete der Buße, das Gethsemanegebet (»Mein Vater, nicht wie ich will, sondern wie du willst«) und das → Jesusgebet enthalten.

- Webseite: www.perlen-des-glaubens.de.

Ruhegebet → Herzensgebet

Ruhen im Geist ist eine in pfingstlich-charismatischen Kreisen gepflegte Frömmigkeitspraxis, wonach Menschen unter Einwirkung des Heiligen Geistes umfallen und minuten- oder gar stundenlang auf dem Boden liegen. Sie erfahren dabei ein Gefühl des inneren Friedens und empfangen gelegentlich Visionen. Das Ruhen im Geist soll zur inneren Heilung beitragen. Manche Pfingstler und Charismatiker haben im Ruhen im Geist ihre persönliche Berufung für das Reich Gottes empfangen. Seit dem sogenannten Toronto-Segen, einer extremcharismatischen angeblichen Erweckung in Toronto, Kanada, in den 1990er Jahren wird das Ruhen im Geist auch als »Soaking« bezeichnet, vom Englischen *to soak*, was so viel bedeutet wie *einweichen, aufsaugen, durchdringen*. Charismatiker ruhen im Geist, um sich mit der Gegenwart und Salbung Gottes zu sättigen. Moderate Pfingstler und Charismatiker stehen dieser Praxis kritisch gegenüber.

Rust, Heinrich Christian (geb. 1953) ist Autor, Referent und Pastor einer charismatisch ausgerichteten evangelischen Freikirche in Braunschweig. Rust war Sprecher des *Kreises Charismatischer Leiter*. Er arbeitete im Theologischen Ausschuss der *Lausanner Bewegung* mit und engagiert sich im *Institut für Gemeindebau und Weltmission*. In seinem jüngsten Buch *Geist Gottes – Quelle des Lebens: Grundlagen einer missionalen Pneumatologie* aus dem Jahre 2013 widmet er dem Thema Mystik (»Vernunft und Mystik«) 10 Seiten. Rust verknüpft das postmoderne Gedankengut der → Emerging Church mit Charismatik und Mystik. Die missionale Philosophie der Emerging Church, die auch Rust vertritt, geht davon aus, dass der traditionelle missionarische Dienst der Gemeinde überholt ist. Der missionale Dienst ist im Gegensatz zum missionarischen Dienst ganzheitlich ausgerichtet und setzt neben der Evangeliumsverkündigung auf den sozialen, politischen, kulturellen und ökologischen Wandel der diesseitigen Welt. Die »missionale Pneumatologie [Lehre vom Heiligen Geist] ist eine Theologie des Kopfes, des Herzens und der Tat«, so Rust (95). Den Schatz der Mystik gilt es

aus seiner Sicht neu »als einen Weg der Erkenntnisfindung« zu entdecken (96). Die christlichen Mystiker »bemühen sich um das Loslassen und Leerwerden von allen Gedanken« (97; siehe → Passivität). Rust betrachtet die Kirchengeschichte als »wahre Fundgrube
christlich-mystischer Erfahrungen« (ebd.) und zählt eine Reihe katholischer Mystiker auf, von denen man profitieren kann: → Pseudo-Dionysios Aeropagita, → Meister Eckhart, → Johannes vom
Kreuz, → Hildegard von Bingen, → Mechthild von Magdeburg,
→ Teresa von Avila, u. a.

Rust empfiehlt die Sammlung – »mit dem Kopf ins Herz hinab-
steigen« –, die durch sakrale Räume, Körperhaltung und bewusstes
Atmen gefördert wird (98). Ziel der Sammlung ist das »Sich-Entleeren« (99). Im Anschluss an die Phase der Sammlung empfiehlt
Rust das »betrachtende, meditierende Gebet« nach dem Vorbild
von → Richard Foster (ebd.). Rust folgt Fosters Anweisungen, die
Fantasie und Vorstellungskraft (→ Imagination) im meditativen
Gebet einzusetzen, obgleich selbst Foster darauf hinweist, dass es
»guten Grund für die Sorge gibt, dass der Gebrauch der Fantasie
vom Bösen missbraucht werden könnte« (100). Das reife meditative Gebet ist das → hörende Gebet, das nicht nur von Gedanken,
sondern auch von Bildern und Visionen begleitet sein kann. Ziel
der mystischen Sammlung und des meditierenden und hörenden
Gebets ist die → unio mystica, »der Augenblick der Erfüllung, der
Ekstase oder auch der Vereinigung, des Versinkens der Seele im
unendlichen Meer der Gottheit« (101). Rust hat diese Erfahrung
bereits gemacht: »In der Phase der unio mystica lasse ich mich anschauen und von ihm erkennen« (ebd.). Rust betont indessen, dass
»Verstand und Mystik keine Gegensätze sind, sondern sich einan-
der zum Klingen bringen« (104). Wie aber soll dies gelingen, wenn
mystische Erfahrungen nur durch das »Loslassen und Leerwerden
von allen Gedanken« und dem »Sich-Entleeren« überhaupt erst ermöglicht werden?

Die Literaturliste in Rusts Buch *Geist Gottes* ist lang und enthält nicht nur viele Autoren, die die Emerging Church vertreten
oder ihr nahe stehen wie Tobias Faix, Johannes Reimer, Michael
Frost, Dan Kimball oder Alan Hirsch, sondern auch Autoren der

kontemplativen Bewegung wie → Dallas Willard, → Morton Kelsey und Richard Foster. Ferner erscheinen in der Liste katholische Mystiker wie → Richard Rohr und → Teresa von Avila sowie der Jesuit → Pierre Teilhard de Chardin und Joseph Ratzinger, der spätere Papst Benedikt XVI.

• Publikationen: *Gemeinde lieben – Gemeinde leiten; Wie unser Christsein neu werden kann; Und wenn die Welt voll Teufel wär. Christen in der Auseinandersetzung mit dunklen Mächten; Relevante Gemeinde. Die Gemeinde von morgen beginnt heute; Geist Gottes – Quelle des Lebens: Grundlagen einer missionalen Pneumatologie.*

Rüsttage → Einkehrtage

Samadhi stammt aus dem Sanskrit und bedeutet innere Sammlung oder Versenkung. Samadhi ist ein erweiterter Bewusstseinszustand, der durch → Meditation im → Yoga erreicht werden kann. → William Johnston setzt Samadhi mit der Erleuchtung christlicher Mystiker gleich. Aus Johnstons Sicht kommen Erleuchtungserfahrungen christlicher Mystiker dem → Zen nahe und könnten nach seiner Auffassung als »christlicher Zen« bezeichnet werden (*A Time of Departing*, 28).

Sanford, Agnes (1898–1982) wurde als Tochter presbyterianischer Missionare geboren und wurde durch ihre Kindheit in China schon früh durch die chinesische Spiritualität geprägt. Mit 15 Jahren ging sie in die USA, um ihre Schulausbildung abzuschließen. 1923 heiratete sie den Chinamissionar Ted Sanford (1890–1960), episkopaler Priester und Autor des Buches *God's Healing Power*. Ihm zuliebe trat sie der Episkopalkirche bei. Das Ehepaar Sanford machte Erfahrungen mit Gebet und Heilung, die sie veranlassten, 1947 ihren Bestseller *The Healing Light* (dt. Ausgabe *Heilendes Licht*, Ökumenischer Verlag Edel, 1978) zu veröffentlichen. Agnes Sanford wurde führend in der Bewegung der → Inneren Heilung und stieß vor allem in der pfingstlich-charismatischen Bewegung auf große Akzeptanz.

Ihre Ansichten stellen eine Mischung von Magie und okkultem Schamanismus dar. Sanfords Gedankengut war stark von → Carl Gustav Jung sowie von pantheistischen Vorstellungen (→ Pantheismus) geprägt. Sie empfiehlt Autosuggestion, Visualisierung und die Anrufung von Toten, die man z. B. um Vergebung bittet, um Heilung zu erfahren. Sie schrieb mehrere Bücher, u. a. ihre Autobiographie *Sealed order*.

Sie beeinflusste → Morton Kelsey, in dessen Kirche sie Mitglied war, ebenso wie → Richard Foster, der sie persönlich kannte, sowie John Wimber, den Gründer der *Vineyard*-Bewegung, einer charismatischen Bewegung, die Zeichen, Wunder und übernatürliche Heilung in den Mittelpunkt stellt. Ihr Sohn John Sanford wurde Priester der Episkopalkirche und studierte Psychoanalyse nach C. G. Jung.

• Publikationen: *Heilendes Licht.*

Satori bezeichnet im → Buddhismus die Erfahrung der Erleuchtung. → Thomas Merton, der ein besonderes Interesse an → Yoga und → Zen-Buddhismus hatte, schreibt in seinem Buch *The Hidden Ground of Love*, dass die Erfahrung des Satori weitaus besser ist als ein Bewusstseinszustand, den man mit Drogen erreichen kann (439).

Scazzero, Peter ist Autor des Buches *Emotionally Healthy Spirituality: Unleash a Revolution in Your Life in Christ* (dt. Titel: *Glaubensriesen – Seelenzwerge*) das eine Fülle von Zitaten von katholischen Mystikern sowie Vertretern der kontemplativen Bewegung enthält. In seinem Buch kommen u. a. → Dallas Willard, → Richard Foster, → Thomas Merton, → Brennan Manning, → Basil Pennington sowie → Scott M. Peck, → Henri Nouwen, → Richard Rohr und → Tilden Edwards zu Wort. In seinem Buch empfiehlt Scazzero neben anderen kontemplativen Methoden die → Lectio Divina. Er verbringt regelmäßig Zeiten der Stille in einem jesuitischen Ort für Einkehrtage. Nach eigenen Angaben profitierte Scazzero von der kontemplativen Mystik der Kelten, der Gemeinschaft von Taizé (→ Roger Schutz) und einer Gemeinschaft von Trappistenmönchen in Massachusetts. Im *Willow Shop* von → *Willow Creek* Deutschland sowie *Willow Creek* USA finden sich neben Scazzeros Buch eine Reihe von Artikel von ihm, u. a. zu dem Thema »Emotional Gesunde Spiritualität«.

• Publikationen: *Glaubensriesen – Seelenzwerge: Geistliches Wachstum und emotionale Reife; Mitten am Tag bist du mir nah: Acht Wochen mit dem Tageszeitengebet; Das Paulus-Prinzip: Warum Schwäche ein Gewinn sein kann.*
• Persönliche Webseite: www.emotionallyhealthy.org.

Schriftmeditation, auch als Schriftmeditation nach Ignatius von Loyola oder → Lectio Divina bezeichnet, wurde von dem Jesuiten → Ignatius von Loyola entwickelt und ist eine meditativ-kontemplative Herangehensweise an die Heilige Schrift.

Schucman, Helen (1909–1981) war US-amerikanische Psychologin und medial veranlagte Psychologieprofessorin. Sie empfing unter dem Einfluss ihres Geistführers, der sich als »Jesus« ausgab, das Buch *A Course in Miracles* (Ein Kurs in Wundern), das 1975 seine erste Auflage erlebte. Die deutsche Ausgabe wird von der *USA Foundation of Inner Peace* im Greuthof Verlag, Freiburg, herausgegeben und umfasst 1320 Seiten (10. Auflage). In der Buchempfehlung auf Amazon.de heißt es: »Ein Kurs in Wundern ist aufgrund seiner Synthese von zeitlosen geistigen Einsichten und wesentlichen psychologischen Erkenntnissen einzigartig unter den spirituellen Traditionen der Welt. Er zeigt uns einen Weg zu innerem Frieden, zu einem Dasein, das in der Welt, aber nicht von der Welt ist.«
• Publikationen: *Ein Kurs in Wundern.*
• Webseiten: www.facim.org (Foundation for A Course in Miracles); www.acim.org (Foundation for Inner Peace); www.einkursinwundern.com; www.endeavoracademy.de; www.einkursinwundernentfesselt.de.

Schutz, Roger (1915–2005), auch als Frère Roger Schutz bekannt, war Gründer und lebenslanger Leiter der ökumenischen Kommunität von Taizé. Der studierte evangelische Theologe, der nach ei-

genen Worten dem katholischen Glauben sehr nahe stand, gründete 1949 die *Communauté de Taizé*, eine ökumenische Bruderschaft.
Die ersten sieben Mitglieder der Kommunität legten im April 1949
das Ordensgelübde ab, mit dem sie sich zur Ehelosigkeit, Armut
und Gehorsam verpflichteten. Vor allem seit den 1960er Jahren entwickelte sich *Taizé* zu einem Pilgerort vornehmlich junger Christen
aller Konfessionen und verfolgte das Ziel einer Aussöhnung aller
christlichen Denominationen als Vorstufe zur Versöhnung aller
Menschen. *Taizé* betont u. a. → Kontemplation und → Meditation.
• Webseite: www.taize.fr.

Seuse, Heinrich (~1295–1366) war mittelalterlicher Mystiker, der
bereits im Alter von 13 Jahren in den Dominikanerorden in Konstanz eintrat. Im Alter von 18 Jahren erlebte er in einer geistigen
Schau seine Bekehrung und lebte seitdem in strenger Askese. Während seines Studiums in Köln wurde er zu einem Schüler von →
Meister Eckhart, den er tief verehrte. Nachdem er nach Konstanz
zurückgekehrt war, diente er dort als Prior und Seelsorger. Seine
Entrückungen und ekstatischen Erlebnisse sind in seinen beiden
Werken *Das Buch der Wahrheit* und *Büchlein der ewigen Weisheit*
zu finden. Letzteres war im 14. und 15. Jahrhundert ein weit ver-
breitetes Andachtsbuch. Seuse nahm in seiner Mystik das Ideal der
Nachfolge Christi auf und war maßgeblich von der Theologie des
→ Pseudo-Dionysios beeinflusst.

Seuse sah hinter allem Leiden einen geistlichen Sinn und übte
selbst eine Form extremer Selbstkasteiung aus. Er ließ sich spitze
Nägel in sein Unterkleid einnähen und trug zeitweise eine eiser-
ne Kette, bis das Blut an ihm herablief. »Seine breite Schilderung
der Selbstfesselung, des Ertragens von Ungeziefer an Wunden, des
Schlafentzugs … und der beständigen Verwundung mit einem
Nagelkreuz überschreitet für heute eindeutig die Grenze des guten Geschmacks, vielleicht sogar der seelischen Gesundheit« (Störmer-Caysa, 155).

Beeinflusst von der → Brautmystik war die Person Jesu für Seuse, die er als »geliebten Bräutigam« bezeichnete, schöne Jungfrau
und zugleich schöner Jüngling, also eine Gestalt zwischen männ-

lich und weiblich. »Damit ergänzt er gleichsam die sonst in der Brautmystik üblichen Rollen: neben der weiblichen Seele und dem männlichen Gottessohn treffen bei ihm der männliche Diener und die weibliche Weisheit aufeinander« (*Christliche Mystik im Abendland*, 307). Sich selbst bezeichnete Seuse jenseits aller Geschlechtlichkeit sowohl als Diener Gottes als auch als Gemahlin Gottes.

• Publikationen: *Das Buch der Wahrheit; Büchlein der ewigen Weisheit.*
• Webseite: www.heinrich-seuse.de.

Shalem Institute, auch bekannt unter der Bezeichnung *Shalem Institute for Spiritual Formation*, ist eine von → Tilden Edwards gegründete Organisation, die es sich zum Ziel gesetzt hat, die kontemplative Bewegung global zu verbreiten. Das *Shalem Institute* wurde 1979 gegründet und bietet Informationen, Literatur, Kurse und Ausbildungsprogramme rund um das Thema → Geistliche Formung (*Spiritual Formation*) an.

• Webseite: www.shalem.org.

Shannon, William (1918–2012) war US-amerikanischer katholischer Priester, Theologieprofessor und Autor. In seinem Buch *Silence on Fire* erläutert er: »Du wirst Gott niemals außerhalb von dir finden. Du wirst Gott nur in deinem Inneren finden« (99). Weiter schreibt er, wer Gott in seinem Herzen erkennt, kommt zu der Einsicht, dass er nicht von Gott getrennt ist (ebd.). Shannon lehrt die wortlose Form des Gebets. William Shannon war wie → Thomas Merton überzeugt, dass die »kontemplative Erfahrung weder einer Vereinigung eigenständiger Wesen noch eine Verschmelzung dieser ist; im Gegenteil, alle eigenständigen Wesen lösen sich in dem ALLES auf, DER GOTT ist« (*A Time of Departing*, 89). Dies verdeutlicht Shannons pantheistische Weltsicht (→ Pantheismus).

Soaking → Ruhen im Geist

Spangler, David (geb. 1945) ist US-amerikanischer Autor, der dem → New Age zuzurechnen ist und sich selbst als »praktischen Mystiker« bezeichnet. Bereits im Alter von 7 Jahren hatte er seine ersten mystischen Erfahrungen, die fortan sein Leben prägen sollten. Er gehört neben → Marcus Borg, → Cynthia Bourgeault, → Richard Rohr und → Ken Wilber dem *Living Spiritual Teachers Project* an, ein Projekt der interspirituell ausgerichteten Organisation *Spirituality and Practice*. Für Spangler ist Luzifer das Wesen, das den »Engel für die innere Evolution des Menschen« verkörpert (*Reflections on the Christ*, 36). Spangler ist überzeugt, dass sich eine »planetare Spiritualität« im Neuen Zeitalter (New Age) herausbildet, die eine holistische (ganzheitliche) Sichtweise der Realität beinhaltet. Für Spangler sprengt die Mystik die Grenzen aller Religionen und fördert die globale Einheit aller Menschen.

- Publikationen: *New Age – Die Geburt eines neuen Zeitalters; Der Geist der Synthese. Zusammenarbeit mit dem Geist.*
- Persönliche Webseite: www.davidspangler.de.
- Weitere Webseite: www.spiritualityandpractice.com.

Spiritual Formation, auch Geistliche Formung, ist ein Ausdruck, der auch im deutschsprachigen Raum nicht selten als englischer Ausdruck übernommen wird. Spiritual Formation soll die spirituelle oder geistliche Entwicklung einer Person durch kontemplative Methoden fördern. Andere Begriffe für Spiritual Formation sind geistliche Transformation, geistliche Verwandlung oder geistliche Veränderung. → Rick Warren äußert sich in seinem Buch *Kirche mit Vision* positiv über Spiritual Formation (vom Übersetzer des Buches als »geistliche Formierung« bezeichnet). → Ruth Harley Barton war in der *Willow Creek Community Church* von → Bill Hybels Mitarbeiterin für den Bereich Spiritual Formation. → Richard Foster hat zusammen mit anderen Autoren die *Renovaré Spiritual Formation Bible* herausgegeben (→ Renovaré). Auch der Weltkirchenrat empfiehlt Spiritual Formation, weist aber kritisch darauf hin, dass »Spiritual Formation zwar eine individuelle und persönliche Dimension hat, aber wesentlich in Gemeinschaft gelebt und gesucht wird. Akademisches Studium und geistliches Leben dürfen nicht separiert werden, sondern müssen aufeinander bezogen werden« (Eisinger, 256). Die *Spiritual Formation Alliance* ist eine

US-amerikanische Allianz, welche die kontemplative Bewegung in den USA fördert. → Dallas Willard empfiehlt die Organisation als Katalysator und Koordinator für die Verbreitung kontemplativer Methoden.

• Webseite: spiritualformationalliance.org (Spiritual Formation Alliance).

Spiritueller Führer → spiritueller Mentor

Spiritueller Mentor ist die Bezeichnung für einen Lehrer, der Personen in kontemplativen Methoden unterweist. Der Begriff kommt auch in der → New-Age-Szene vor und bezeichnet dort oft Gurus oder Meditationslehrer. Spirituelle Mentoren im christlichen Bereich verfolgen die Absicht, ihre Schüler in eine tiefere Gotteserfahrung zu führen. Organisationen wie → *Renovaré* und *Spirituality and Practice* in den USA bilden spirituelle Mentoren aus, die ihre Schüler in meditativ-kontemplativen Methoden unterweisen.

Spirituelle Übungen umfassen die ganze Breite mystischer Praktiken der kontemplativen Bewegung. Oft sind Grenzüberschreitungen zum → New Age oder zu anderen fernöstlichen Religionen unvermeidbar.

St. Romain, Philip ist Autor des Buches *Kundalini Energy and Christian Spirituality*. St. Romain wurde katholisch erzogen, entfernte sich jedoch von seinen katholischen Wurzeln und begann Kundalini-Yoga zu praktizieren. Im Zuge seiner Meditationen kommt es zu körperlichen Empfindungen wie Kribbeln und Druck auf den Kopf. Zunehmend wurden diese Erfahrungen unheimlicher, indem er von unsichtbaren Händen berührt oder von gestaltlosen Tieren gebissen oder geleckt wurde. Schließlich suchte er psychiatrische Hilfe auf und fand zu einem normalen Leben sowie zu seinen katholischen Wurzeln zurück. St. Romain will einen Beitrag zum Dialog zwischen dem Christentum und den Religionen des Ostens leisten. Er ist überzeugt, dass die Erfahrungen christlicher Mystiker vergleichbar und vereinbar sind mit den spirituellen Erfahrungen fernöstlicher Mystiker oder des → New Age. 1995 machte er seinen Abschluss im Fach »Spiritual Direction« an der *Graduate Theological Foundation*, einer ökumenisch-interreligiösen Organisation, die u. a. einen Studiengang in christlich-kontemplativen Traditionen anbietet. Heute hält St. Romain in den USA Seminare über kontemplative Spiritualität und veranstaltet → Einkehrtage.

• Persönliche Webseite: philstromain.com.

Steindl-Rast, David (geb. 1926) erblickte in Wien das Licht der Welt, wo er Anthropologie und Psychologie studierte. 1952 folgte er seiner Familie in die USA, wo er sich 1953 der Benediktinergemeinschaft *Mount Saviour Monastery* anschloss. Nach 12 Jahren des Studiums der Theologie und Philosophie wurde er von seinem Abt für den christlich-buddhistischen Dialog freigestellt. In den 1970er Jahren wurde Steindl-Rast neben → Thomas Merton zu einer führenden Person der Erneuerungsbewegung, die das kontemplative Gebet förderte. Steindl-Rast, der die Lehre des stellvertretenden Sühnetodes Christi ablehnt, ist international begehrter Sprecher und gibt Vorlesungen unter Buddhisten, Sufis, deutschen Intellektuellen sowie Vertretern des → New Age. Er vertritt die Ansicht, dass das Christentum nur eines der vielen Tore ist, die zu Gott führen. → Thomas Keating, → Basil Pennington und Steindl-Rast begannen neben anderen in den 1970er Jahren daran mitzuwirken, die katholische Mystik unter Laien zu popularisieren. Die Hoffnung dieser Männer, dass die Akzeptanz der christlichen Mystik zu mehr Offenheit für eine mystische → Interspiritualität führt, scheinen sich nicht nur in den christlichen Kirchen, sondern auch schleichend im Evangelikalismus zu erfüllen. Derzeit dient Steindl-Rast im *Network for Grateful Living*, einer Organisation, die den interreligiösen Dialog und interkulturelles Verständnis fördert. → Philip Yancey verweist in seinem Buch *Prayer: Does it Make Any Difference?* auf Steindl-Rast.

• Publikationen: *Credo: Ein Glaube, der alle verbindet* (Co-Autor: Dalai Lama); *Einladung zur Dankbarkeit; Fülle und Nichts: Von innen her zum Leben erwachen; Und ich mag mich nicht bewahren: Vom Älterwerden und Reifen; Die Achtsamkeit*

des Herzens: Ein Inspirationsbuch; Staunen und Dankbarkeit: Der Weg zum spirituellen Erwachen.
• Webseite: www.gratefulness.org.

Stillegebet → Gebet der Sammlung

Sufismus ist der mystische Zweig des Islam und erlebte im 9.–13. Jahrhundert seine Blütezeit. Visionäre Erlebnisse und die Vorstellung, Gott könne die menschliche Natur vollkommen durchdringen, charakterisieren die islamische Mystik. Sufis streben nach dem Einswerden mit der Gottheit, indem die eigene Individualität völlig aufgelöst wird.
• Webseite: www.sufismus.de.

Sweet, Leonard, einflussreicher neoevangelikaler Autor, glaubt, dass man Gott ein- und ausatmen kann. In seinem neuesten Buch *I Am A Follower* (*Ich bin ein Nachfolger*) aus dem Jahre 2012 zitiert Sweet den indischen Mystiker Kabir, der schrieb: »Gott ist der Atem im Atem.« Kabir vereinte in seiner Philosophie den → Monismus sowie Vorstellungen des → Hinduismus und → Sufismus. Sweet greift die Gedanken Kabirs auf und integriert sie in das Christentum: »Die ganze Schöpfung wird durch den heiligen Atem des Schöpfers lebendig gemacht. Den Yahweh-Atem zu atmen bedeutet, den heiligen Atem des Lebens zu atmen … Unser Atem und unser Herzschlag sind auf seinen Namen abgestimmt. Atme ›Yah‹ ein und atme ›weh‹ aus … Ich garantiere dir, du wirst dich entspannen« (23). Diese Häresie ist das Produkt des → Atemgebets, das Sweet in diesem Abschnitt seines Buches empfiehlt. Leonard Sweet ist Autor und Co-Autor von mehr als 30 Büchern. Zweimal wurde er vom Magazin *Church Report* unter die »50 einflussreichsten Christen in den USA« gewählt. In seinem Buch → *Quantum Spirituality* erwähnt Sweet, wie sich das Buch *The Coming of the Cosmic Christ* des interreligiösen Universalisten → Matthew Fox bei seinen Ausführungen über das »Christus-Bewusstsein« (*Christ consciousness*) als überaus hilfreich erwies. Ferner erwähnt Sweet die Autoren → Willis Harman, → Morton Kelsey, → Walter Brueggemann und

→ Ken Wilber positiv und bezeichnet sie als → »Führer des Neuen Lichts« (*New Light Leaders*), die ihn und andere in das »neue Licht« führten. Auch für den umstrittenen katholischen Jesuiten → Pierre Teilhard de Chardin findet Sweet lobende Worte und bezeichnet ihn als »eine der wichtigsten Stimmen des 20. Jahrhunderts« (*Quantum Spirituality*, 106).

→ Rick Warren empfiehlt Sweets Buch *Soul Tsunami* (seine Empfehlung ist auf der Vorderseite des Buches abgedruckt). Warren und Sweet veröffentlichten gemeinsam ein Audioset mit dem Titel *Tides of Change*. Ferner sprach Leonard Sweet im Januar 2008 in Rick Warrens Gemeinde *Saddleback Church* bei einer Konferenz für Kleingruppen. Sweet war ferner Redner in → Bill Hybels *Willow Creek Community Church*.

Leonard Sweets Lehre über das Christus-Bewusstsein weist deutlich panentheistische Züge (→ Panentheismus) auf. Beeinflusst von Autoren wie Morton Kelsey und Matthew Fox ist dies wenig verwunderlich. Auf seiner persönlichen Webseite (www.leonardsweet.com) rechtfertigte sich Sweet in einem Artikel (*A Response to Recent Misunderstandings*), in welchem er auch das umstrittene Buch *Quantum Spirituality* erwähnt, das er in dieser Weise nicht mehr schreiben würde. Ferner verweist er darauf, dass Zitate von Autoren nicht bedeuten, dass er alle ihre Lehren teilt. Dennoch lassen die Häufigkeit, in welcher kontroverse Autoren in Sweets Werken auftauchen, sowie seine begleitenden Kommentare der Zitate den Eindruck entstehen, Sweet spreche eine Empfehlung für diese Autoren und deren häretische Lehren aus. Abgesehen von dieser Stellungnahme, die den bereits angerichteten Schaden kaum rückgängig machen kann, kursiert Sweets ambivalentes Gedankengut bereits seit Jahrzehnten in evangelikalen Kreisen.

Auch seine neueren Bücher lassen den Schluss zu, dass er nicht schriftgemäße und teilweise häretische Lehren und Autoren weiterhin propagiert und empfiehlt. In seinem Buch *I Am A Follower* (2012) spricht er vom »Yahweh-Atem«. In seinem Buch *Nudge* (2010) wählte Sweet den Untertitel *Awakening Each Other to the God Who's Already There* (Sich gegenseitig wachmachen für den Gott, der schon da ist), ein Motto, das von → Thomas Merton stammt, der natürlich von Sweet in *Nudge* zitiert wird. In seinem Buch *Jesus Manifesto* (2010; dt. Titel *Jesus-Manifest*), das Sweet zusammen mit → Frank Viola herausgab, finden sich Zitate von → Meister Eckhart, → Thomas von Kempen und → Ephräm dem Syrer. Auf der gleichnamigen Webseite zum Buch (www.jesusmanifesto.com) heißt es:»Im Großen und Ganzen hungert die christliche Familie heute nach wahren Erfahrungen des lebendigen Christus. Wir wissen viel über unseren Herrn, aber wir kennen Ihn nicht sehr gut.« Damit wird das Wort Gottes und biblische Lehre diskreditiert und der Suche nach mystischen Erfahrungen Vorschub geleistet. Sweet und Viola verstricken sich im Grunde in einen Widerspruch, wenn sie schreiben, dass»Jesus Christus (und nicht eine Lehre über Ihn) die Wahrheit ist.« Dennoch greifen die Autoren letztlich auf Schriftstellen und biblische Lehre zurück, um ihre Abhandlungen über Jesus Christus darzulegen. Christus und das Wort sind eben keine Gegensätze, die man gegeneinander ausspielen kann, sondern eine geistliche Einheit.

• Publikationen: *Jesus-Manifest.*
• Persönliche Webseite: www.leonardsweet.com.

Taizé → Roger Schutz

Tauler, Johannes (~1300–1361) war christlicher Mystiker und Prediger. Der in Straßburg geborene Tauler trat wahrscheinlich als Jugendlicher in den Dominikanerorden ein und widmete sich der Predigt und der Seelsorge. Im Zuge von Streitigkeiten zwischen Papst Johannes XXII. und Kaiser Ludwig von Bayern mussten die Dominikaner Straßburg verlassen. Tauler ging wie die meisten seiner Dominikanerbrüder nach Basel. Bei seinen Reisen nach Köln, wo er predigte und studierte, machte er sich mit den Lehren von → Meister Eckhart vertraut, den er als seinen»liebenswerten Meister« bezeichnete. Später kehrte er nach Straßburg zurück. Tauler deutete die Seele als Grund (Seelengrund), die das kostbarste des Menschen ist und zwischen Zeit und Ewigkeit steht. Das Reich Gottes konnte nur im Grund der Seele gefunden werden. Dieser Seelengrund musste allerdings frei von allem sein, was dieser Welt noch anhängt. Durch innere Einkehr erfährt der Fromme seine Erneuerung, die letztlich zur Einswerdung mit Gott führt. Meister Eckhart bezeichnete dies als die Gottesgeburt in der Seele. Diese Erfahrung wird dem Menschen nur in der Stille und in der Abkehr von der Welt geschenkt.

• Publikationen: *Predigten. Gotteserfahrung und Weg in die Welt.*

Taylor, C. Brian ist episkopaler Priester und Autor des Buches *Setting the Gospel Free: Experiential Faith and Contemplative Practice.* Taylor empfiehlt kontemplatives Gebet und ermutigt seine Leser, die universelle Natur Gottes im Leben zu erkennen. Er greift auf die Einsichten des → Zen zurück, den er als Weg zum spirituellen Wachstum und zu geistlicher Reife empfiehlt.

• Webseite: www.spiritualityandpractice.com.

Teasdale, Wayne (1945–2004) war US-amerikanischer katholischer Mönch und Autor, der sich besonders im interreligiösen Dialog verdient machte. Teasdale selbst bevorzugt den Begriff → Interspiritualität. Als Student besuchte er das St. Joseph's Abbey, an dem → Thomas Keating Abt war. Keating wurde für Teasdale zu seinem → spirituellen Mentor. Er schöpfte aus den Quellen des Christentums, des →Hinduismus und → Buddhismus. Ferner war er am → *Parlament der Weltreligionen* (*Parliament of World's Religions*) tätig, einer Organisation, die 1893 gegründet wurde und als erste einen globalen Dialog der Religionen ins Leben rief. Teasdale war ein Bewunderer von → Thomas Merton, den er als den größten Popularisierer der Interspiritualität betrachtete. Teasdale ist u. a. Autor der Bücher *The Mystic Heart: Discovering a Universal Spirituality in the World's Religions* und *A Monk in the World: Cultivating a Spiritual Life*, zu dem → Ken Wilber das Vorwort schrieb und das von → David Steindl-Rast empfohlen wird. In *A Monk in the World* schreibt Teasdale in seinem Epilog: »Jeder einzelne von uns ist ein Mystiker; ein Mönch wohnt in unser aller Innerstem … Für mich bedeutet der mystische Weg, den Mönch in mir zu erwecken … Die Kirche muss jeden willkommen heißen: Juden, Hindus, Buddhisten, Moslems, Sikhs … sowie Humanisten, Agnostiker und Atheisten« (215 – 216). Auf diese Weise soll planetarer Frieden geschaffen werden. Teasdale fährt fort: »Wieder und wieder hatte ich nach meinen Meditationen den Eindruck: die Notwendigkeit der Schaffung eines universellen Ordens von Mystikern und kontemplativen Menschen« (218). Wayne Teasdale wurde auch als »christlicher Sannyasin« bezeichnet. Der Ausdruck Sannyasin bezeichnet im Hinduismus Menschen, die der Welt völlig entsagt haben und ihr ganzes Leben der Vereinigung mit Gott widmen.

- Publikationen: *Das mystische Herz: Spirituelle Brücken bauen*
- Webseiten: www.spiritualityandpractice.com; www.stillness-speaks.com.

Teilhard de Chardin, Pierre → Chardin, Pierre Teilhard de

Teresa von Avila (1515–1582) war spanische Ordensgründerin und Mystikerin. Als ihre Mutter starb, weihte die damals 12-Jährige ihr Herz der Gottesmutter Maria. Als sie das 21. Lebensjahr erreichte, verließ sie vermutlich heimlich ihr Elternhaus, um dem Karmeliterorden in Avila beizutreten. Sie erlitt dort eine schwere Krankheit, die drei Jahre lang anhielt und von der sie sich nur langsam erholte. In dieser Zeit erlebte sie ihre ersten Visionen. 1539 betrachtete sie das Bild des leidenden Christus und erkannte ihre innere Berufung, Braut des Christus zu sein. Eine erneute Begegnung mit Christus im Jahre 1554 führte sie zu der Erkenntnis von Gottes allumfassender Liebe und zu ihrem Entschluss, Gott in völliger Hingabe zu dienen. Sie hatte weitere Visionen, darunter eine Vision über die Hölle im Jahre 1560. Sie setzte sich trotz Widerstände für Reformen ihres Ordens ein. 1562 gründete sie ihr erstes Reformkloster, die Unbeschuhten Karmelitinnen, dem 16 weitere Klostergründungen folgten.

Teresa von Avila nutzte das Bild der Seelenburg mit sieben Zimmern, um das mystische Leben zu verdeutlichen. Jedes der Zimmer führte näher an das Herz Gottes. Die ersten drei Zimmer stellten den aktiven Teil eines frommen Lebens dar, das sich der Askese und dem Gebet widmet. Die letzten vier Zimmer beschrieben die

Wege der → Passivität. Das vierte und fünfte Zimmer beinhalteten die innere Sammlung und das → Ruhegebet. Das sechste Zimmer war das Verlöbnis, gefolgt von dem siebten Zimmer, das zur göttlichen Hochzeit und dem Schauen Gottes führte.

Eine weitere Übung, die Teresa vorschlug, bestand darin, die menschliche Imagination zu nutzen. Eine Person solle sich vorstellen, Jesus stünde vor ihr und blicke sie an. Die Person solle nun »seinen Blick spüren« (Kunz, 44). Teresa von Avila berichtete ferner, wie sie Maria und Joseph sowie die Trinität gesehen habe. Sie soll auch eine Levitation erfahren haben. Sie erzählte u. a., dass sie das Gefühl übermannte, bei ihren Visionen stranguliert zu werden. Als eifrige katholische Nonne hatte sie wenig Respekt für die Protestanten. Sie war überzeugt, dass diese aufgrund ihrer Ablehnung des Papstes und der katholischen Messe verflucht seien.

Im Oktober 2012 wurde Teresa von Avila von Papst Benedikt XVI. zur Kirchenlehrerin erhoben, ein Ehrentitel, mit dem herausragende Persönlichkeiten der katholischen Kirche ausgezeichnet werden.

- Publikationen: *Die Seelenburg* (auch: *Die innere Burg*); *Der Weg zur Vollkommenheit.*
- Webseite: www.lebensstufen.de/teresa_von_avila_die_innere_burg.htm (Die innere Burg).

Tersteegen, Gerhard (1697–1769) war deutscher Theologe, Schriftsteller, Liederdichter und Mystiker des reformierten Pietismus. Nach dem Tod seines Vaters schickte seine Mutter ihn zu ihrem Schwager, wo er eine Lehre als Kaufmann absolvierte. In dieser Zeit besuchte er Erbauungsstunden unter der Leitung von Wilhelm Hoffmann, einem von der Kirche abgewiesenen Theologen, und erfuhr eine innere Distanzierung zur protestantischen Amtskirche. Tersteegen stieß auf den katholischen Mystiker → Thomas von Kempen und übersetzte dessen Werk ins Deutsche. 1717 eröffnete Tersteegen ein Geschäft und weihte in diesem Jahr auch sein Leben Christus. Tersteegen sehnte sich nach mehr Stille und Abgeschiedenheit und gab 1719 sein Geschäft auf. Als Weber fristete er zurückgezogen und in Armut sein Leben. Er widmete sich der Kontemplation und erlebte 1724 eine tiefere Hingabe an Christus. 1727 gründete er schließlich die Pilgerhütte zu Otterbeck, eine Kommunität von Frauen und Männern, die ihr Leben dem Gebet und der Stille sowie dem Dienst an anderen Menschen widmen wollten. Ab 1728 wirkte er als Prediger und Seelsorger in der protestantischen Erweckungsbewegung und verfasste eine Vielzahl von Büchern und Kirchenliedern, darunter *Ich bete an die Macht der Liebe, Gott ist gegenwärtig* oder *Nun so will ich denn mein Leben*.

Tersteegen, der der katholischen Mystik nahestand, war der Ansicht, dass eine Gottesbegegnung nur durch den Rückzug aus der Welt und in der → Kontemplation realisiert werden konnte. Er folgte der klassischen Dreiteilung des mystischen Wegs wie viele andere Mystiker vor ihm. Durch Reinigung erlangt der Mensch Erleuchtung und schließlich die Vereinigung mit Gott, die → *unio mystica*. Seine streng asketische Lebensweise milderte er in seinen späteren Jahren. Aufgrund seiner stark individualistisch geprägten Frömmigkeit und seiner Ablehnung äußerer kirchlicher Formen wie der Sakramente wird Tersteegen von einigen Mystikforschern dem → Quietismus zugerechnet.

• Publikationen: *Geistliches Blumengärtlein inniger Seelen; Geistliche Reden; Auserlesene Lebensbeschreibungen heiliger Seelen; Gedanken und Gebete des Thomas von Kempen. Der kleine Kempis.*

Thomas, Gary L. ist US-amerikanischer Bestsellerautor, internationaler Konferenzredner und ein Vertreter der kontemplativen Bewegung. Thomas hat 11 Bücher verfasst und ist Autor von Artikeln für diverse christliche Zeitschriften. In seinem Buch *Sacred Pathways* (dt. Titel: *Neun Wege, Gott zu lieben*) stellt er das → Gebet der Sammlung (*centering prayer*) vor und empfiehlt, 20 Minuten lang ein Wort zu rezitieren, um den Verstand in die Stille zu führen, »bis das Herz das Wort ganz aus sich selbst zu wiederholen scheint, ganz so natürlich und unwillkürlich wie der Atem« (185). → John Ortberg empfiehlt Gary Thomas ebenso wie → Rick Warren, der über *Sacred Pathways* sagte, dass er dieses Buch »hoch schätze« (*A Time of Departing*, 151).

- Publikationen: *Neun Wege, Gott zu lieben; Heiliger Einfluss: Der Schlüssel zum Herzen ihres Mannes; Der heilige Hafen: Wie uns die Ehe näher zu Gott bringt; Woran sieht man, dass du glaubst? 14 Wege den Glauben zu leben.*
- Persönliche Webseite: www.garythomas.com.

Thomas von Kempen (~1380–1471) war Augustiner-Chorherr und Mystiker. Der im niederrheinischen Kempen geborene Thomas besuchte um 1390 die Lateinschule in seiner Heimatstadt und ging um 1393 ins holländische Deveter. Er trat dem Haus der Brüder des gemeinsamen Lebens bei. 1399 begab er sich in das holländische Zwolle und schloss sich dem Augustinerkloster St. Agnes an. Um 1407 legte er sein Gelöbnis ab. Im Jahre 1414 wurde er zum Priester geweiht. Um 1420 verfasste er seine ersten von über 40 Schriften.

Thomas von Kempens bekanntestes Werk ist die *Nachfolge Christi* (*De imitatione Christi*), das in über 90 Sprachen übersetzt wurde und zu einem der »Hauptwerke für die Frömmigkeit der Folgezeit« zählt (Härle/Wagner, 243). Trotz seiner Hingabe an die Stille und → Kontemplation, betonte Thomas den praktischen Dienst am Nächsten. Thomas war von → Bernhard von Clairvaux beeinflusst, den er in seinen Schriften oft zitiert.

- Publikationen: *Nachfolge Christi.*
- Webseite: www.thomas-von-kempen.de.

Thompson, Marjorie ist ordinierte Pastorin der Presbyterianischen Kirche in den USA. Sie studierte das Fach Christliche Spiritualität an der *Yale Divinity School* und ist mit → Henri Nouwens Schriften vertraut. Sie diente zunächst in der *First Presbyterian Church* in Stamfod und zog später nach Nashville. Dort gründete sie einen Dienst, der es sich zum Ziel gesetzt hat, Geistliche Formung (→ *Spiritual Formation*) durch Seminare, Schriften, → Einkehrtage und → spirituelle Mentorenschaft zu fördern. Sie vermittelt in Kleingruppen vor allem das → kontemplative Gebet. Thompson ist Autorin des Buches *Soul Feast: An Invitation to the Christian Spiritual Life*, das von → Henri Nouwen und → Morton Kelsey empfohlen wird. Thompson verfasste dieses Buch als »interaktives« Buch, das »theologische und spirituelle Perspektiven mit praktischen Übungen vereint« (XIV). Thompson ist überzeugt, dass die Praxis des kontemplativen Gebets eine Basis für den Dialog mit dem → Buddhismus ist. Sie verweist in ihrem Buch auf → Thomas Keating und → Matthew Fox.

• Publikationen: *Christliche Spiritualität entdecken: Einübung in ein bewusstes Leben; Achtsamkeit: Vom Umgang mit der eigenen Seele.*

• Webseiten: www.growfaith.com; www.spiritualityandpractice. com.

Tiefenökumene: Der episkopale Priester → Matthew Fox erklärt, was er unter einer »Tiefenökumene« (*deep ecumenism*) versteht: »Ohne Mystik wird es keine ›Tiefenökumene‹ geben, keine Freisetzung der Macht der Weisheit aller traditionellen Weltreligionen. Ohne dies wird es meiner Überzeugung nach niemals globalen Frieden oder Gerechtigkeit geben, denn alle menschlichen Rassen bedürfen spiritueller Tiefe und Praktiken, Feste und Rituale, damit ihr höheres Selbst erwacht. Die Zusagen der Ökumene, die Einheit aller Religionen zu schaffen, ist daran gescheitert, weil die Weltreligionen noch keine Einheit auf der Ebene der Mystik erreicht haben« (*The Coming of the Cosmic Christ,* 65). Matthew Fox steht dem Gedankengut des → New Age nahe.

Transformation bedeutet Verwandlung, Veränderung, Umformung und ist ein Begriff, der von den modernen Mystikern und Vertretern der kontemplativen Bewegung häufig in Bezug auf die innere Transformation z. B. durch → Meditation angewendet wird. In diesem Zusammenhang spricht man von einer spirituellen Transformation, die zum Ziel hat, eine höhere Bewusstseinsebene zu erlangen. Die → Emerging Church verwendet wiederholt den Begriff der Gesellschaftstransformation, worunter die aktive Mitarbeit der christlichen Kirche an der Verbesserung der Welt durch soziales, politisches und ökologisches Engagement verstanden wird. Auch die Bewegung des → New Age spricht von Transformation und versteht darunter eine weitere Stufe der spirituellen Evolution der Menschheit. Das Wort Transformation wird somit zum Signalwort oben genannter Bewegungen.

Transzendentale Meditation (TM) ist eine Meditationstechnik, die von dem Inder Maharishi Mahesh Yogi (1918–2008) entwickelt wurde. Sie zielt nicht nur auf körperliche Entspannung und innere Ruhe ab, sondern auf Bewusstseinserweiterung. Der Meditierende soll alle Gedanken hinter sich lassen, um zum reinen Bewusstsein vorzudringen. Neben einer Bewusstseinserweiterung soll TM kreative Energie im Menschen freisetzen. Ferner soll TM die Selbstheilungskräfte des Körpers stärken. Eindeutige wissenschaftliche Belege für den Nutzen von TM gibt es nicht, da Studien zu TM widersprüchliche Ergebnisse erbrachten.

Traumdeutung wurde vor allem durch den Psychologen Sigmund Freud (1856–1939) in seiner Tiefenpsychologie angewendet. Freud bezeichnete die Traumdeutung auch als Traumanalyse. In der Psychologie → Carl Gustav Jungs, der dem Studium fernöstlicher Religionen und esoterischer Schriften viel Aufmerksamkeit widmete, sind Träume unmittelbarer Ausdruck der psychischen Verfassung eines Menschen. Traumdeutung spielt ferner in der → christlichen Psychologie eine Rolle. Träume und Traumgesichte sind unter Mystikern häufig anzutreffen.

Underhill, Evelyn (1875–1941) war englische Mystikerin und Autorin von mehr als 30 Büchern. Sie studierte am *King's College* in London Philosophie und Botanik. Sie begann sich für die → Spiritualität christlicher Mystiker zu interessieren und verschlang viele Bücher zu diesem Thema im Lesesaal der British Library. Die Anglikanerin befasste sich nicht nur mit der katholischen → Mystik, sondern auch mit Ausdrucksformen protestantischer sowie nichtchristlicher Mystik. In ihren Studien wurde sie unter anderem vom → Neuplatonismus beeinflusst. 1911 wurde ihr Buch *Mysticism: A Study of the Nature and Development of Man's Spiritual Consciousness* veröffentlicht. In diesem Buch führt sie die Erkenntnisse ihrer

Nachforschungen über Psychologie, christliche sowie nichtchristliche Mystik zusammen. 1922 gab sie die → *Wolke des Nichtwissens* in einer überarbeiteten englischen Fassung heraus.

In ihrem Klassiker *Mysticism* (Mystik) erläutert sie:»Sie [die Mystik] ist nicht individualistisch. Sie setzt sogar die Abschaffung der Individualität voraus, dieses hartnäckigen Getrenntseins, jenes ›Ich, mir, mein‹, was aus dem Menschen ein endliches, isoliertes Wesen macht. Sie ist im wesentlichen eine Bewegung des Herzens, die die Begrenzungen des individuellen Standpunkts zu transzendieren anstrebt, um sich der höchsten REALITÄT (*ultimate Reality*) hinzugeben« (71). → Johannes vom Kreuz und → Teresa von Avila bezeichnet Underhill als die »größten Mystiker« (79). Ziel ihres Buches ist es, die scheinbaren Widersprüche subjektiver und objektiver Offenbarungen zu harmonisieren, um die »wesentliche Einheit« der Erfahrungen der menschlichen Seele in der Gegenwart Gottes darzulegen (94). Die größten Mystiker waren aus ihrer Sicht keine Häretiker, sondern katholische Heilige (105). Im Kapitel VIII über »Ekstase und Entrückung« (*Ecstasy and Rapture*) beschreibt sie den Trancezustand von Mystikern: »Atmung und Kreislauf sind auf ein Minimum beschränkt. Der Leib ist mehr oder weniger kalt und steif und verharrt in der exakt gleichen Haltung wie beim Eintritt der Ekstase, wie mühsam und unnatürlich diese Pose auch sein mag. Manchmal ist der Trancezustand so tief, dass es zu einer vollständigen Empfindungslosigkeit kommt wie im Fall von → Katharina von Siena« (359). Dieser Zustand der Ekstase »trägt zur Vergöttlichung bei, zur Umgestaltung des seelischen Wesens in die Gleichheit der GÜTE, WAHRHEIT und SCHÖNHEIT, die Gott ist« (379).

Obgleich Underhill über keine theologische Ausbildung verfügte, war sie die erste Frau, die als Dozentin am unitarischen *Harris Manchester College* in Oxford lehrte. Später leitete sie → Einkehrtage für Laien und Geistliche. Die überzeugte Pazifistin vertrat die Auffassung, dass Mystik und soziales Engagement nicht voneinander getrennt werden dürfen. Underhill war auch im Weltkirchenrat aktiv. Aufgrund des Widerstands ihres Ehemannes konvertierte Underhill nicht zum katholischen Glauben. Sowohl → Richard

Foster als auch → Dallas Willard empfehlen Evelyn Underhill.
- Publikationen: *Mystik; Gelebte Mystik heute.*
- Webseite: www.evelynunderhill.org.

Unio mystica, geheimnisvolle Vereinigung, bezeichnet die höchste Stufe der christlichen Mystik, die Vereinigung mit Gott. »Das unbegreifliche Einssein mit Gott sieht nahezu jeder anders; es wird beschrieben als Hochzeit der Seele, als Zustand übermenschlicher Einsicht, als völliges Ergriffensein vom göttlichen Willen oder als ganz und gar unaussprechlich« (Störmer-Caysa, 9). Viele christliche Mystiker lehren einen Dreistufenweg zu dieser Gottesvereinigung. Dieser Weg beginnt mit der Reinigung, welche Fasten, Askese, Gebet sowie intensives Schriftstudium beinhalten kann, was zur Erleuchtung und schließlich zur *unio mystica* führen soll. Der evangelische Theologe Karl Heim schrieb bereits 1926: »Dieses überwältigende Erlebnis der *unio mystica*, der Gotttrunkenheit, ist das Geheimnis des Katholizismus. Das ist das *mysterium fascinosum* [religiöse Erfahrung, die sich von rational begründeter Religion abgrenzt], um das der ganze Ritus der katholischen Kirche und auch die ganze Weltentsagung und Caritas der Ordensleute wie um einen glühenden Mittelpunkt kreist. Das aber kommt dem mystischen Verlangen der heutigen Zeit entgegen, dem Durst nach dem großen Erlebnis« (*Wesen des evangelischen Christentums*, 11).

Visualisierung wird häufig im Zusammenhang mit Meditation angewendet und bezeichnet das Erzeugen von Bildern in der eigenen Vorstellung. Visualisierung ist verbunden mit dem Konzentrieren auf ein zu visualisierendes Objekt. Dies soll dazu dienen, den Fluss der Gedanken zur Ruhe zu bringen (→ Passivität). Im → Buddhismus ist die Visualisierung von Buddhas oder → Mandalas verbreitet, die zu einer Loslösung von dieser Welt und einer Bewusstseinserweiterung führt. Pseudo-Bonaventura, ein unbekannter Franziskaner, der um 1300 lebte, hielt den Meditierenden dazu an, sich in eine Szene »vollkommen hineinzuversetzen und gefühlsmäßig intensiv Anteil daran zu haben« (*Christliche Mystik im Abendland*, 182). Der Meditierende sollte z. B. »das Jesuskind in Ägypten besuchen … Er küsse seine Füße, nehme es auf den Arm« (ebd.). Und auch was den Kreuzestod Christi angeht, konnte der Mystiker seiner Phantasie freien Lauf lassen und sich die Kreuzigungsszene »visuell, haptisch [fühlbar] und konkret« vor seinem inneren Auge ausmalen; »jeden Freitag ist der Kreuzestod, jeden Sonntag die Auferstehung zu kontemplieren«, um die mystische Einigung, die → *unio mystica*, mit Gott zu erlangen (ebd., 183).

Voskamp, Ann (geb. 1973) ist kanadische Autorin des Bestsellers *One Thousand Gifts: A Dare to Live Fully Right Where You Are* und Bloggerin. Der Blog der 6-fachen Mutter gehörte zu den 100 TOP-Blogs in der Kategorie »Mom Blogs« (Blogs von und für Mutter), der bis zu 50.000 Leser pro Woche zählt. Neben Vorträgen tritt Voskamp auch in Talkshows auf.

Ihr Buch *One Thousand Gifts* ist der Ruf, Gott in allem dankbar zu sein. Dieses begrüßenswerte Thema des Buches wird getrübt von den vielen Zitaten von Mystikern wie → Juliana von Norwich, → Walter Brueggemann, → Teresa von Avila, → Evelyn Underhill, → Brennan Manning, → Henri Nouwen und → Franz von Sales. Zu diesen Zitaten überwiegend katholischer Mystiker gesellen sich Zitate von → Peter Kreeft, der mit dem Buddhismus sympathisiert und sich für eine Ökumene unter der Führung Roms einsetzt, von Sarah Ban Breathnach, eine → New-Age-Autorin sowie von → Teilhard de Chardin. Unter den Buchempfehlungen auf Voskamps Blogseite trifft man auf → Richard Foster, → Adele Ahlberg Calhoun und Phyllis Tickle, eine Vertreterin der → Emerging Church.

In ihrem Buch *One Thousand Gifts* schreibt Voskamp, dass »Gott in allen Dingen gegenwärtig« ist (110). Die mystische Einheit mit Gott als Ehemann betrachtet sie als das höchste Ziel (213). Voskamp will ihre Leser in eine tiefere, intimere Beziehung mit Gott führen, ein Thema, das derzeit viele Leser anspricht, was die Nachfrage nach einer solchen Art von Büchern erklärt.

Bob DeWaay kommt in seiner Rezension zu Voskamps Buch zu folgendem Schluss: »So voll dieses Buch mit theologischen Irrtümern ist, kann die grundlegende Prämisse als wahr gelten: als

Christen sollten wir dankbare Menschen sein, die in allem danksagen. Die Bibel lehrt uns das. Aber müssen wir den christlichen Theismus einem → Panentheismus opfern, müssen wir die objektive Wahrheit romantischen Gefühlen opfern, müssen wir Erfahrungen auf einer höheren Ebene machen, um dankbar zu werden? Nein! Gott hat uns bereits alles geschenkt, was wir zu einem gottseligen Leben brauchen (2 Petr 1,3). Als Petrus die Christen drängte, im Glauben und in den Tugenden zu wachsen, wies er sie nicht an, Erfahrungen einer höheren Ebene zu suchen, die auf romantischen Gefühlen beruhen ... Voskamps Buch beflügelt die romantischen Empfindungen ihrer Leser, aber den ein für alle Mal überlieferten Glauben fördert es nicht. Das Buch *One Thousand Gifts* führt die Gemeinde noch tiefer auf mystische Abwege, auf denen schon so viele unterwegs sind. Dem müssen wir Einhalt gebieten und stattdessen zur objektiven biblischen Wahrheit zurückkehren« (*Romantic Panentheism*).

• Persönliche Webseiten: www.aholyexperience.com; www.onethousandgifts.com.

Warren, Rick (geb. 1954) ist US-amerikanischer Pastor und Autor. Warren gründete 1980 die *Saddleback Church*, eine Megagemeinde, die wöchentlich bis zu 20.000 Menschen anzieht. Sein Bestseller *The Purpose Driven Life* (dt. Titel: *Leben mit Vision*) hat sich über 30 Millionen Mal verkauft. Warren, der den *Südlichen Baptisten* angehört, studierte u. a. am → *Fuller Theological Seminary*.

Warren empfiehlt regelmäßig Autoren, die der kontemplativen Bewegung angehören. Warrens Gemeinde-Webseite bietet Kurse über kontemplative Methoden an. Überdies wurde → christliches Yoga (*Holy Yoga*) in das Fitness-Programm von Warrens *Saddleback Church* integriert. Angesichts des großen Einflusses, den Rick Warren ausübt, der immerhin als »Pastor Amerikas« bezeichnet wird, muss ein solches Handeln bedenklich stimmen. Warren schöpft alle Medien wie Buchveröffentlichungen, Facebook, Twitter, Internetauftritt sowie Konferenzen aus, um seine Agenda voranzutreiben. Seine wöchentlichen E-Mails erreichen 400.000 Pastoren und Leiter auf der ganzen Welt.

Ray Yungen hat in seinem Buch *A Time of Departing* Rick Warren ein ganzes Kapitel gewidmet und belegt darin die vielfältigen Verbindungen zu und offenkundigen Empfehlungen für Vertreter der kontemplativen Bewegung. Hierzu zählen u. a. → Henri Nouwen, → John Ortberg, → Richard Foster, → Thomas Merton, → Brennan Manning, → Tilden Edwards, → Bruder Lorenz. → Gary Thomas, der in der *Saddleback Church* predigte, ist Autor des Buches *The Sacred Pathways*, über das Warren sagt, dass er es »hoch schätzt«, weil es den Lesern zeigt, »wie sie das Beste aus ihrer spirituellen Reise machen können« (*A Time of Departing*, 151). Warren fügt hinzu, dass das Buch von Gary Thomas kontemplative Übungen in den Mittelpunkt stellt. Deutlicher kann eine Empfehlung für kontemplative Methoden nicht ausfallen. Die Ministry Toolbox auf Warrens Webseite pastors. com empfiehlt ferner → Tricia Rhodes, die als »eine unserer Lieblingsautoren über das kontemplative Gebet« bezeichnet wird (ebd., 153). Warren ist überdies mit → Leonard Sweet verbunden. Warren veranstaltete gemeinsame Seminare mit Sweet und empfiehlt ihn ebenfalls auf seiner Webseite pastors.com. Sweet, einer der treibenden Kräfte der → Emerging Church, erklärte, dass der Mystizismus heute »in der postmodernistischen Kultur stark in den Mittelpunkt gerückt ist … In den Worten eines der größten Theologen des 20. Jahrhunderts, des jesuitischen Religionsphilosophen und Dogmatikers Karl Rahner, wird der ›Christ von morgen ein Mystiker sein, einer, der etwas erfahren hat, oder er wird nicht mehr sein‹« (ebd., 160).

In seinem Buch *Kirche mit Vision* schreibt Warren über die »*Die Jüngerschafts-/geistliche Formierungs-Bewegung* [Geistliche Formung/Spiritual Formation]«: »Diese Bewegung hat den Fokus neu auf die Entwicklung der Gläubigen zu ihrer vollen Reife gerichtet. Organisationen wie die *Navigatoren, Worldwide Discipleship* und *Campus für Christus* und Autoren wie Waylon Moore, David Watson, Gordon McDonald, Richard Foster und → Dallas Willard haben die Bedeutung dessen unterstrichen, Christen zum Wachstum zu führen und persönliche geistliche Disziplinen [kontemplative Methoden] zu üben« (122). In seinem Bestseller *Leben mit Vi-*

sion empfiehlt Warren das Atemgebet: »Gebete, die sich am Atemrhythmus orientieren« (86), so die deutschen Übersetzer; im englischen Original steht hier »breath prayer«. Ferner empfiehlt Warren → Bruder Lorenz und seine Schrift *Die Gegenwart Gottes*, um das »Geheimnis einer Freundschaft mit Gott« zu ergründen (ebd.). Dieser kleine und keineswegs vollständige Überblick sollte keinen Zweifel mehr aufkommen lassen, dass Rick Warren ein entschiedener Förderer kontemplativer Methoden ist.

- Publikationen: *Kirche mit Vision, Leben mit Vision.*
- Persönliche Webseite: www.rickwarren.com.
- Weitere Webseiten: www.saddleback.com (Gemeinde); www.pastors.com (Vernetzung christlicher Leiter).

Wilber, Ken (geb. 1949) ist US-amerikanischer Autor und Gründer des *Integral Institute*, einer Denkfabrik, die die Synthese aller Wissensbereiche anstrebt. Wilber schreibt zu den Themen Psychologie, Philosophie, Mystik und spirituelle Evolution. Ferner befasst er sich mit der Integralen Theorie, die westliche wie fernöstliche Spiritualität sowie alle Geistes- und Naturwissenschaften zu einer Gesamtschau (holistischen Weltsicht) über den Menschen und das Universum zusammenführen will. Wilber, der in einer konservativen christlichen Gemeinde aufgewachsen ist, vertritt die Ansicht, dass die christliche Kirche in mythologischen Dogmen erstarrt ist. Aus seiner Sicht verstanden selbst die Jünger Jesu ihren Meister nicht, weil sie sich noch auf einer zu niedrigen Bewusstseinsebene befanden. Wilber, der dem → New-Age-Gedankengut nahesteht, hat heute große Affinität zum → Buddhismus. Wilber stößt nicht nur auf Akzeptanz in der → Emerging Church wie z. B. bei dem in emergenten Kreisen populären Vertreter → Rob Bell, sondern auch unter kontemplativen Vertretern wie → Richard Rohr, der Wilber als »einer der besten Lehrer von heute« und seine Bücher als »faszinierend« bezeichnet (*The Naked Now*, 153).

- Publikationen: *Integrale Spiritualität; Spektrum des Bewusstseins; Eros, Kosmos, Logos – eine Jahrtausend-Vision; Integrale Psychologie: Geist, Bewusstsein, Psychologie, Therapie.*
- Persönliche Webseite: www.kenwilber.com.

• Weitere Webseiten: if.integralesforum.org; www.integrallife. com; www.integralinstitute.org.

Willard, Dallas (1935–2013) ist US-amerikanischer Philosoph und Autor. Er ist sowohl ein Vertreter der kontemplativen Bewegung als auch der → Emerging Church. Dallas Willard wirkte an der *Renovaré Spiritual Formation Bible* (→ Renovaré) von → Richard Foster mit. Willard empfiehlt Autoren wie → Thomas Merton, → Ruth Haley Barton und → Henri Nouwen. Unter den Buchempfehlungen auf Dallas Willards persönlicher Webseite trifft man auf Autoren wie → Jan Johnson, → Ignatius von Loyola, → Madame Guyon, → Teresa von Avila und → Evelyn Underhill. Er prägte Autoren wie → John Ortberg, → Brennan Manning, Richard Foster und Henri Nouwen. Willard selbst wurde erheblich durch das Studium von Augustinus und Bruder Lorenz beeinflusst. → *Willow Creek* Deutschland empfiehlt Dallas Willard ebenso wie *Willow Creek* USA. → Sue Monk Kidd hat die Buchempfehlung zu Willards Buch *Renovation of the Heart* geschrieben, ein Handbuch für → Geistliche Formung (*Spiritual Formation*). → Rick Warren erwähnt Willard positiv in seinem Buch *Kirche mit Vision*.

Dallas Willard legt die Aussage Jesu, seine Jünger sollen »sein Joch« auf sich nehmen und ihm nachfolgen (Mt 11,29-30), als einen Aufruf an gläubige Christen aus, kontemplative Übungen zu praktizieren. Er interpretiert das Wort »Joch« somit in einer allegorischen Weise um, indem er dem Wort einen »tieferen« Sinn gibt. Die allegorische Schriftauslegung wurde von den protestantischen Reformatoren verworfen. Willard greift in seinen Schriften auf viele mittelalterliche Mystiker der katholischen Kirche zurück und präsentiert diese sowie ihre mystischen Methoden unreflektiert als ein Weg der geistlichen Erbauung für evangelikale Christen.

Willard ist möglicherweise ein Allversöhner oder Universalist. In einem Interview im Magazin *Cutting Edge* aus dem Jahre 2001 sagte er auf die Frage, was mit guten Buddhisten geschehe:»In dieser Hinsicht sind viele Christen sehr darauf bedacht zu sagen, dass absolut niemand würdig ist, errettet zu werden. Daraus würde folgen, dass eine Person, die nie die Botschaft Jesu hörte, aber fast total gut war, dennoch in die Hölle kommt. Was ist das für ein Gott, der so handeln würde?« Dem Vorwurf, er sei inklusivistisch, begegnet Willard in einem Artikel seiner Webseite zweideutig. Einerseits verweist er auf die Aussage von Petrus in Apostelgeschichte 10,34:35 »Nun erfahre ich in Wahrheit, dass Gott die Person nicht ansieht, sondern dass in jedem Volk derjenige ihm angenehm ist, der ihn fürchtet und Gerechtigkeit übt!«, sowie auf Lukas 12,48, wo Jesus laut Willard die persönliche Verantwortung von der jeweiligen Erkenntnis abhängig macht. Er führt Verse an, die für sich genommen die Möglichkeit offen lassen, ob Menschen, die wie Kornelius vor ihrer Bekehrung fromm und vor Gott angenehm sind, erlöst sein können. Andererseits betont er wiederum, dass nur in dem Namen Jesus das Heil ist (*Apologetics in Action*). In einem weiteren Artikel auf seiner Webseite schreibt er unter der Überschrift »Pluralismus und andere Religionen« widersprüchlich und doppeldeutig: »Die Kirche hat immer danach getrachtet zu kontrollieren, wer ›drinnen‹ und wer ›draußen‹ ist. Sie hat versucht, sich ihr Monopol der Errettung zu sichern. Aus meiner Sicht steht der Kirche dieses Urteil überhaupt nicht zu. Ich glaube, dass Leute, die nicht zum kirchlichen Mainstream gehören, im Himmel sein werden … Gott sieht auf das Herz … Ich bin nicht bereit, die Position zu beziehen, dass jemand, der nichts über den historischen Jesus gehört hat, nicht in den Himmel kommen kann. Ich bin nicht bereit zu sagen, dass Christus nicht als Logos auch jenseits der christlichen Kultur anzutreffen ist, denn Johannes sagte schließlich: ›Dies ist das Licht, das jeden Menschen erleuchtet, der in die Welt kommt.‹ … Ich will sagen, dass niemand errettet wird ohne Christus. Aber die Wege Christi, die Menschen zu erreichen, übersteigen all mein Verstehen« (*Rethinking Evangelism*).

- Publikationen: *Jünger wird man unterwegs. Jesus-Nachfolge als Lebensstil; Die eine, sanfte Stimme – Gott hören lernen in einer lauten Welt; Aus dem Herzen leben – Wie Christus unsere Persönlichkeit prägen will; Das Geheimnis geistlichen Wachstums; Wie er zu uns redet.*
- Persönliche Webseite: www.dwillard.org.

Willow Creek ist die Kurzbezeichnung der *Willow Creek Association*, die 1992 von → Bill Hybels gegründet wurde, um christliche Gemeinden und Leiter zu vernetzen. In Deutschland gibt es die Tochterorganisation *Willow Creek* Deutschland. *Willow Creek* fördert ein breites Spektrum christlicher Materialien. Hierzu zählen Autoren der kontemplativen Bewegung sowie der → Emerging Church. Letztere weist eine neue Offenheit für die christlichen Mystiker der Vergangenheit auf.

• Webseiten: www.willowcreek.com; www.willowcreek.de.

Wüstenväter: Die Wüstenväter waren Mönche und Einsiedler, die sich seit dem späten dritten nachchristlichen Jahrhundert in die Abgeschiedenheit und Stille der Wüsten Palästinas, Syriens und Kleinasiens zurückzogen. Arbeit und Gebet (*ora et labora*) sowie Askese und Kontemplation bestimmte das Leben dieser Mönche. Die Wüstenväter »fürchteten jede Übertreibung ... Daher sind direkte Beschreibungen mystischer Zustände selten« (*Wörterbuch der Mystik*, 524-525). Dennoch liegen einzelne Berichte über Verzückungen und Ekstase von Wüstenvätern vor. »Häufig stehen Mundgebet und Entzückung miteinander in Zusammenhang ... Auch Köperhaltungen sind imstande, zur Verzückung zu führen, wie z. B. das Ausstrecken der Hände« (ebd., 525).

Wolke des Nichtwissens, engl. *Cloud of the Unknowing*, ist eine gegen Ende des 14. Jahrhunderts in Mittelengland von einem anonymen Schreiber verfasste Schrift, die auf einfache Weise den Weg der Kontemplation beschreibt. Der Titel nimmt Bezug auf die Wolke am Gipfel des Berges Sinai (2Mo 16,10), wo Mose seine Gespräche mit Gott führte. Der Leser der Schrift *Wolke des Nichtwissens* soll angeleitet werden, wie er mit Gott in Verbindung treten kann. In einer ersten Stufe soll ein Zustand völliger Entleerung (→ Passivität) erreicht werden. Das Alltagsbewusstsein mit seinen Gedanken, Wünschen und Vorstellungen soll von der »Wolke des Vergessens« bedeckt werden. Der Mystiker verharrt sodann in einem Zustand der Stille und Liebe und kann zu Gott in die »Wolke des Nichtwissens« aufsteigen. Diese unmittelbare

Erfahrung der Gegenwart Gottes wird als »mystisches Schweigen« bezeichnet.

Aufgrund der Anonymität des Schreibers wird er in der Literatur oft als »Cloud-Autor« bezeichnet. Man rechnet dem unbekannten Autor noch andere anonyme Schriften zu, die alle vermuten lassen, dass er in Theologie und Kontemplation bewandert war. In der *Wolke des Nichtwissens* trifft man auf das Gedankengut von → Augustinus, → Bernhard von Clairvaux, → Cassian und → Pseudo-Dionysios. Im Gegensatz zu einer Reihe von Vertretern der kontemplativen Bewegungen wie → Willigis Jäger betont Wolfgang Riehle im Vorwort zu seiner Übertragung des altenglischen Werkes, dass die christliche Mystik in der *Wolke des Nichtwissens* unvereinbar mit dem → Zen ist.

Die Verbreitung der *Wolke des Nichtwissens* im deutschsprachigen Raum erfolgte besonders durch katholische Autoren wie → Willigis Jäger, Hans Urs von Balthasar und Willi Massa. Parallelen zur Philosophie des Zen-Buddhismus und das neu erwachte Interesse an der Mystik förderten die Verbreitung im englischsprachigen Raum. → Evelyn Underhill überarbeitete z. B. die englische Ausgabe des Werkes. Die Gebetsanleitungen des unbekannten Mystikers inspirierten → William Meninger, → Basil Pennington und → Thomas Keating bei ihren Schriften über das → Gebet der Sammlung.

• Publikationen: Wolfgang Riehle, *Die Wolke des Nichtwissens*; Willi Massa, *Wolke des Nichtwissens und Brief persönlicher Führung, Anleitung zur Meditation.*
• Webseite: www.sacred-texts.com/chr/cou/index.htm (Online Version des überarbeiteten Textes durch → Evelyn Underhill).

Yaconelli, Mark ist Autor, Konferenzredner, Leiter von → Einkehrtagen sowie Vertreter der kontemplativen Bewegung. Er ist Direktor des *Youth Ministry and Spirituality Project*, einer Organisation, welche global über 80.000 Mitarbeiter in der christlichen Jugendarbeit erreicht, um kontemplative Praktiken unter christlichen Jugendlichen zu fördern. 2006 brachte Yaconelli das Buch *Contemplative Youth Ministry* heraus. Darin heißt es: »Die kontemplative

Tradition des christlichen Glaubens ist uns als eine kostbare Gabe gegeben in einer Zeit, in der niemand mehr die Muße hat, still zu sitzen. Sie ist eine Medizin für eine Gemeinde, die von Trends, Effizienz, Methoden und Resultaten besessen ist« (25). Zu den Methoden, die Yaconelli anpreist, zählen → Lectio Divina, Gebet mit Ikonen, → Visualisierung, biblische Imagination, → Ruhegebet und → Chanting. Yaconelli stößt auf große Akzeptanz in der → Emerging Church.

• Persönliche Webseite: markyaconelli.wordpress.com.

Yancey, Philip (geb. 1949) ist US-amerikanischer Bestsellerautor und arbeitete u. a. für das bekannte neoevangelikale Magazin *Christianity Today*, dem Sprachrohr des → *Fuller Theological Seminary*. In einem Artikel für *Christianity Today* schrieb er im November 2004: »Vielleicht ist unsere Zeit der Aufruf zu einer neuen ökumenischen Bewegung, nicht eine Bewegung der Lehre, nicht einmal der religiösen Einheit, sondern der Aufruf zu einer ökumenischen Bewegung, die darauf aufbaut, was Juden, Christen und Muslime um des Überlebens willen gemeinsam haben« (*Hope for Abraham's Sons*). Yancey setzt sich für die Rechte von Homosexuellen in christlichen Gemeinden und Kirchen ein und war 2011 Sprecher auf der *Gay Christian Network Conference*. Das *Gay Christian Network* ist eine Organisation, die sich für Christen mit anderen sexuellen Orientierungen wie Schwule, Lesben, Bi- und Transsexuelle (LGBT) einsetzt. Yancey schrieb das Vorwort zu → Brennan Mannings Buch *All is Grace* und lobte Manning als seinen spirituellen Mentor. Er empfiehlt den Franziskanerpater → Richard Rohr und den katholischen Mystiker → Meister Eckhart. → *Willow Creek* bietet mehrere Bücher von Philip Yancey an.

• Publikationen: *Beten; Der Unbekannte Jesus; Gnade ist nicht nur ein Wort; Von Gott enttäuscht* u.v.a.
• Persönliche Webseite: www.philipyancey.com.

Yoga, eingedeutscht Joga, ist eine aus dem → Hinduismus stammende Lehre, die durch mentale, spirituelle und körperliche Übungen die Loslösung von allen irdischen Bindungen und die Vereinigung mit der Gottheit anstrebt. In der indischen Philosophie ist Yoga eine der sechs klassischen Schulen. Das Wort Yoga leitet sich von einem Begriff aus dem Sanskrit her, der so viel wie »verbinden« oder »anjochen« bedeutet. Neben der im Westen häufig in Bezug auf körperlich-seelisches Wohlbefinden ausgeübten Praxis des Yoga zielt die spirituelle Ausübung des Yoga auf innere und äußere Harmonie und letztlich auf die Einswerdung mit Gott ab.

Die westlich geprägte Form des Yoga ist erst ab Mitte des 20. Jahrhunderts entstanden, indem esoterische Ideen, Psychologie, körperliche Übungen sowie wissenschaftliche Erkenntnisse durch westlich orientierte Inder in die Philosophie des Yoga integriert wurden. Der ganzheitliche Ansatz des Yoga soll durch Entspannung, Atem- und Meditationsübungen zu Stressminderung und körperlichem Wohlergehen beitragen. Die spirituell-religiöse Bedeutung des östlichen Yoga hat in der westlichen Ausübung eine geringe Bedeutung. Im Zuge des Fitness- und Wellness-Trends werden immer neue Formen des Yoga entwickelt. Die Volkshochschulen bieten flächendeckend Kurse an und viele Krankenkassen bezahlen Yogakurse als Präventivmaßnahme.

- Webseite: www.yoga.de (Bundesverband der Yogalehrenden in Deutschland).

Yoga, christliches. Auch in christlichen Kreisen bürgert sich immer mehr eine Form des Yoga ein, die abgesehen von Atem- und Körperübungen des Hatha-Yoga eine Meditationsart propagiert, die zur Selbst- und Gottesfindung führen soll. Erstaunlicherweise bietet sogar die Internetseite der *Deutschen Yogagesellschaft* einen Bereich »Christlicher Yoga« an. Der Ur-Yoga, auch Patanjali genannt, sei mit dem Christentum gewissermaßen vereinbar, da auch dieser durch Eingottglauben, Menschensohn-Gedanken, Nächstenliebe, Weltfriedensgedanken, Ehre Gottes-Denken, Offenbarungsglauben und Toleranz charakterisiert sei.

Allerdings widersprechen die biblischen Grundlagen dem Yoga und der dahinterstehenden hinduistischen Philosophie, die Yoga als Erlösungsweg versteht. Die in der westlichen Welt praktizierten Yogaübungen stimmen immer auf eine vom → Hinduismus geprägte Spiritualität ein und sind somit in gewisser Weise spirituelle Wegweiser. Die praktischen Übungen können im Grunde von ihren spirituellen Wurzeln und der dahinter stehenden fernöstlichen Philosophie nicht getrennt werden, wenngleich der spirituelle Aspekt oftmals mehr oder minder in den Hintergrund tritt. Die vermeintlich rein körperlichen Übungen z. B. des Hatha Yoga, die *asanas*, die im Westen viel praktiziert werden, beruhen auf der hinduistischen Auffassung, dass die menschliche Seele durch die *asanas* die Einswerdung mit Gott/Brahman realisiert. → Atemübungen dienen zur Reinigung der Chakren (Energiezentren im Körper) und werden vielmals mit → Mantras kombiniert. Körperhaltungen (*asanas*) symbolisieren im Hinduismus die Anbetung hinduistischer Götter und dienen der Vereinigung mit dem Göttlichen, dem Höheren Selbst sowie der Loslösung vom eigenen Ich. Das menschliche Denken wird auf die in ihm wohnende »Gottheit« gerichtet, indem der Verstand entleert wird (→ Passivität). Verschiedene Atemübungen können Personen sogar in einen leichten Trancezustand versetzen.

Die Bibel kennt weder die Entleerung oder Loslösung vom Ich noch einen Weg der Selbsterlösung. Durch »christliches« Yoga setzt sich der Praktizierende bewusst oder unbewusst einem heidnisch-spirituellen Fundus aus, was neben anderen Faktoren zu einer immer populärer werdenden Öffnung zu fernöstlicher wie auch westlicher Mystik beiträgt. Christlicher Yoga wird unter anderem deshalb im Evangelikalismus immer populärer, weil bekannte Vertreter der → Emerging Church wie Doug Pagitt selbst Yoga praktizieren und empfehlen. Auch der bekannte → Rick Warren hat »Holy Yoga« in das Fitness-Programm seiner *Saddleback Church* integriert.

Jürgen Kuberski gibt jedoch zu bedenken: »Ein Christ will eine Beziehung zu Gott, aber nicht die Verschmelzung mit dem Göttlichen; er meditiert über Gott und sein Wort und nicht über Mantras; er will sein Denken auf Gott richten, es aber nicht abschalten; er sieht seinen Körper als Geschenk Gottes, aber nicht als Werkzeug zur Erlösung. Ein Christ wird keinesfalls hinduistische Götter oder Gurus verehren, sei es durch Verneigung vor einem Bild oder durch das Rezitieren von Mantras, und wird sich davor hüten, durch Meditation Kontakt mit fremden Geistmächten aufzunehmen« (*Yoga bald überall*).

• Publikationen zum Thema: Dave Hunt, *Yoga – Harmlose Gesundheitsübung oder esoterische Religion?*

Young, Sarah (geb. 1946) ist die US-amerikanische Autorin des Bestsellers *Ich bin bei Dir. 366 Liebesbriefe von Jesus* (Originaltitel: *Jesus calling*). Sie hat einen akademischen Abschluss in Philosophie vom Wellesley College und hat außerdem Seelsorge und Psychologie studiert. Zusammen mit ihrem Mann ist sie in Gemeindegründungsarbeiten in Japan und Australien engagiert. Laut Thorsten Brenscheidt hat Young, deren Bücher milllionenfach verkauft wurden, einen »immensen Einfluss auf das Gottesbild vor allem von jungen evangelikalen Frauen« (*Wer ist dieser Jesus bei Sarah Young?*).

Young gibt vor, die Botschaften in ihren Büchern direkt von Jesus offenbart bekommen zu haben. Die Botschaften sind in Ich-Form verfasst; Jesus ist hier der Redende. Angeregt wurde Sarah Young durch das Andachtsbuch *God Calling*, das von zwei anonymen Autorinnen stammt, die ebenfalls vorgeben, ihre Botschaften direkt von Gott empfangen zu haben.

Mit Hilfe von Praktiken, die an → Visualisierung und → Meditation anklingen, übte Young das Empfangen von Botschaften Gottes ein. Sie schreibt:»Im folgenden Jahr fragte ich mich, ob ich in den Zeiten, in denen ich vor Gott still wurde, auch Botschaften empfangen könnte … Ich wusste, dass Gott durch die Bibel zu mir spricht, aber ich sehnte mich nach mehr. Immer mehr wollte ich hören, was Gott mir an einem bestimmten Tag persönlich zu sagen hat. Ich beschloss, mit dem Stift in der Hand auf Gott zu hören und aufzuschreiben, was er meiner Meinung nach sagte« (*Immer bei Dir*, 11). In den Büchern wird der Leser durch Youngs »Jesus« auch selber aufgefordert, ein unmittelbares, übersinnliches Reden Jesu zu ihm zu suchen:»Suche zu jeder Zeit mit aller Kraft meine Nähe. Ich spreche unablässig mit dir. Wenn du mich finden und meine Stimme hören willst, musst du mich mehr suchen als alles andere … Übe es, mich in stillen Momenten zu suchen und auf mich zu hören« (*Ich bin bei Dir,* 92, 204). Dabei empfängt man die Botschaft nicht von außerhalb, sondern aus dem eigenen Inneren:»Ich spreche leise in den Tiefen deines Geistes, wo ich Wohnung bezogen habe … Ich spreche leise mit dir, in der Tiefe deines Seins … Obwohl ich der Schöpfer des ganzen Universums bin, habe ich beschlossen, in dir zu wohnen. Dort lernst du mich am besten kennen; dort spreche ich in einem heiligen Flüstern mit dir« (ebd., 204, 225, 305 u.v.a.). Außer im Menschen selbst sei Gott auch in der Natur zu finden (→ Pantheismus):»Manchmal kannst du mich in deiner Umgebung finden: in einem singenden Vogel, im Lächeln eines geliebten Menschen, im goldenen Licht des Sonnenscheins. An anderen Tagen musst du nach innen blicken, um mich zu finden« (ebd., 54).

Die Botschaften rufen auch immer wieder zu Ruhe, Stille, Warten und Entspannung in der Gegenwart Gottes auf und betonen somit eine meditative → Passivität, gepaart mit → Atemübungen, die u. a. aus dem → Yoga bekannt sind:»Atme langsam und tief ein und aus. Entspanne dich in meiner heiligen Gegenwart, während ich mich dir in Liebe zuwende« (ebd., 329 u.v.a.). Um die Mischung fernöstlich-mystischer Praktiken zu vervollständigen, kommt noch die oft wiederholte Empfehlung hinzu, den Namen Jesus wie ein → Mantra ständig vor sich hin zu flüstern. Neben Aufforderungen, direkt mit dem Heiligen Geist zu kommunizieren, muten auch Ratschläge wie folgende sehr esoterisch an:»Bade in diesem befreienden Licht, während meine heilende Gegenwart dich durchdringt und von Grund auf erneuert« (*Immer bei dir,* 84); »Komm zu mir, und bade in meinem Licht, das die Dunkelheit vertreibt und dich mit Frieden durchdringt« (*Ich bin bei dir,* 170). Viele Aussagen in Youngs Büchern entsprechen mit ihrer Sprache der leidenschaftlichen, sinnlichen Liebe der → Brautmystik. Die unmittelbaren Gotteserfahrungen aus Sarah Youngs Bücher klingen stark an typische christlich-mystische Übungen und Publikationen an, z. B. gibt es Parallelen zur → *Wolke des Nichtwissens,* zum → Gebet der Sammlung und dem → hörenden Gebet.

• Publikationen: *Ich bin bei dir: 366 Liebesbriefe von Jesus; Immer bei dir: Liebesbriefe von Jesus; Komm zu mir: Briefwechsel mit Jesus*

Zen, auch Zen-Buddhismus, ist eine etwa im 5. Jahrhundert n. Chr. entstandene Strömung im → Buddhismus. Das Wort Zen kommt vom Chinesischen Chan, was wiederum von dem Sanskritwort Dhyana abgeleitet ist und Versenkung bedeutet. In der Sammlung des Geistes soll der Mensch in einen Bewusstseinszustand versetzt werden, in welchem alle Trennungen zwischen Ich und Du, Subjekt und Objekt oder wahr und falsch beseitigt werden. Ziel der meditativen Übungen ist → Satori, die Erleuchtung.
• Webseite: www.zen-guide.de.

Zen, christliches. Als Wegbereiter des Dialogs von Zen-Buddhismus und Christentum im 20. Jahrhundert gilt Pater Hugo Lassalle (1898–1990), auch unter seinem Zenmeister-Namen Hugo-Makibi Enomiya-Lassalle bekannt. Lassalle war Jesuit, Japanmissionar und Zen-Meister. Schwerpunktmäßig lag sein Bemühen darauf, die Gemeinsamkeiten von Zen-Buddhismus mit christlicher Mystik (v. a. mit der → *unio mystica*) aufzuzeigen. Auf seinen Vortragsreisen machte Lassalle den Zen im Westen bekannt. 1967 begann Lassalle damit, Übungen zur Zen-Meditation anzubieten. Dies führte zum Bau eines Meditationszentrums, das dem Franziskanerkloster in Dietfurt angeschlossen ist. Ab 1987 begannen andere christliche Zen-Lehrer, vor allem Priester und Ordensleute, aber auch evangelische Theologen, den Zen zu verbreiten und ihn mit christlichen Formen der → Kontemplation zu verbinden. Von ihm beeinflusste bekannte Zen-Meister sind u. a. → Willigis Jäger und der Pallotinerpater und Zen-Meister Johannes Kopp, der das Buch *Schneeflocken fallen in die Sonne: Christus-Erfahrungen auf dem Zen-Weg* schrieb und 1973 das Programm der Zen-Kontemplation im Bistum Essen initiierte. Inzwischen gibt es deutschlandweit christliche Zen-Zentren wie z. B. in Bad Wurzach oder Ravensburg sowie diverse Zen-Schulen (*Schule des Herzensgrundes*, Pater Stefan Bauberger). Karlfried Graf Dürckheim (1896–1988), Begründer der initiatischen Therapie, trug ebenfalls zur Verbreitung des Zen in Deutschland bei. Dürckheim ist Vertreter der Transpersonalen Psychologie, die wie → Ken Wilber spirituelle, religiöse und philosophische Aspekte miteinander verknüpft.

- Webseite: www.zen-guide.de (Übersicht der Zen-Zentren und Zen-Lehrer in Deutschland)

Zimmerling, Peter (geb. 1958) ist Professor der Praktischen Theologie an der Theologischen Fakultät der Universität Leipzig. Seine Schwerpunkte sind Seelsorge und Evangelische Spiritualität. Nach seinem Studium der Evangelischen Theologie in Tübingen und Erlangen von 1983–1987 und seinem Vikariat in der Evangelischen Kirche in Hessen und Nassau promovierte er 1990 mit einer Arbeit über Zinzendorfs Trinitätslehre bei Prof. Jürgen Moltmann in Tübingen. Von 1989–1993 war er Pfarrer in der ökumenischen Kommunität *Christen in der Offensive e.V.* auf Schloss Reichenberg in Reichelsheim/Odenwald mit einem erweiterten Tätigkeitsbereich für Pfarrerfortbildungen und Tagungen für Kirchengemeinderäte. Hinzu kamen bundesweite Vortragstätigkeiten in Kirchengemeinden und Seminare für biblische Seelsorgeausbildung für Laienmitarbeiter. Er war Mitherausgeber der Seelsorge-Fachzeitschrift *Brennpunkt Seelsorge* (1989–1998) und Organisator der Stiftung *Jan-Amos-Comenius-Lectures* an der Staatsuniversität in St. Petersburg (deutsch-russisches Austauschprogramm). Seine Habilitation an der Theologischen Fakultät der *Ruprecht-Karls-Universität* Heidelberg im Jahre 1999 umfasste eine Arbeit über die charismatische Bewegung der Gegenwart im deutschsprachigen Raum. Als Privatdozent hält er weiterhin Lehrveranstaltungen an der Theologischen Fakultät in Heidelberg. Seit 1999 ist er Vorsitzender der → *Gesellschaft der Freunde christlicher Mystik e.V.* Nach seiner Ernennung zum Professor durch die Universität Heidelberg im Jahre 2005 arbeitete er an der Theologischen Fakultät in Leipzig. Seine Forschungsschwerpunkte waren u. a. der Pietismus, Nikolaus Graf von Zinzendorfs Bedeutung für die heutige Kirche, Luther als Praktischer Theologe, Spiritualität und evangelische Mystik.

- Publikationen: *Gott in Gemeinschaft, Zinzendorfs Trinitätslehre; Die charismatischen Bewegungen. Theologie, Spiritualität, Anstöße zum Gespräch; Evangelische Spiritualität. Wurzeln und Zugänge.*

TEIL III

Exegetische Aspekte

Die Gefahr des Mystizismus besteht darin, sich so sehr auf das Werk des Herrn *in* uns zu konzentrieren, dass das Werk des Herrn *für* uns in Vergessenheit gerät. Mit anderen Worten, er beschäftigt sich so viel mit der unmittelbaren Auswirkung auf die Seele, dass er schlechthin das Werk vergisst, das vorausgehen musste, bevor an der Seele irgendetwas bewirkt werden konnte ... Die evangelikale Lehre unterweist mich, nicht in mich selbst hinein zu schauen, sondern in das Wort Gottes; nicht mich selbst zu erforschen, sondern in die Offenbarung [die Heilige Schrift] zu blicken, die mir gegeben wurde. Sie sagt mir, dass Gott nur auf dem Weg erkannt werden kann, der von Ihm selbst vorgegeben wurde – der Weg, der in der Heiligen Schrift selbst geoffenbart wurde.

Martyn Lloyd-Jones (Fellowship with God, 94-95)

Dieser 3. Teil der vorliegenden Arbeit beschäftigt sich mit den Argumenten und Schriftstellen, die von Vertretern der kontemplativen Bewegung häufig herangezogen werden, um ihre Lehre und Praxis zu begründen.

1) Psalm 46,11 – Seid still und erkennt

Seid still und erkennt, dass ich Gott bin.

Dieses Psalmwort wird wie eine Reihe anderer Psalmworte (Ps 37,7; 62,2; 131,2) als biblisches Gebot für Stilleübungen, Meditation oder Kontemplation angeführt. Eine gründliche Auslegung des 46. Psalms hingegen macht unmissverständlich klar, dass hier nicht eine Weisung an Gläubige gemeint sein kann, kontemplative Stilleübungen zu vollziehen. Der Psalmist lässt Gott zu Wort kommen, der sich direkt an die ungläubigen Heiden wendet und diese dazu aufruft, innezuhalten (*seid still*) und sich vor Augen zu führen (*und erkennt*), dass er, der Bundesgott Israels, über sein Volk wacht. Mit anderen Worten: Die Heiden sollen innehalten und erkennen, dass sie es mit dem lebendigen Gott Israels zu tun haben. Nur ein sehr oberflächlicher Bibelleser oder irregeleiteter Ausleger vermag aus dem angeführten Psalmwort eine Anweisung für meditatives Gebet oder Kontemplation abzuleiten.

2) Matthäus 11,29-30 – Kontemplation als Joch Christi

Nehmt auf euch mein Joch und lernt von mir, denn ich bin sanftmütig und von Herzen demütig; so werdet ihr Ruhe finden für eure Seelen! Denn mein Joch ist sanft und meine Last ist leicht.

Dallas Willard legt die Aussage Jesu, seine Jünger sollen »sein Joch« auf sich nehmen und ihm nachfolgen (Mt 11,29-30), als eine Anweisung aus, kontemplative Übungen zu praktizieren. Das Wort »Joch« interpretiert Willard in einer allegorischen Weise um, indem er diesem Wort einen tieferen Sinn gibt. Damit negiert Willard die wörtliche Auslegungsmethode (Literalsinn), die seit der Reformation unter Protestanten als allgemein anerkannt gilt und von allen protestantischen Reformatoren verworfen wurde. Willard indessen greift in seinen Schriften nicht nur auf die allegorische Schriftauslegung zurück, sondern auch auf viele mittelalterliche Mystiker der katholischen Kirche und präsentiert sowohl diese als auch ihre mystischen Methoden als legitimen Weg der geistlichen Erbauung für Nachfolger Christi.

3) 1. Könige 19,11-13 – Gott in der Stille erfahren: Die Stimme eines sanften Säuselns

Er aber sprach: Komm heraus und tritt auf den Berg vor den HERRN! Und siehe, der HERR ging vorüber; und ein großer, starker Wind, der die Berge zerriss und die Felsen zerbrach, ging

*vor dem HERRN her; der HERR aber war nicht in dem Wind.
Und nach dem Wind kam ein Erdbeben; aber der HERR war
nicht in dem Erdbeben. Und nach dem Erdbeben kam ein Feuer;
aber der HERR war nicht in dem Feuer. Und nach dem Feuer
kam die Stimme eines sanften Säuselns. Und es geschah, als Elia
dieses hörte, da verhüllte er sein Angesicht mit seinem Mantel, und
er ging hinaus und trat an den Eingang der Höhle. Und siehe, da
kam eine Stimme zu ihm, die sprach: Was willst du hier, Elia?*

Vertreter der kontemplativen Bewegung ziehen gerne die Schriftstelle aus 1. Könige 19,11-13 als Beleg heran, sich meditativ oder kontemplativ auf das leise Reden Gottes – die Stimme eines sanften
Säuselns – einzustimmen. Das Gebet der Sammlung soll alle Gedanken zur Ruhe bringen, damit die Person sich auf ein Wort wie
z. B. »Hoffnung«, »Frieden« o. ä. konzentrieren kann. Erst wenn die
innere Stille vor Gott erreicht ist und die Gedanken nicht mehr
kreisen, könne man auf das leise Flüstern Gottes hören, so die Argumentation. Doch stimmt es wirklich, dass Gottes Reden nur in kontemplativer Stille zu vernehmen ist? Und muss der Verstand tatsächlich in eine Stille oder Passivität geleitet werden, bevor der Gläubige
das Reden Gottes hören kann? Und sind gar Eindrücke, Erfahrungen oder Gefühle überhaupt ein Reden Gottes zum Menschen?

Das hebräische Wort für Stimme ist *qol* und bezeichnet den
Inhalt einer Rede, also verstehbare Worte, welche an eine Person
gerichtet sind. Bereits in Vers 9 kommt das Wort des Herrn zum
Propheten. In Vers 10 spricht der Herr zu Elia, ebenso wie in Vers
13 und Vers 15ff, stets in klarer und deutlicher Rede. In Vers 13 ist es
wiederum eine Stimme (*qol*), die sich an den Propheten Elia wendet – mit klaren, deutlichen und verständlichen Worten (*Was willst
du hier, Elia?*). Die zweimalige Verwendung des Wortes Stimme
(*qol*) in den Versen 12 und 13 beinhaltet jedenfalls eine Botschaft in
klaren, begreiflichen Worten. Stets ist die Stimme Gottes ein göttliches Reden in verständlichen Worten, ohne dass Elia sich vorab in
die Stille zurückziehen muss, um seine kontemplativen Übungen
oder eine besondere Form des meditativen Gebets zu praktizieren.
Aus dem Text in 1. Könige 19 kann man keineswegs allgemeingül-

tig ableiten, dass der Verstand zur Ruhe gebracht werden muss, ehe Gott zum Menschen reden kann. Passivität widerpricht gesunder biblischer Nachfolge und ist mit Gefahren verbunden, da ein passiver Bewusstseinszustand zum Einfallstor für jenseitige Geister werden kann. Römer 12,1-2 spricht von der Erneuerung des Denksinns, ein Prozess, in welchem der Verstand durch aktives Nachsinnen über die Wahrheit der Heiligen Schrift verändert und umgestaltet wird, »damit ihr prüfen könnt, was der gute und wohlgefällige und vollkommene Wille Gottes ist« (Röm 12,2).

Der Bericht über die Stimme eines sanften Säuselns in 1. Könige 19 will lediglich hervorheben, dass nach Wind, Feuer und Erdbeben eine Stille um Elia einkehrte und Gott nun in dieser Stille mit dem Propheten redete. Diese Stimme eines sanften Säuselns ist weder Aufruf noch Beweis dafür, kontemplative Stilleübungen zu praktizieren oder in einer Versenkung auf göttliche Offenbarungen zu warten.

4) Matthäus 5,3 – die geistlich Armen

Selig sind die geistlich Armen, denn ihrer ist das Himmelreich.

Das »Leerwerden für Gott« als Ziel aller mystischen Strebungen könnte somit als »mystische Theologie der ersten Seligpreisung« bezeichnet werden (Kunz, 18). Befürworter kontemplativer Methoden interpretieren das Wort über die »geistlich Armen« als eine Form der Selbstentleerung des Menschen. Doch das griechische Wort für arm, πτωχος (*ptochos*), bedeutet eigentlich *bettelarm* oder *bitterarm* und weist auf die innere Verfassung eines christlichen Nachfolgers hin. Dieser muss in seinem Geist seine völlige Armut erkennen und zur Einsicht kommen, dass er vor Gott überhaupt nichts aufzuweisen hat. Sodann wird der wahre Jünger Jesu in der Erkenntnis seiner inneren Armut vor Gott treten können in dem Wissen, dass dieser durch das Erlösungswerk seines Sohnes Jesus Christus alles für ihn vollbracht hat. Dies ist der wahre Sinn des Jesuswortes. Es hat nichts mit Selbstentleerung oder Passivität zu tun, um mystische Erfahrungen mit Gott zu machen. Man könnte diesen

Vers auch in dieser Weise übersetzen: »Selig sind die Bettler um den Geist ...« Auch das würde den Sinn des Verses zum Ausdruck bringen. Der Nachfolger Christi weiß sich im geistlichen Sinne bitterarm vor Gott und bittet um den Geist Gottes, der alleine dieser Armut ein Ende setzen kann.

5) Matthäus 10,39 – seine Seele verlieren

Wer sein Leben (Seele) findet, der wird es verlieren; und wer sein Leben (Seele) verliert um meinetwillen, der wird es finden!

Vertreter kontemplativer Spiritualität deuten das Wort »die Seele oder das Leben verlieren« im Sinne einer Entleerung der Seele. Das griechische Wort für verlieren ist απολλυμι (*hapollymi*) und bedeutet u. a. *umkommen, vergehen, vertilgen*. Das Jesuswort muss im Zusammenhang mit seinen Worten aus dem vorhergehenden Vers Matthäus 10,38 »Wer nicht sein Kreuz auf sich nimmt und mir nachfolgt, ist meiner nicht wert« interpretiert werden. Jesus will seine Jünger nicht auf einen mystischen Weg (*via contemplativa*) leiten, sondern er ruft in die Nachfolge des Kreuzesweges (*via crucis*). Der alte Mensch ist nach der Schrift mit Christus gekreuzigt (Eph 4,22; Kol 3,9; Gal 2,20), ein neuer Mensch wird im Glauben an das Erlösungswerk Christi angezogen (Eph 4,24; Röm 6,4; Kol 3,19). Diese Umgestaltung in das Ebenbild Christi geschieht durch Gnade, Glaubensgehorsam und durch das Wirken des Heiligen Geistes. Dies ist der Sinn des Jesuswortes aus Matthäus 10,39 im Kontext des Neuen Testaments. Das »Leben oder die Seele verlieren« als eine Form der Kontemplation, Stilleübung oder meditativen Versenkung zu interpretieren, ist eine offenkundige Fehlinterpretation. Es gilt dem von der Bibel vorgezeichneten Pfad zu folgen. Nicht Entleerung oder Passivität der Seele, sondern den Weg des Kreuzes gilt es anzustreben.

6) Lukas 10,41-42 – Maria hat das gute Teil erwählt

Jesus aber antwortete und sprach zu ihr: Martha, Martha, du machst dir Sorge und Unruhe um vieles; eines aber ist Not. Maria aber hat das gute Teil erwählt; das soll nicht von ihr genommen werden!

Maria wird von vielen mystischen Auslegern als kontemplative Jüngerin Jesu betrachtet. Anders als die geschäftige Martha sitzt sie zu den Füßen Jesu und lauscht den Worten ihres Herrn. Maria wird somit zu einem Prototyp einer christlichen Mystikerin, die sich in die Worte Jesu versenkt und das irdische Dasein transzendiert. Abgesehen davon, dass die Schriftstelle weder etwas über einen mystischen Zustand tiefer Versenkung Marias aussagt noch zu kontemplativen Übungen aufruft, tut jeder Ausleger, der in diesem Vers ein Gebot oder eine Anleitung zu kontemplativen Übungen sehen will, Gewalt an. Narrative (erzählende) Texte der Bibel sind streng von didaktischen (lehrenden) Texten zu unterscheiden. Aus diesem Vers in Lukas kann zwar abgeleitet werden, dass das Verweilen in der Gegenwart Jesu und seinem Wort einem überzogenen christlichen Aktivismus vorzuziehen ist, aber ein Gebot zur mystischen Versenkung wird man nur dann erkennen können, wenn man über die Schrift hinausgeht.

7) 1Thessalonicher 5,17 – Atemgebet: Beten ohne Unterlass

Betet ohne Unterlass.

Rick Warren empfiehlt in seinem Bestseller *Leben mit Vision* das Atemgebet und begründet es mit 1. Thessalonicher 5,17. Warren schreibt:»Paulus fordert uns dazu auf, ohne Unterbrechung zu beten. Wie können wir dies tun? Eine Möglichkeit sind Gebete, die sich am Atemrhythmus orientieren … Man wählt einen kurzen Satz, der innerhalb eines Atemzuges gebetet werden kann … Je häufiger sie diesen Satz beten, desto tiefer wird er in Ihrem Herzen Wurzeln schlagen« (86-87). Die Übersetzer des deutschen Buches haben das englische Original »breath prayer« als »Gebete, die sich am Atemrhythmus orientieren« übersetzt. Bei dieser Übersetzung handelt es sich um eine Umschreibung des Wortes, das Rick Warren im Original benutzte. Es besteht kein Zweifel, dass Warren das »Atemgebet« meinte, wie der Kontext in seinem Buch deutlich macht, wo Warren den katholischen Karmelitermönch Bruder Lorenz (Bruder Laurentius) erwähnt. Das Atemgebet hat seine Wurzeln in der Mystik der katholischen Wüstenväter.

Paulus und die anderen Apostel, die inspiriert vom Heiligen Geist die Schriften des Neuen Testaments verfassten, lebten Jahrhunderte vor den Wüstenvätern und kannten kein Atemgebet. In den neutestamentlichen Briefen findet sich folglich kein Hinweis, eine derartige Gebetsmethode zu praktizieren. Paulus dachte nicht an ein Atemgebet, als er den Thessalonichern schrieb, ohne Unterlass zu beten. 1. Thessalonicher 5,17 ist ein Aufruf, in einer Haltung des Gebets zu verharren. Keineswegs verweist Paulus auf eine fast Mantra-ähnliche Gebetsmethode, wie sie erst durch die Eremiten Jahrhunderte später eingeführt wurde.

Rick Warren suggeriert, man könne mit dem Atemgebet ein Freund Gottes werden (*Leben mit Vision*, 86). Die Bibel hingegen lehrt, dass Gehorsam uns zu Freunden Gottes macht (Joh 15,14). Ein typisch heidnisches Atemgebet finden wir in 1. Könige 18,26, wo die Baalspriester einen Jungstier nahmen und zubereiteten und »sie riefen den Namen Baals an *vom Morgen bis zum Mittag* und sprachen: Baal, erhöre uns!« Elia dagegen betet nur *ein* kurzes Gebet aus *zwei* Sätzen (V. 36-37), das augenblicklich erhört wurde: »Da fiel Feuer vom Himmel herab« (V. 38). Warum sollten wir plappern wie die Heiden, wenn Jesus ein solches sinnloses Tun untersagt (Mt 6,7)?

8) Matthäus 17,2 – Das Taborlicht

Und er wurde vor ihnen verklärt, und sein Angesicht leuchtete wie die Sonne, und seine Kleider wurden weiß wie das Licht.

In der christlichen Mystik wird unter dem Taborlicht jenes Licht verstanden, das Petrus, Jakobus und Johannes auf dem Berg der

Verklärung einhüllte. Nach außerbiblischer Überlieferung soll sich dieses Geschehen auf dem Berg Tabor ereignet haben. Das Taborlicht, auch als »Licht der Verklärung« bezeichnet, galt als übernatürliches, göttliches Licht, das nicht dieser Schöpfung angehört. Durch das anhaltende Wiederholen des Jesusgebets insbesondere im Zusammenhang mit Atemübungen soll der Mystiker in die innere Ruhe geführt werden, die ihn auf die Erfahrung des Taborlichts vorbereitet. Die Basis für diese Praxis ist eine Kombination aus Jesusgebet und Atemübungen, die aus der Schrift nicht abgeleitet werden können. Ferner weiß die Schrift nichts von einer Methode, die Lichtvisionen anstrebt. Schon Gregor Sinaites (~1255–1346), ein byzantinischer Mönch, warnte vor verführerischen Lichterscheinungen.

Als Jesus sich vor seiner Kreuzigung auf das Füllen einer Eselin setzte, verstanden dies seine Jünger anfangs nicht. Erst nach dem Tod und der Auferstehung ihres Herrn, »als Jesus verherrlicht war, da erinnerten sie sich, dass dies von ihm geschrieben stand und dass sie ihm dies getan hatten« (Joh 12,16). Petrus, Jakobus und Johannes plapperten nach der Auferstehung ihres Herrn nicht das Jesusgebet in Form eines Mantras daher, um ihren Verstand zur Ruhe zu bringen, sie praktizierten keine Atemübungen, sie waren nicht bestrebt, sich in einen Zustand der Versenkung zu versetzen, bis sie erneut das »Taborlicht« empfingen. Auch die anderen Jünger Jesu wandten keine kontemplativen Methoden an, um tiefere Erkenntnisse zu erlangen oder eine innigere Beziehung zu ihrem Herrn zu pflegen, sondern sie erinnerten sich an das, was geschrieben stand. Sie wurden durch das Wort der Schrift in eine tiefere Gotteserkenntnis geführt, nicht jedoch durch den Rückzug in mystische Verinnerlichung.

9) Johannes 1,9 – das Licht, das *jeden* Menschen erleuchtet

Dallas Willard schreibt in einem Artikel seiner Webseite: »Gott sieht auf das Herz … Ich bin nicht bereit, die Position zu beziehen, dass jemand, der nichts über den historischen Jesus gehört hat, nicht in den Himmel kommen kann. Ich bin nicht bereit zu sagen, dass Christus nicht als Logos auch jenseits der christlichen Kultur anzutreffen ist, denn Johannes sagte schließlich: ›Dies ist das Licht, das jeden Menschen erleuchtet, der in die Welt kommt.‹ ... Ich will sagen, dass niemand errettet wird ohne Christus. Aber die Wege Christi, die Menschen zu erreichen, übersteigen all mein Verstehen« (*Rethinking Evangelism*). Sehr subtil spricht er davon, dass Jesus das Licht ist, das »jeden Menschen erleuchtet, der in die Welt kommt.« Er suggeriert quasi, dass jeder Mensch, der in diese Welt hineingeboren wird, in einer mystischen Weise von dem Licht des Christus in irgendeiner Weise erfasst wird. Doch der genaue Wortlaut des Verses aus Johannes 1,9 lautet: »Das war das wahrhaftige Licht, das in die Welt kommend, jeden Menschen erleuchtet« (Elberfelder Bibel). Der Kontext macht eindeutig und unmissverständlich klar, dass Christus, das wahrhaftige Licht, in die Welt kam, und die Menschen dieser Welt haben den Sohn Gottes mehrheitlich abgelehnt: »Er kam in das Seine und die Seinen nahmen ihn nicht an« (Joh 1,11).

Willard verwendet ferner den Begriff »kosmischer Christus« (*Apologetics in Action*). Dieser Begriff wird auch von Richard Rohr und Matthew Fox verwendet, allerdings in einem nicht schriftgemäßen Sinn. Rohr unterscheidet zwischen der Person Jesus und dem Geist des Christus. Alle Menschen sind aus seiner Sicht Teil des Leibes des Christus; sie müssen diese Wahrheit nur erkennen. Matthew Fox schreibt über den »kosmischen Christus« in seinem Buch *The Coming of the Cosmic Christ*: »Was notwendig ist, damit die Mutter Erde mit ihren Kindern im 21. Jahrhundert existieren kann, ist eine spirituelle Vision, die sich im Gebet, im Leben und im Feiern der Realität des Kosmischen Christus zuwendet, der in Jesus lebt und atmet *und in allen Gotteskindern, in allen Propheten der Religionen überall, in allen Geschöpfen des Universums*« (7; Hervorhebung durch den Autor). Der »kosmische Christus« ist *kein* biblischer Begriff und im Grunde im New Age verortet. Willard, der Christus einerseits schriftgemäß definiert, ist immer wieder in die Kritik geraten, weil er andererseits auf Begriffe zurückgreift, die im traditionellen Christentum nicht gebräuchlich sind und weil er seine Lehren so formuliert, dass sie vom Leser als vage und missverständlich aufgenommen werden können. Willard sollte es besser wissen und keine Begriffe dem New Age entlehnen, die mit Inhalten gefüllt sind, die im Widerspruch zu biblischer Wahrheit stehen.

10) Lukas 5,16 – Beten in der Stille

Jesus aber hielt sich zurückgezogen an einsamen Orten auf und betete.

Als Beweis dafür, dass das kontemplative Gebet schriftgemäß sei, werden Schriftstellen wie Lukas 5,16 (oder Lk 6,12; Mt 6,6 u. a.) herangezogen. Diese Beweisführung ist allerdings mehr als kümmerlich. Da weder im Zusammenhang mit den angeführten Bibelstellen noch im Gesamtkontext der Bibel Anweisungen oder das ausdrückliche Gebot anzutreffen sind, die einen Rückschluss auf eine kontemplative Gebetsmethode zulassen, können solche Argumente getrost als nichtig gelten. Der Rückzug in die Stille oder das Kämmerlein, wo der Beter ungestört Zeit mit Gott verbringen kann, ist alles, was die Bibel berichtet. Die Vertreter der kontemplativen Bewegung gehen indes über die Schrift hinaus und lesen in diesem Zusammenhang jene Methoden in den Text hinein, die sie so gerne propagieren.

11) Römer 1,19-20 – Gott in der Schöpfung schauen: Bildmeditation

Paulus schreibt den Römern, dass die Menschen die Wahrheit durch ihre Ungerechtigkeit aufhalten, »weil das von Gott Erkennbare unter ihnen offenbar ist, denn Gott hat es ihnen offenbart – denn das Unsichtbare von ihm wird geschaut, sowohl seine ewige Kraft als auch seine Göttlichkeit, die von Erschaffung der Welt an in dem Gemachten wahrgenommen werden, damit sie ohne Entschuldigung seien« (Rö 1,19-20). Die Autoren des Buches *Türen nach innen* übersetzen den Vers aus dem Römerbrief mit den Worten: »Denn das an sich Unsichtbare wird von Ihm von Erschaffung der Welt her an seinen Werken mit dem Geistesauge geschaut ...« (126). Diese freie Übertragung erweckt den Eindruck, dass jeder Mensch nicht nur über leibliche Augen, sondern auch über ein Geistesauge und folglich über »sinnliches und geistiges Sehen« verfügt. Das Geistesauge, so die Autoren, kann durch Bildmeditation begleitet von Atemübungen und Entspannung Bilder zu »Quellen der Kraft« machen (125). Weiter argumentieren die Autoren des Buches, dass sich »im Bilde Dingliches und Geistiges mischt« (ebd.) und dass sich Mandalas besonders gut eignen für die Bildmeditation (127).

Aus biblischer Sicht müssen allerdings drei Einwände gegen eine solche Argumentation erhoben werden. Erstens, die Aussage des Paulus, dass Gott in der Schöpfung »wahrgenommen werden« kann, beinhaltet nicht einen Aufruf zur Meditation über Bilder, geschweige denn über Mandalas, die in buddhistischen und hinduistischen Riten Verwendung finden. Zweitens, der Gläubige empfängt Kraft durch Christus (1Kor 1,24; 5,4; 2Kor 12,9), durch Gott, den Vater (2Kor 6,7; Eph 1,19; 3,7; 3,16), durch den Heiligen Geist (Apg 1,8; Rö 15,13; 15,19) sowie das Wort Gottes (2Tim 3,15; Hebr 1,3; 4,12). Drittens, dass sich »im Bilde Dingliches und Geistiges« mischen, ist der Irrtum des Pantheismus. Der Pantheismus lehrt, dass Gott in allen Dingen ist und alle Dinge Gott sind. Die Bibel hingegen lehrt, dass Gott allgegenwärtig ist und dennoch kein Teil der Schöpfung. Die Vorstellung, man könne durch meditative Versenkung in Bilder in Kontakt mit dem Göttlichen treten oder gar eine göttliche Kraft freisetzen, ist im Grunde heidnisch und eindeutig nicht schriftgemäß.

12) Da die Bibel von vielen Träumen und Visionen berichtet, ist gegen das Streben nach oder Auftreten von Träumen und Visionen nichts einzuwenden.

Morton Kelsey schreibt in seinem Buch *Träume. Ihre Bedeutung für den Christen*, dass in den Büchern Samuel, Richter und Könige Träume, Visionen sowie deren Auslegung von Bedeutung sind. Dass König Saul sich kurz vor seinem Tod beklagt, dass Gott sich ihm nicht mehr durch Träume offenbart, kommentiert er mit folgenden Worten: »Für ihn ist das sehr tragisch, denn wenn er nicht mehr träumen kann, dann bleibt er wirklich ohne Wegweisung. Diese Situation ist vergleichbar mit der Lage afrikanischer und indianischer Häuptlinge, deren Stämme vom weißen Mann erobert wurden. Diese Häuptlinge berichten, dass sie keine Anweisungen mehr im Traum erhielten und dass sie ihre Seele verloren hätten« (66).

Kelsey verengt den Bericht über König Saul auf dessen Klage, dass Gott sich ihm nicht mehr durch Träume offenbart. Aber es stimmt natürlich nicht, dass Saul nur deswegen »ohne Wegweisung« blieb, weil er keine Träume mehr hatte. König Saul befand sich in einem bedauernswerten Zustand seines geistlichen Lebens, als er sich bei Gott beklagt. Er kannte Gottes Wort und das Wort des Propheten Samuel, und er konnte sich jederzeit an seinen Bundesgott wenden. Doch König Saul war weder dem Wort Gottes noch den Worten des Propheten gehorsam und wandte sich stattdessen an eine Frau mit einem Wahrsagegeist. Träume sind in der Bibel mitnichten als ein Mittel zur Führung durch Gott vorgesehen, wenngleich es einige wenige Fälle in der fast 6000-jährigen Heilsgeschichte Gottes gab, in denen Gott Träume benutzte. Charismatiker und Mystiker erheben Träume jedoch oftmals zu einem zentralen Instrument göttlicher Führung im geistlichen Wandel und messen Träumen und Visionen aller Art ein Gewicht bei, das der Bibel fremd ist.

Im Alten Testament haben Träume einen Gleichnischarakter und können nur dann recht ausgelegt werden, wenn Gott die Weisheit dazu schenkt (1Mo 40,8-23; 1Kö 3,5-15). Gott offenbart sich seinen Propheten zwar durch Träume und Visionen (4Mo 12,6) und schenkt Träume und Gesichte durch die Ausgießung des Geistes auf sein Volk Israel (Joel 3,1), aber er warnt auch davor, dass selbst Zeichen und Wunder keine Bestätigung der Worte von »Propheten und Träumern« sind, wenn diese das Volk nicht in den Gehorsam, sondern in den Götzendienst führen (5Mo 13,1-6). Der Prophet Jeremia tadelt die falschen Propheten seiner Zeit scharf für ihre falschen Träume und Weissagungen und kündigt das Gericht über sie an (Jer 23,25-29). Mit Mose, der gewissermaßen das Vorbild für den neutestamentlichen Gläubigen darstellt, redet Gott direkt und nicht durch Träume oder Visionen (4Mo 12,6-7). Anweisungen, nach Träumen oder Visionen zu streben, sind dem Alten Testament unbekannt.

Das Neue Testament erwähnt nur wenige Träume, Gesichte oder Erscheinungen (Mt 2,12; 2,13; 2,19; 2,22; Lk 1,22; Apg 16,9-10; 18,9; 23,11). Träume werden oft im Zusammenhang mit der göttlichen Heilsgeschichte erwähnt. Zacharias z. B. hatte eine Erscheinung, als ihm die Geburt Johannes des Täufers angekündigt wurde. Matthäus 2 berichtet von Träumen im Zusammenhang mit der Geburt des Erlösers. Paulus wird durch ein Gesicht nach Mazedonien gerufen, um den Menschen dort das Evangelium zu verkünden (Apg 16,9).

Die Apostelgeschichte verweist auf die Joelprophetie als Erfüllung für die Ausgießung des Heiligen Geistes (Apg 2,17). Dennoch sucht man im Neuen Testament wie im Alten Testament vergeblich nach Schriftstellen, die ein Gebot oder eine Weisung enthalten, nach Träumen oder Visionen zu streben oder bestimmte kontemplative Methoden zu praktizieren. Gesichte und Träume zur individuellen Erbauung des Gläubigen oder als Mittel, um auf eine höhere Stufe der Erkenntnis zu gelangen, sind dem Neuen Testament fremd. Judas 8 warnt sogar vor Verführern, »die ihr Fleisch mit Träumereien beflecken«.

In den Schriften der Kirchenväter der nachapostolischen Zeit liest man nur äußerst selten etwas über Träume. Das ist ein Hinweis, dass auch die Christen des 2. und 3. Jahrhunderts diesem Thema kaum Beachtung schenkten. Der griechische Philosoph und spätere Bischof von Ptolemais Synesios von Kyrene (370–412), der stark vom Neuplatonismus beeinflusst war, erarbeitete in seinem Werk *Über die Träume* ein Traumdeutungssystem. Unter den heidnischen Völkern wie Babylonien oder Griechenland existierte eine regelrechte Traumwissenschaft. Träume wurden gesammelt und analysiert. In den Schriften der Gnosis – einer Sekte, die im Widerspruch zur biblischen Lehre stand – sind Hinweise auf Träume häufig anzutreffen. Angenehme Träume bedeuteten etwas Gutes, unangenehme Träume kündigten Unheil an.

13) Die Propheten des Alten Bundes waren »Ekstatiker«.

Immer wieder begegnet man in der kontemplativen Bewegung der Argumentationsweise, dass schließlich bereits das Alte Testament ekstatische Äußerungen des Geistes Gottes unter den Propheten gekannt habe. Mit anderen Worten: Es wird behauptet, es ist der Heilige Geist, der Ekstase bewirkt. Dies sei, so die Scheinlogik, die Berechtigung dafür, moderne mystische Erfahrungen zu legitimieren. Wer sich hingegen eingehend mit den Berichten über die alttestamentlichen Propheten auseinandersetzt, wird schnell erkennen, dass eine solche Aussage nicht haltbar ist.

Der Baptist Leon J. Wood, Professor für Altes Testament, widerlegt in seinem Buch *The Prophets of Israel* (Die Propheten Israels) die oft angeführten Argumente für die »ekstatische Sichtweise«. Er kommt unter anderem zu dem Schluss: »Vertreter der ekstatischen Auffassung glauben, dass der Verlust des verstandesmäßigen Bewusstseins nicht nur erfahren, sondern auch besonders angestrebt wurde. Dafür gibt es keinen Hinweis« (96). Leon Wood war ein ausgezeichneter Kenner der hebräischen Sprache und entzaubert in seinem Buch jede Vorstellung, dass der Geist Gottes ekstatische oder mystische Erfahrungen in Israels wahren Propheten ausgelöst hat.

Auch der renommierte Professor für Altes Testament R. K. Harrison schrieb über die alttestamentlichen Propheten: Es gibt »keinen Grund zu der Annahme, dass Ekstase ein normales oder sogar das entscheidende Kennzeichen ihrer emotionalen Erlebnisse darstellt …« (*Introduction to the Old Testament*, 754). Wenn man das Wesen und den Dienst der Propheten im Alten Testament untersucht, wird sich schnell ein klares Bild ergeben. Wahres prophetisches Handeln alttestamentlicher Propheten hatte sein Zentrum in Gottes Wort und nicht etwa in ekstatischen Manifestationen des Geistes, wie R. K. Harrison treffend zusammenfasst: »Keiner der Schriftpropheten hätte eine solche Unterscheidung [zwischen göttlichem Wort und göttlichem Geist] gelten lassen, denn für sie setzte die Gegenwart des Wortes voraus, dass der göttliche Geist am Wirken war« (ebd., 752). Es bedurfte keiner besonderen mystisch-ekstatischen Erlebnisse, um die Präsenz des Geistes Gottes unter Beweis zu stellen. Die Präsenz des Wortes war genug. Der norwegische Alttestamentler Sigmund Mowinckel führt aus, dass die Gruppe der Ekstatiker die falschen Propheten und die Nicht-Ekstatiker die wahren Propheten verkörperten. Paulus hatte nicht umsonst auf Schriften des Alten Bundes hingewiesen, die neutestamentlichen Gläubigen als Vorbild in ihrem geistlichen Wandel dienen sollen, um sie vor den gleichen Irrtümern des alttestamentlichen Gottesvolkes zu bewahren (1Kor 10,11-13).

14) Petrus, der »Ekstatiker«: Vorbild für moderne »Ekstatiker«?

Ekstatische Erfahrungen wie die »Verzückung« (*griech.* εκστασις; *ek-stasis*, Außer-sich-sein) des Petrus (Apg 10,10) werden gerne angeführt, um mystisch-ekstatische Erfahrungen des modernen Gläubigen gutzuheißen. Robert L. Alden hat in seinem Artikel *Ecstasy and the Prophets* gezeigt, dass die Septuaginta (griechische Übersetzung des hebräischen Alten Testaments) das griechische Wort *ekstasis* 27 Mal für 11 verschiedene hebräische Worte verwendet. Alden kommt zu dem Schluss: »Es gibt nicht eine einzige einleuchtende Darstellung eines Propheten Jahwes, der in Ekstase gerät« (*Ecstasy and the Prophets*, 155). Ekstase ist demnach kein Aushängeschild besonderer Geistlichkeit, sondern im Gegenteil eher ein Etikett für seelisch-fleischliches Gebaren. Und auch dem Neuen Testament ist Ekstase als legitimer Weg praktischer Frömmigkeit fremd und begegnet dem Leser nur in wenigen Ausnahmen zumeist in einem besonderen heilsgeschichtlichen Kontext – Petrus sieht in seiner »Ekstase«, dass Gott nichts für unrein erklärt und folglich auch die Heiden in das neue Gottesvolk integriert.

Wer ekstatische Erfahrungen biblisch begründen will, muss Schriftstellen aus der Bibel, vor allem aus dem Neuen Testament, anführen können, um seinen Standpunkt zu stützen. Verse der Schrift zusammenzustellen, ohne ihren wahren inhaltlichen Gehalt sowie ihren Kontext zu beachten, um diese Schriftstellen irgendwie in das eigene mystische Konzept einzubauen, ist wenig überzeugend. Die Bibel kennt keine mystische Theologie. Auch die Reformatoren haben sich von Schwärmern und Mystikern ihrer Zeit distanziert und deren Lehre und Handeln im Licht der Schrift enttarnt.

15) Christus in dir – der direkte und ungehinderte Zugang zu Gott?

Schriftstellen wie: »Ihnen wollte Gott bekanntmachen, was der Reichtum der Herrlichkeit dieses Geheimnisses unter den Heiden ist, nämlich: *Christus in euch*, die Hoffnung der Herrlichkeit« (Kol 1,27), oder: »Ich bin mit Christus gekreuzigt; und nicht mehr lebe ich, sondern *Christus lebt in mir*« (Gal 2,20) werden von christlichen Mystikern als Belegstellen dafür instrumentalisiert, dass ein direkter und ungehinderter Zugang zu Gott möglich sei bzw. Gott nicht außerhalb von uns, sondern in unserem Inneren zu suchen sei. Grenzüberschreitungen zu einem mystisch-christlichen Universalismus sind hierbei schnell vollzogen.

Ein Beachten des Zusammenhangs dieser Schriftstellen macht jedoch schnell deutlich, dass hier keinesfalls gemeint ist, an einen Gott im eigenen Inneren zu glauben oder dass Jesus substantiell in uns wohnt. In Galater 2 geht es darum, dass wir in uns selbst nichts vorweisen können, was vor Gott zählt, sondern der Gläubige sich als sündig und ungerecht selbst verurteilt und als gekreuzigt ansieht (Vers 19). Sein Streben soll eben nicht sein, sich selbst zu verwirklichen, sondern Christus zu verwirklichen – sein Leben also dem Zweck zu widmen, Gott durch Christus zu dienen. Antrieb und Motivation dazu kommen nicht von einem Blick nach Innen, sondern durch den Blick auf den historischen Herrn Jesus, »der mich [am Kreuz] geliebt und sich für mich hingegeben hat« (Vers 20).

In Kolosser 1 geht es um die Verkündigung des Wortes Gottes und des Evangeliums »*unter* den Nationen« (Vers 27). Dieses Wort *unter*, griechisch *en*, ist dasselbe wie im nachfolgenden Satzteil »Christus *in* bzw. *unter* euch«. Die Hoffnung der Herrlichkeit ist die umwandelnde Kraft des Evangeliums Jesu Christi. Wenn

»das Wort des Christus reichlich in/unter euch wohnt« (3,16), dann werden die Gläubigen an das Ziel der Herrlichkeit gelangen.

George Fox (1624–1691), Gründer der Quäker, war viele Jahre niedergedrückt aufgrund menschlichen Leids und aufgrund der Lehre der Prädestination, wie sie von den Kanzeln der Puritaner verkündet wurde. »In seinem Wesen war er ein Mystiker, der nach einem direkten und ungehinderten Zugang zu Gott strebte … Schließlich (im Jahre 1647) brach das Licht durch. Er hatte das Empfinden, dass Christus in seine ›innere Verfassung‹ hineinsprach … Er glaubte, dass Gott Liebe und Wahrheit ist und dass es allen Menschen möglich ist, Ihm ihr Leben zu öffnen … Fox würde von nun an dem ›inneren Licht‹ [Christus in ihm] folgen und andere darin unterweisen« (*A History of Christianity*, Vol. II, 822). Fox war als christlicher Universalist der Überzeugung, alle Menschen, sogar jene aus anderen Religionen, könnten ihrem »inneren Licht«, »Christus in ihnen«, folgen.

Rosemary Ellen Guiley schreibt in ihrem Buch *Harper's Encyclopedia of Mystical & Paranormal Experience* über die Lehre des »inneren Lichts« von George Fox: »Glaube basiert ausschließlich auf der Erkenntnis Christi als lebendige, persönliche Realität aus eigener Erfahrung, nicht aufgrund von Logik oder Verstandesdenken, nicht aufgrund historischer Berichte, nicht einmal aufgrund der Schrift. Dieser empirische [erfahrungsgemäße] Beweis wurde als der Weg der Quäker bekannt: die Vorstellung, dass die Gläubigen weder Prediger noch die Bibel brauchen, um Erkenntnisse des Heiligen Geistes zu empfangen – sondern das sogenannte ›innere Licht Christi‹, das in jedem menschlichen Herzen wohnt« (556).

Diese Schöpfung ist seit dem Sündenfall fern von Gottes Licht und Herrlichkeit der totalen Finsternis verfallen. Der Verstand des Menschen ist verfinstert und sein Herz verhärtet, trügerisch und bösartig (Eph 4,18; Jer 17,9). » Sie sind alle abgewichen, sie taugen alle zusammen nichts; da ist keiner, der Gutes tut, da ist auch nicht einer!« (Röm 3,12), so das Urteil des Apostels Paulus. Gott musste seinen Sohn in diese Finsternis senden, um den Menschen das Licht des Heils zu bringen. »In ihm war das Leben, und das Leben war das Licht der Menschen« (Jo 1,4). Doch Christus, das Licht der

Menschen, erleuchtete bei seinem Kommen die Finsternis *nicht*, wie christliche Mystiker uns glauben machen wollen. Im Gegenteil: »… und das Licht leuchtet in der Finsternis, und die Finsternis hat es *nicht* begriffen« (Joh 1,5). Allein die Wiedergeburt und Erfüllung mit dem Heiligen Geist bringen Gottes Licht in das finstere Menschenherz (1Petr 2,9; 1Jo 1,7; Joh 12,46; Kol 1,12; 1Thes 5,5; 2Kor 4,4). Diese beiden Heilswege – der mystische, der das »Licht« im Inneren des Herzens sucht, und der biblische, der sich durch Gottes Geist von der eigenen Sünde und Finsternis überführen lässt und aus Gnade in Gottes wahres Licht gestellt wird – stehen in völligem Widerspruch zueinander. Der Weg der Mystik macht Erfahrungen zum höchsten Maßstab. Der Weg wahrer Nachfolge, den die Bibel aufzeigt, orientiert sich alleine an Gottes höchster und endgültiger Offenbarung, an der Heiligen Schrift. Innere Erleuchtungserfahrungen zu suchen, ist dem wahren Jünger Jesu fremd. Auf die Warnung unseres Herrn gilt es in diesem Zusammenhang besonders zu hören: »Wenn nun das Licht in dir Finsternis ist, wie groß wird dann die Finsternis sein!« (Matthäus 6,23).

ANHANG

Liste kontemplativ geprägter Autoren

Der US-amerikanische apologetische Dienst *Lighthouse Trails* hat als Frucht seiner 10-jährigen Beobachtungen der evangelikalen Bewegung eine Liste von Autoren und Organisationen zusammengestellt, die entweder das kontemplative Gebet ausdrücklich lehren oder regelmäßig Vertreter der kontemplativen Bewegung empfehlen. Einige der angeführten Personen sind nicht dem evangelikalen Lager zuzurechnen, sondern kommen aus der katholischen Kirche oder dem New Age. Diese Namen werden angeführt, weil sie von evangelikalen bzw. protestantischen Leitern und Autoren empfohlen werden. Von allen Autoren bzw. Organisationen, die mit * gekennzeichnet sind, liegen Veröffentlichungen in deutscher Sprache vor. Sofern Titel dieser Autoren von evangelikalen Verlagen herausgegeben oder im evangelikalen Buchhandel vertrieben werden, ist dies in Klammern angeführt. Die Liste ist natürlich unvollständig, man denke z. B. an die aktuelle Bestseller-Autorin → Sarah Young, deren drei Titel bei Gerth Medien erschienen sind. Dies verdeutlicht, dass der christliche und evangelikale deutsche Büchermarkt nicht unerheblich von mystischem Gedankengut beeinflusst ist.

1. Adele Ahlberg Calhoun
2. Agnes Sanford*
3. Alan Jones
4. Anne Lamott*
5. Anthony de Mello*
6. Basil Pennington
7. Beatrice Bruteau
8. Bernhard von Clairvaux* (Spruchkarte bei Kawohl)

9. Beth Moore* (1 Titel bei Gerth Medien)
10. Brennan Manning* (2 Titel bei Gerth Medien, 1 bei Brunnen Verlag)
11. Brian McLaren* (1 Titel bei Gerth Medien, 1 bei Francke, 1 bei Neukirchener /Aussaat)
12. Bruder Lorenz* (2 Titel bei Neufeld Verlag, 1 bei Leuchter Edition)
13. Calvin Miller* (1 Titel bei SCM R. Brockhaus)
14. Carl McColman
15. Chuck Smith, Jr.
16. Dallas Willard* (1 Titel bei Gerth Medien, 1 bei Neufeld Verlag, 1 bei Projektion J, 1 Titel bei SCM Hänssler, 1 Titel bei SCM R. Brockhaus, 1 bei Brunnen)
17. Daniel Goleman*
18. Dan Kimball* (1 Titel bei Gerth Medien)
19. David Benner
20. David Crowder* (zahlreiche Musiktitel im evangelikalen Buchhandel)
21. David Steindl-Rast*
22. Die Wüstenväter* (Herausgegeben von Anselm Grün, über SCM ICMedienhaus im evangelikalen Buchhandel)
23. Doug Pagitt*
24. Emilie Griffin*
25. Eugene Peterson* (4 Titel bei Brunnen Verlag, 1 bei SCM R. Brockhaus, div. bei Send the Light)
26. Evelyn Underhill*
27. Gary Thomas* (1 Titel bei Neufeld Verlag, 8 bei SCM R. Brockhaus,)
28. Gerald May*
29. Gerald Sittser* (1 Titel bei Brunnen Verlag)
30. Henri Nouwen* (zahlreiche Titel auf Deutsch, Vertrieb an den evangelikalen Buchhandel u.a. über SCM ICMedienhaus)
31. Hildegard von Bingen*
32. Ignatius von Loyola*
33. James Goll* (1 Titel bei Grain Press)

34. Jan Johnson*
35. Jean-Nicholas Gru*
36. John Michael Talbot* (zahlreiche Musiktitel im evangelikalen Buchhandel)
37. Johannes vom Kreuz*
38. John Ortberg* (zahlreiche Titel bei Gerth Medien, Projektion J, SCM Hänssler und SCM R. Brockhaus)
39. Jonathan Wilson-Hartgrove*
40. J. P. Moreland*
41. Juliana von Norwich*
42. Karl Rahner* (kath. Verlage, Teils u.a. über SCM ICMedienhaus im evangelikalen Buchhandel)
43. Keith Drury
44. Ken Blanchard* (2 Titel bei Projektion J, 1 bei Neufeld Verlag, 1 bei Brunnen Verlag)
45. Ken Boa*
46. Keri Wyatt Kent
47. Kurt Bjorklund
48. Kyle Strobel
49. Larry Crabb* (2 Titel bei Brunnen Verlag, 1 bei GloryWorld-Medien)
50. Laurie Beth Jones* (1 Titel bei SCM R. Brockhaus, 1 bei Campus für Christus)
51. Leighton Ford* (1 Titel bei SCM Hänssler)
52. Leonard Sweet* (1 Titel bei GloryWorld-Medien)
53. Liz Babbs* (2 Musiktitel bei GerthMedien)
54. Madame Guyon*
55. Maggie & Duffy Robbins
56. Marcus Borg*
57. Marjorie Thompson*
58. Mark Driscoll* (2 Titel bei Pulsmedien)
59. Mark Virkler* (3 Titel bei Healingrooms)
60. Mark Yaconelli
61. Max Lucado* (zahlreiche Titel bei den SCM-Verlagen, Gerth Medien, Francke, Brunnen u.a.)
62. Meister Eckhart*

63. Michael Card* (zahlreiche Musiktitel im evangelikalen Buchhandel)
64. Mike Bickle* (8 Titel bei Asaph, 3 bei Inspired Media)
65. Mindy Caliguire
66. Morton Kelsey*
67. Pete Greig* (1 Titel bei SCM R. Brockhaus)
68. Peter Scazzero* (5 Titel bei Brunnen Verlag, 1 bei Francke)
69. Peter Senge*
70. Philip St. Romain
71. Philip Yancey* (12 Titel bei SCM-Verlagen, 1 bei Brunnen)
72. Phyllis Tickle
73. Pierre Teilhard de Chardin*
74. Papst Benedikt XVI* (kath. Verlage, Teils u.a. über SCM IC-Medienhaus im evangelikalen Buchhandel)
75. Richard Foster* (16 Titel bei SCM-Verlagen, 1 bei Neukirchener/Aussat)
76. Richard Peace
77. Richard Rohr* (kath. Verlage, Teils u.a. über SCM ICMedienhaus im evangelikalen Buchhandel)
78. Richard Rolle*
79. Rick Warren* (16 Titel bei Gerth Medien, 3 bei Projektion J)
80. Rob Bell* (5 Titel bei Brunnen, 5 Video/DVD bei Gerth Medien)
81. Robert Webber
82. Ruth Haley Barton* (1 Titel bei Gerth Medien)
83. Hl. Antonius*
84. Katharina von Siena* (1 Titel über K. von Siena bei Brunnen Verlag)
85. Ignatius von Loyola*
86. Johannes vom Kreuz*
87. Teresa von Avila* (Spruchkarte bei Kawohl)
88. Sue Monk Kidd*
89. Die Wolke des Nichtwissens – anonymer Mönch*
90. Thomas von Aquin*
91. Thomas Keating*
92. Thomas Merton*

93. Tilden Edwards
94. Todd Bentley* (1 Titel bei Adullam, 1 Titel Aufbruch)
95. Tony Campolo* (1 Titel bei Gerth Medien, 1 bei Cap Music)
96. Tony Jones
97. Tricia Rhodes* (1 Titel bei SCM R. Brockhaus)
98. William Paul Young* (1 Titel bei Gerth Medien, weitere über SCM ICMedienhaus im evangelikalen Buchhandel)
99. William Shannon
100. Willow Creek Association*

Die Liste stammt aus: *Lighthouse Trails* Newsletter, 17. Januar 2012.

BIBLIOGRAPHIE UND QUELLEN

Alden, Robert L.: *Ecstasy and the Prophets*. In: *Bulletin of the Evangelical Society*, Sommer, 1966, S. 149-156.

Antholzer, Roland: *Biblisch-therapeutische Seelsorge, Versuch einer Bewertung aus biblischer Sicht*, Teil 1, 1998. Artikel von R. Antholzer unter: URL: http://www.bibelbund.de in der Rubrik: Verzeichnis/Recherche → Gemeinde und Mission.

Bell, Rob: *Das letzte Wort hat die Liebe*, Brunnen Verlag, Gießen, 2011.

Bell, Rob: *Love Wins*, Kindle Edition, 2011.

Bell, Rob: *Velvet Elvis: Repainting the Christian Faith*, Zondervan, Grand Rapids, Michigan, 2005.

Benedikt XVI: *Pseudodionysius Aeropagita*. Rede bei der Generalaudienz vom 14. Mai 2008. URL: http://www.vatican.va/holy_father/benedict_xvi/audiences/2008/documents/hf_ben-xvi_aud_20080514_ge.html.

Benker, Günter: *Die »Dunkle Nacht« der Ganzwerdung – C. G. Jung und der Mystiker Johannes vom Kreuz*. URL: http://www.ocarm.org/books/sites/default/files/Joh%20v.%20Kreuz-C.G.Jung_.pdf.

Bickle, Mike: *Wonach wir uns sehnen: Wie Gott die tiefsten Bedürfnisse unseres Herzens stillt*, Inspired Media, Steinhausen, Schweiz, 2007.

Bittlinger, Arnold: *Papst und Pfingstler: Der römisch katholisch-pfingstliche Dialog und seine ökumenische Relevanz*, Internationaler Verlag der Wissenschaften Peter Lang, Bern/Frankfurt, 1978.

Bleistein, Roman & Lubkoll, Hans-Georg & Pfützner, Robert (Hrsg.): *Türen nach innen – Wege zur Meditation*, Deutscher Bücherbund Stuttgart, 1974.

Boa, Kenneth: *Conformed to His Image – Biblical and Practical Approaches to Spiritual Formation*, Zondervan, Grand Rapids, Michigan, 2001.

Borg, Marcus J.: *Reading the Bible Again for the First Time: Taking the Bible Seriously but Not Literally,* HarperOne, New York, 2001.

Brudereck, Christina: *Gebet des Meisters*. URL: http://www.tensingland.de/uploads/media/Gebet_des_Meisters.pdf.

Bühne, Wolfgang: *Die wichtigsten und aktuellsten Verführungen der Kirche*. URL: http://www.glaube-aktiv.de/index.php?option=com_content&view=article&id=308:die-wichtig.

Bühne, Wolfgang: *Wer hat das letzte Wort? Alte Irrlehren postmodern aufgemöbelt*. In: *Fest und Treu*, 2/2011, S. 13-16.

Brenscheidt, Thorsten: *Wer ist »dieser« Jesus bei Sarah Young? Eine notwendige Prüfung*. URL: http://www.brenscheidt.eu/brenscheidt-young.pdf

Caddock, John: *What is Contemplative Spirituality and Why is it Dangerous?* In: *Journal of the Grace Evangelical Society*, Volume 10:19, Herbst 1997. URL: http://www.faithalone.org/journal/1997ii/Caddock.html.

Campolo, Tony: *A Reasonable Faith – The Case for Christianity in a Secular World*, Word Publishing, Milton Keynes, England, 1986.

Campolo, Tony: *On Evangelicals and Interfaith Cooperation – An Interview with Tony Campolo by Shane Claiborne*, Cross Currents, 2005. URL: http://www.crosscurrents.org/CompoloSpring2005.htm.

Campolo, Tony: *Speaking My Mind: The Radical Evangelical Prophet Tackles the Tough Issues Christians Are Afraid to Face*, Word Publishing, Nashville, 2004.

Chardin, Pierre Teilhard de: *Christianity and Evolution*, Harcourt Brace Jovanovich, New York, 1971.

Crowder, John: *Miracle Workers, Reformers, and the New Mystics*, Destiny Image, Shippensburg, 2006.

Crowder, John: *Mystical Union*, Sons of Thunder Ministries Publication, Santa Cruz, California, 2010.

Crowder, John: *Mystische Einheit Es wurde zusammengeführt, was ewig zusammengehört*. Wohlkunde Verlag, Nürnberg, 2012.

Dallas Theological Seminary, *Recommended Books by Faculty*, 1. März 2012. URL: http://www.dts.edu/read/recommended-books-by-dts-faculty-spring-2012/.

De Mello, Anthony: *Sadhana: A Way to God*, Image, New York, 1984.

Denzler, Georg & Andresen, Carl: dtv-Wörterbuch der Kirchengeschichte, Deutscher Taschenbuch Verlag, München, 1982.

DeWaay, Bob: Mike Bickle and International House of Prayer – The Latter Rain Redivivus. URL: http://cicministry.org/commentary/issue107.pdf.

DeWaay, Bob: *Romantic Panentheism: A Review of »One Thousand Gifts« by Ann Voskamp*. URL: http://www.cicministry.org/commentary/issue120.pdf.

Dinzelbacher, Peter: Christliche Mystik im Abendland, Ferdinand Schöningh, Paderborn, 1994.

Dinzelbacher, Peter: Wörterbuch der Mystik, Alfred Kröner Verlag Stuttgart, 1998.

Dufek, Dan: *Book Review: »The Life You‹ve Always Wanted« by John Ortberg*. URL: http://www.lighthousetrailsresearch.com/Ortberg%20book%20review%20%283%29.pdf.

Eberlein, Karl: *Christsein im Pluralismus – Ein Orientierungsversuch in der religiösen Gegenwart*, LIT Verlag, Berlin, 2006.

Ebertshäuser, Rudolf: *Was Hans Peter Royer bewegt*, Januar 2011. URL: http://www.das-wort-der-wahrheit.de/news/newsdrucken.php?nid=20.

Edwards, Tilen: *The Spiritual Friend – Reclaiming the Gift of Spiritual Direction*, Paulist Press, New Jersey, 1980.

Eggers, Ulrich: Kurzbeschreibung des Buches *Du schenkst mir Flügel* von Henri Nouwen & Timothy Jones. URL: http://www.buch.ch/shop/home/artikeldetails/du_schenkst_mir_fluegel/henri_j_m_nouwen/ISBN3-7462-1540- 4/ID2825310.html.

Eisinger, Thomas: *Theologische Ausbildungsstätten und ihr Beitrag zur Persönlichkeitsentwicklung ihrer Studierenden mit Blick auf Mission*. Doktorarbeit 2007. URL: http://uir.unisa.ac.za/bitstream/handle/10500/2555/thesis.pdf?sequence=1.

Feldenkrais, Moshé: *Der Weg zum reifen Selbst – Phänomene menschlichen Verhaltens*, Junfermannsche Verlagsbuchhandlung, Paderborn, 2008.

Ford, Michael: *Wounded Prophet – A Portrait of Henri J. M. Nouwen*, Dartman, Longman and Todd, London, 1999.

Foster, Richard: *Nachfolge feiern*, SCM Brockhaus, Witten, 2010.

Foster, Richard: *Prayer: Finding the Heart's True Home*, HarperCollins, New York, 1992.

Foster, Richard (Hrsg.): *The Renovaré Spiritual Formation Bible*, Harper, San Francisco, 2006.

Fox, Matthew: *One Truth, Many Paths*. In: *Yoga Journal*, ohne Datum. URL: http://www.yogajournal.com/lifestyle/1165.

Fox, Matthew: *The Coming of the Cosmic Christ*, HarperCollins, New York, 1988.

Fuller Theological Seminary, News: *Lauren Winner, Tony Jones and Phyllis Tickle Discuss Emergence Spirituality*. Die DVD des Gesprächs liegt dem Autor vor. Druckversion unter URL: http://www.fuller.edu/printable.aspx?id=2147487343.

Gary, Thomas: *Sacred Pathways: Discover Your Soul's Path to God*, Zondervan, Grand Rapids, Michigan, 2000.

Graf, Friedrich Wilhelm: *Kirchendämmerung – Wie die Kirchen unser Vertrauen verspielen*, C. H. Beck, München, 2011.

Grün, Anselm: *Wenn ich in Gott hineinhorche*, Matthias Grünewald Verlag, Mainz, 2. Auflage 1997.

Grün, Anselm & Reepen, Michael: Gebetsgebärden, Vier-Türme-Verlag, Münsterschwarzach, 2002.

Guiley, Rosemary Ellen: *Harper's Encyclopedia of Mystical & Paranormal Experience*, Harper, San Francisco, 1991.

Härle, Wilfried & Wagner Harald: Theologenlexikon – Von den Kirchenvätern bis zur Gegenwart, Beck, München, 1987.

Harrison, Ronald Kenneth: *Introduction to the Old Testament*, William B. Eerdmans Publishing Company, Grand Rapids, Michigan, USA, 1988.

Heim, Karl: Das Wesen des evangelischen Christentums, Quelle & Mener, Leipzig, 1926.

Henry, Gray & Marriott, Susannah: Perlen des Glaubens, Heinrich Hugendubel Verlag, Kreuzlingen/München, 2003.

Hohmuth, Jürgen & Reschika, Richard: *Inseln für die Seele: Die Mystik der Labyrinthe*, Gütersloher Verlagshaus, Gütersloh, 2010.

Holzhauer, Rudi: Verführungsprinzipien, IACB Verlag, Wuppertal, 2012.

Jäger, Willigis (Hrsg.): *Wolke des Nichtwissens und Brief persönlicher Führung: Der Klassiker der Kontemplation*, Kreuz Verlag, Freiburg, 2011.

Jentoft, Kay: *Mike Bickle's Gigolo Jesus – IHOP's Bridal Paradigm*. URL: http://herescope.blogspot.de/2008/05/mike-bickles-gigolo-jesus.html.

Johnston, William: *The Inner Eye of Love: Mysticism and Religion*, Fordham University Press, New York, 1997.

Johnston, William: *The path from hate to love*. In: *The Tablet*, 5. Januar 2002. URL: http://www.thetablet.co.uk/article/4659.

Jonas, Robert A.: *The Essential Henri Nouwen*, Shambhala, London, 2009.

Jones, Alan: Reimagining Christianity, Hoboken, John Wiley and Sons, Hoboken, New Jersey, 2005.

Jones, Tony: *The New Christians: Dispatches from the Emergent Frontier*, Jossey-Bass, San Francisco, 2008.

Jones, Tony: *The Sacred Way: Spiritual Practices for Everyday Life*, Zondervan, Grand Rapids, Michigan, 2005.

Keating, Thomas: *Open Mind, Open Heart: The Contemplative Dimension of the Gospel*, The Continuum International Publishing, New York, 2006.

Keating, Thomas: *The Heart of the World: A Spiritual Catechism: An Introduction to Contemplative Christianity*, Crossroad Publishing Company, New York, 2008.

Kelsey, Morton: *The Other Side of Silence: A Guide to Christian Meditation*, SPCK, London, 1977.

Kelsey, Morton: *Transcend: A Guide to the Spiritual Quest*, Element Books, Salisbury, 1991.

Kelsey, Morton: *Träume. Ihre Bedeutung für den Christen*, Ernst Franz Verlag, Metzingen, 1982.

Kirby, Richard: *The Mission of Mysticism*, SPCK Publishing, London, 1979.

Kjos, Berit: *Mysticism and Global Mind Change*, September 2007. URL: http://www.crossroad.to/articles2/007/global-mind-1.htm.

Knox, Roland A.: *Christliches Schwärmertum – Ein Beitrag zur Religionsgeschichte*, Jakob Hegner Verlag, Köln Olten, 1957.

Kreeft, Peter: *Ecumenical Jihad*, Ignatius Press, San Francisco, 1996.

Kuberski, Jürgen: *Yoga bald überall*. In: *Ethos* 10/2011, S.23.

Kunz, Stefan: *»Ihr seid meine Freunde!« Von der Freundschaft mit Gott*, Brunnen Verlag, Gießen, 1997.

LaNoue, Deirdre: *The Spiritual Legacy of Henry Nouwen*, Continuum, New York/London, 2001.

Latourette, Kenneth Scott: *A History of Christianity Volume II*, Harper, San Francisco, 1975.

Leppin, Volker: *Die christliche Mystik*, C. H. Beck, München, 2007.

Lighthouse Trails, *No Repentance from Willow Creek – Only a Mystical Paradigm Shift*, 13. November 2007. URL: http://www.lighthousetrailsresearch.com/blog/?p=2342.

Lindner, Christian: *Anselm Grün: »Homosexualität ist keine Sünde.«* In: *cafebabel.com – Das Europamagazin*. 10.12.2008. URL: http://www.cafebabel.de/article/2598/anselm-grun-die-kunst-des-weiten-herzens.html.

Lloyd-Jones, Martyn: *Fellowship With God*, Crossway Books, Wheaton, Illinois, 1993.

Luther, Martin: *Tischreden*, Philipp Reclam, Stuttgart, 1981.

Luther, Martin: *Von der Babylonischen Gefangenschaft der Kirche*, Weimarer Ausgabe 6, 562,8-14.

Maleachi-Kreis (Hrsg.), *Gefährliche Stille – Wie die Mystik die Evangelikalen erobern will*, CLV, Bielefeld, 2010.

Malessa, Andreas: *Hektiker, Verdränger und Workaholic – Biografie entzaubert niederländischen Katholiken Henri Nouwen*. Rezension zu Christian Feldmann, *Henri Nouwen. Glaube heißt Sehnsucht*. URL: http://www.dradio.de/dkultur/sendungen/kritik/544876/.

Manning, Brennan: *Abba's Child: The Cry of the Heart for Intimate Belonging*, NavPress, Colorado Springs, 2002.

Manning, Brennan: *The Signature of Jesus: The Call to a Life Marked by Holy Passion and Relentless Faith*, Multnomah Books, Colorado Springs, 1996.

McColman, Carl: *The Big Book of Christian Mysticism – The Essential Guide to Contemplative Spirituality*, Hampton Roads Publishing Company, Charlottesville, 2010.

McLaren, Brian: *A New Kind of Christian: A Tale of Two friends on a Spiritual Journey*, Jossey-Bass A Wiley Imprint, San Francisco, 2001.

McLaren, Brian: *A New Kind of Christianity: Ten Questions That Are Transforming the Faith*, Harper Collins, New York, 2010.

McLaren, Brian: *Naked Spirituality: A Life with God in 12 Simple Words*, Harper Collins, New York, 2012.

Merton, Thomas: *Contemplative Prayer*, The Merton Legacy Trust, 1969; Garden City, NY: Image Books Edition, Division of Doubleday & Company, Inc., 1971

Merton, Thomas: *New Seeds of Contemplation*, Abbey of Gethsemani, Inc., Kentucky, 1961.

Merton, Thomas: *The Asian Journals*, New Directions Publishing Corporation, New York, 1975.

Merton, Thomas: *The Hidden Ground of Love*, Harcourt, San Diego, 1993.

Michaels, Axel: *Die Kunst des einfachen Lebens: Eine Kulturgeschichte der Askese*, C. H. Beck, München, 2007.

Montenegro, Marcia: *Contemplative Prayer: Is It Really Prayer?* In: *Midwest Christian Outreach Journal*, Vol.11, No 1, 2005.

Mouw, Richard: *We have sinned against you. A leading evangelical speaks at the Mormon Tabernacle and says evangelicals have spread lies about LDS beliefs.* In: *BeliefNet*, November 2004. URL: http://www.beliefnet.com/Faiths/Christianity/2004/11/We-Have-Sinned-Against-You.aspx?p=1.

Nestvogel, Wolfgang: *Evangelikale Zeitschrift »Aufatmen« wirbt für katholischen Mystiker.* In: *Informationsbrief der Bekenntnisbewegung »Kein anderes Evangelium«* Nr. 201, August 2000, S. 25 f.

Nouwen, Henri J. M.: *Leben hier und jetzt*, Herder, Freiburg, 2000.

Nouwen, Henri J. M.: *Our Greatest Gift: A Meditation on Dying and Caring*, Harper Collins, New York, 1994.

Nouwen, Henri J. M.: *Unser Heiliges Zentrum finden*, Vier-Türme-Verlag, Münsterschwarzach, 2008.

NurrieStearns, Mary: *Transforming Suffering – An Interview with Basil Pennington*, 1991. URL: http://www.personaltransformation.com/Pennington.html.

Oppenheimer, Mike: *Ken Blanchard: Leading like Jesus or being Managed by Other Forces?* URL: http://www.letusreason.org/Popteac33.htm

Oppenheimer, Mike: *Tony Campolo.* URL: http://www.letusreason.org/popteac27.htm.

Pagitt, Doug: *Body Prayer: The Posture of Intimacy with God*, Water Book Press, Colorado Springs, 2005.

Peck, M. Scott: *Further Along The Road Less Travelled*, Simon & Schuster Audio, 1992.

Pennington, M. Basil: *Centered Living: The Way of Centering Prayer*, ImageBooks/Doubleday, New York, 1988.

Pennington, M. Basil: *Finding Grace at the Center: The Beginning of Centering Prayer*, Skylight Paths Publishing, Woodstock, 2002.

Powlison, David: *Integration or Inundation?* In: M. Horton (Hrsg.), *Power Religion*, Moody Press, Chicago, 1992.

Reissig, Courtney: *Review: Brian Mclaren, Naked Spirituality.* URL: http://thegospelcoalition.org/book-reviews/review/naked_spirituality/.

Rhodes, Tricia: *The Soul at Rest: A Journey into Contemplative Prayer*, Bethany House Publishers, Minneapolis, 1996.

Riehle, Wolfgang: *Die Wolke des Nichtwissens*, Johannes Verlag, Einsiedeln, Freiburg, 2011.

Rohr, Richard: *The Naked Now: Learning to See as the Mystics See*, Crossroad Publishing, New York, 2009.

Rust, Heinrich Christian: *Geist Gottes – Quelle des Lebens: Grundlagen einer missionalen Pneumatologie*, Neufeld Verlag, Schwarzenfeld, 2013.

Schlatter, Adolf: *Die Kirche der Griechen im Urteil des Paulus: Eine Auslegung seiner Briefe an Timotheus und Titus, Calwer Verlag*, Stuttgart, 1983.

Schmid, Eugen: *Krumme Wurzeln – Die Theologie von Anselm Grün*. MBS Texte 150/7. Jahrgang, 2010.

Schneider, Carl: *Geistesgeschichte der christlichen Antike*, C. H. Beck, München, 1970.

Seibel, Alexander: *Wer ist Anselm Grün?* URL: http://www.alexanderseibel.de/wer_ist_anselm_gruen.htm.

Seminarhaus Shanti, *Gemeinschaftsbildendes Seminar nach Scott Peck*, 20.-22. April 2012. URL: http://www.yoga-vidya.de/seminarhaus-shanti/veranstaltungen/kalender-2012/gemeinschaftsbildung.html.

Shannon, William: *Silence on Fire*, The Crossroad Publishing, New York, 1991.

Silva, Ken: *Ravi Zacharias International Ministries continues asserting Henri Nouwen a great Christian saint*. 30. Dezember 2008. URL: http://apprising.org/2008/12/30/ravi-zacharias-international-ministries-continues-asserting-henri-nouwen-a-great-christian-saint/.

Souvignier, Britta: *Die Würde des Leibes – Heil und Heilung bei Teresa von Avila*, Böhlau Verlag, Köln, 2001.

Spangler, David: *Reflections on the Christ,* Findhorn Foundation, 1978.

Stone, Justin F.: *What is Meditation? An Introduction to Meditation Techniques*, Square One Publishers, New York, 2002.

Störmer-Caysa, Uta: *Einführung in die mittelalterliche Mystik*, Philipp Reclam, Stuttgart, 2004.

Sweet, Leonard: *A Response to Recent Misunderstandings*, ohne Datum. URL: http://www.leonardsweet.com/response.php.

Sweet, Leonard: *I Am A Follower*, Thomas Nelson, Nashville, 2012.

Sweet, Leonard: *Postmodern Pilgrims: First Century Passion for the 21st Century Church*, Broadman & Holman, Nashville, 2000.

Sweet, Leonard: *Quantum Spirituality: A Postmodern Apologetic*, Whaleprints for SpiritVenture Ministries, Dayton, OH, 1991.

Tapscott, Betty: *Der Dienst der inneren Heilung – Perspektiven für die Praxis*, Mainz-Kastel, 1991.

Teasdale, Wayne: *A Monk in the World: Cultivating a Spiritual Life*, New World Library, Novato, California 2002.

Tennant, Agnieszka: *A Shrink Gets Stretched – Why psychologist Larry Crabb believes spiritual direction should replace therapy*. In: *Christianity Today*, 5. Mai 2003. URL: http://www.christianitytoday.com/ct/2003/may/7.52.html.

Thompson, Marjorie: *Soul Feast: An Invitation to the Christian Spiritual Life*, Westminster John Knox Press, Louisville, Kentucky, 1995.

Underhill, Evelyn: *Mysticism: A Study in the Nature and Development of Spiritual Consciousness*, Dover Publications, New York, 2002.

Utsch, Michael: *Zur Deutungsvielfalt des Enneagramms.* In: EZW, Materialdienst 9/2006.

Vande Bunte, Matt: ›*Love Wins*‹ *raised hell for Rob Bell at Mars Hill, The New Yorker says.* URL: http://www.mlive.com/news/grand-rapids/index. ssf/2012/11/love_wins_raised_hell_for_rob.html.

Voskamp, Ann: *One Thousand Gifts: A Dare to Live Fully Right Where You Are*, Zondervan, Grand Rapids, Michigan, 2010.

Warren, Rick: *Kirche mit Vision*, Projektion J, Asslar, 1998.

Warren, Rick: *Leben mit Vision*, Gerth Medien, Asslar, 2003.

Wild, Karl: *Das Wesen der mystischen Beschauung nach dem Hl. Johannes vom Kreuz.* In: *Zeitschrift für Aszese und Mystik*, 1934, S. 107-124.

Willard, Dallas: *Rethinking Evangelism.* URL: http://www.dwillard.org/articles/artview.asp?artID=53.

Willard, Dallas: *Apologetics in Action.* URL: http://www.dwillard.org/articles/artview.asp?artID=14.

WILLOW Vol. 14/Issue 4, 2007: *Ministry Shifts – The landscape of our ministries is shifting.* URL: http://www.print-epro.net/freeport/willowcre/willowvol14iss4/index.php.

Wood, Leon J.: *The Prophets of Israel*, Baker Book House, Grand Rapids, Michigan, USA, 1987.

Yaconelli, Mark: *Contempaltive Youth Ministry: Practicing the Presence of Jesus*, Zondervan, Grand Rapids, Michigan, 2006.

Yancey, Philip: *Hope for Abraham's Sons.* In: *Christianity Today*, 1. November 2004. URL: http://www.christianitytoday.com/ct/2004/november/18.120.html.

Yungen, Ray: *A Time of Departing – How Ancient Mystical Practices are Uniting Christians with the World's Religions*, Lighthouse Trails, Silverton, 2006.

Yungen, Ray: *Contemplative Prayer and the Evangelical Church.* 28. Oktober 2009. URL: http://www.lighthousetrailsresearch.com/researchpaper.pdf #search=%22thomas%20keating%22.

Buchempfehlung

Martin Erdmann
Der Griff zur Macht

Dominionismus –
der evangelikale Weg
zu globalem Einfluss

Betanien Verlag 2011
Paperback · 287 Seiten
ISBN 978-3-935558-97-6
13,90 Euro

Die Evangelikalen suchen und gewinnen immer mehr Anerkennung und Einfluss in Gesellschaft und Politik. Doch zu welchem Preis? Entspricht dieser Weg dem biblischen Evangelium oder ist er ein Irrweg? Es ist Zeit, dass die Christen die wahren Beweggründe von »besucherfreundlichen Gottesdiensten«, »Emerging Church«, Rick Warrens Bestrebungen und der »Transformation« von Gemeinden und Gesellschaft erfahren. Überraschend sind dabei nicht nur die auftauchenden bekannten Namen aus dem Evangelikalismus, sondern auch die Zielstrebigkeit der Führungspersonen, die sich offenbar völlig dem Ziel, eine neue (pseudo-christliche) Weltordnung zu schaffen, verschrieben haben.

Dr. Martin Erdmann ist ein profunder Kenner der Zusammenhänge auf christlicher, politischer und wirtschaftlicher Ebene und verdeutlicht hier eine brisante und eklatante Notlage.

Weitere Bücher vom Betanien Verlag

Thorsten Brenscheidt
Max Lucado verstehen
Der Bestsellerautor und seine Botschaft
Taschenbuch · 125 Seiten · ISBN 978-3-935558-18-1 · 4,90 Euro

Als Bestsellerautor Lucado begeistert Millionen. Dient dieser Einfluss dem geistlichen Leben gemäß der Bibel? Thorsten Brenscheidt hat bei der ausführlichen Analyse von Lucados Werken sehr wichtige Feststellungen gemacht.

Jay E. Adams
Keine Angst vor Theologie!
Eine unterhaltsam-systemat. Einführung in wichtige Glaubensfragen
Paperback · 206 Seiten · ISBN 978-3-935558-44-0 · 11,90 Euro

Adams erklärt in flüssigem Stil und mit einer Prise Humor grundlegende Lehrthemen wie rechtes Bibelverständnis, Wesen Gottes, Errettung, Gemeinde, Zukunft usw. Viele verbreitete Irrtümer auch bzgl. Mystik werden geklärt.

Iain H. Murray
John MacArthur
Dienst am Wort und an der Herde
Paperback · 274 Seiten · ISBN 978-3-935558-48-8 · 13,90 Euro

John MacArthur ist seit über 40 Jahren aktiv in Gemeindebau, Medien- und Reisepredigten, theol. Ausbildung und im Schreiben zahlreicher Bücher. Er widmit sich dabei der schlichten Schriftauslegung, die echte Frucht trägt.

John MacArthur
Durch die enge Pforte
Wie moderne Evangelikale den schmalen Weg breit machen
Paperback · 221 Seiten · ISBN 978-3-935558-66-2 · Sonderpreis 5,90 Euro

Dieses Buch warnt vor dem modernen Irrweg, das Evangelium nach Marketingmethoden den Vorlieben der Welt anzupassen. Das moderne Evangelium ist grundlegend falsch und führt zu fatalen Auswirkungen für die Gemeinde.

Hans-Werner Deppe
Sind Sie auch katholisch?
Der Heilsweg von Kirche und Bibel im Vergleich
Taschenbuch · 128 Seiten · ISBN 978-3-935558-21-1 · Sonderpreis 1,90 Euro

Lehrt die katholische Kirche einen anderen Weg zu Gott als die Bibel? Die römisch-katholische Lehre wird hier anhand der »unfehlbaren« Dogmen und des offiziellen Katechismus beschrieben und mit der Bibel verglichen.